弘道系列丛书

战略性人力资源管理与组织竞争优势——理论与实践

战略性人力资源管理：系统思考及观念创新

Strategic Human Resource Management
Systematic Thinking and Ideological Innovation

◀第二版▶

石 磊◎著

西南财经大学出版社

图书在版编目（CIP）数据

战略性人力资源管理：系统思考及观念创新/石磊著. —2 版. —成都：
西南财经大学出版社,2011.8
ISBN 978 - 7 - 5504 - 0396 - 3

Ⅰ.①战…　Ⅱ.①石…　Ⅲ.①人力资源管理　Ⅳ.①F241

中国版本图书馆 CIP 数据核字（2011）第 169707 号

战略性人力资源管理：系统思考及观念创新（第二版）

石　磊　著

责任编辑：李特军
助理编辑：袁晓丽
封面设计：墨创文化
责任印制：封俊川

出版发行	西南财经大学出版社（四川省成都市光华村街 55 号）
网　址	http://www.bookcj.com
电子邮件	bookcj@foxmail.com
邮政编码	610074
电　话	028 - 87353785　87352368
印　刷	四川森林印务有限责任公司
成品尺寸	185mm×260mm
印　张	15
字　数	230 千字
版　次	2011 年 9 月第 2 版
印　次	2011 年 9 月第 1 次印刷
印　数	1—3000 册
书　号	ISBN 978 - 7 - 5504 - 0396 - 3
定　价	29.80 元

1. 版权所有,翻印必究。

2. 如有印刷、装订等差错,可向本社营销部调换。

3. 本书封底无本社数码防伪标志,不得销售。

总序
Zongxu

　　"弘道系列丛书"《战略性人力资源管理与组织竞争优势——理论与实践》是一套全面系统阐述战略性人力资源管理的内涵、框架、结构、体系建设与组织竞争优势之间关系的系列丛书，包括《战略性人力资源管理：系统思考及观念创新》、《技术性人力资源管理：系统设计及实务操作》、《中国人职业生涯规划必修课：组织政治、职场规则、人际关系》三部。特别要指出的是，这不是一套单纯的理论专著，而是以理论为指导，全面阐述战略性人力资源管理的系统安排和操作实践，特别强调人力资源管理对组织战略的支持。因为这既是管理的本质所在，同时也与人力资源管理这一专业所体现出的很强的实践性有关。因此，本书的主要读者是具有工作经验的人群，包括人力资源管理专业人士、工商管理硕士（MBA）学生、各类工商管理硕士（MBA）课程班和研修班学员，以及在企业、公司和其他类型的组织中对这门学科感兴趣的人们。

　　随着现代商业社会竞争的加剧，人们越来越重视人力资源管理的战略性要求在组织实践中的地位和作用。这种趋势源于社会环境的变化和对组织竞争优势的重新定义。要回答这个问题，首先要回顾管理职能的历史演进。人们在总结管理的职能时常常会有一个问题在脑海中萦绕：为什么历史演进了这么多年，而我们似乎还在原地踏步。自100多年前法国工业家亨利·法约尔提出了管理者在履行计划、组织、指挥、协调、控制五项职能以来，管理的职能逐渐为人们所认同。20世纪50年代后，美国加州大学洛杉矶分校的哈罗德·孔茨分别与西里尔·奥唐奈和海因茨·韦里克合著的《管理学》则采用计划、组织、人事、领导、控制五项职能。80年代后，斯蒂芬·罗宾斯的《管理学》采用的是计划、组织、领导、控制四项职能，其中，将人事的职能纳入组织和领导的职能之中。

从其历史演进看，管理的职能都没有发生实质性的变化。其中的人事管理的职能也大致相同。究其原因，并不是我们的认知能力出了问题，而是我们遇到的管理问题与我们的前辈并没有实质性的区别。美国管理史学者丹尼尔·雷恩为我们提供了认识这一问题的思路。他在《管理思想的演变》一书中指出："同我们现在一样，他们曾试图解决如何管理大批人力和物力资源所涉及的各种问题；曾致力于研究有关人的行为和动机的哲学思想和理论；他们是推动变革的力量；他们努力要解决的是如何利用有限的资源满足社会各组织机构以及人们的目标和期望这样一个古老的问题。我们今天碰到的基本上也是这样的一些问题，只不过由于我们知道的东西比以前多，用以研究分析情况的工具更先进，以及精神文明准则的变化，因而我们提出的解决办法也有所不同罢了。"[1]2对于前辈留下的遗产，我们不应当忽视，更不应反对。昨天解决问题的办法对解决明天的问题仍然具有价值。前辈们的智慧为我们解决今天遇到的实际问题提供了重要的原则和方法。

"人力资源管理"这个术语是在 20 世纪 50 年代后半期开始流行起来的。[2]540半个多世纪以来，组织所面临的环境发生了很大的变化，但人力资源管理开发的主要任务并没有发生实质性的改变，组织设计与工作分析、培训与开发、激励与约束、规范与人际关系仍然是其重要的组成部分。但时代和环境的变迁也给人力资源管理注入了许多新的内容，当我们由"短缺经济"过渡到"过剩经济"，从计划经济过渡到市场经济，从面对一个较稳定的经营环境过渡到一个竞争激烈的"十倍速"时代，人力资源管理也就被赋予了更多新的时代特征，如单一的职业通道向双重或多种职业通道发展，单纯的组织忠诚被职业化精神忠诚取代，关注高绩效员工，注重知识管理、员工凝聚力与组织文化，这些与原有的人力资源管理职能共同构成了现代人力资源管理开发的主要内容。正如丹尼尔·雷恩指出的："现代所流行的'人力资源管理'的术语表明了对人事管理更具战略性的观点。将来的职工队伍将更具多样性、更富裕、闲暇时间更多、受教育程度更高。随着经济政治环境的变化，未来人力资源管理的大部分问题将在社会价值和政治需要方面。现代存在许多有关职工健康和安全、同工同酬、公平雇佣机会、赞成的行动计划、职工退休收入保障和其他一些人事问题，将会有更多的社会压力和法律条令影响到人力资源管理。"[2]其中特别强调了由于环境变化带来的人力资源管理将面临的挑战。

从另外一个角度讲，组织竞争优势的基础和源泉也在发生变化。如果说在20世纪企业可以凭借对技术的占有和垄断为自身带来持久的竞争优势，那么在21世纪的今天，随着技术的日新月异，技术优势的差距在不断缩短，企业之间的差别和竞争优势越来越体现在员工的技能、敬业精神和知识的创造与贡献等方面。任何组织和个人都难以依靠对某种技术的掌握为自身带来持久的竞争优势，组织的核心竞争优势正在逐渐地由技术等"硬件"因素向非技术性的"软件"因素转变。这一趋势直接导致了组织的工作重心由"技术要素"向"人的能力"的转变。就像托马斯·G. 格特里奇等指出的那样：人的能力开发正前所未有地与企业或公司的战略性商业需求紧密结合在一起。无论是组织和个人，要想获得成功，只有通过建立人力资源方面的优势来获得。因为当一切都自动化以后，就不再有人拥有成功地利用自动化带来的优势的技巧和经验。工作场所的胜任度越来越取决于有效率的沟通技巧、团队协作、判断思维、对变化的反应能力等与技术无关的技巧，而这一切都只能来自得到充分开发的劳动力。[3]越来越多的理论和实践都证明了人是组织竞争优势的源泉。因此，人是竞争中最重要的武器，人是组织最重要的宝贵资源，这一理念已成为组织构建竞争优势的重要思想基础和源泉。而战略性人力资源管理所强调的人力资源战略对组织战略的支持、对员工利益的长远关注，正是建立和保持这种竞争优势的关键所在。

人的作用与组织的战略性商业需求紧密结合在一起，表明了战略性人力资源管理已经成为组织获取竞争优势的重要法宝。对于组织来讲，需要从以下三个方面正确认识和理解战略性人力资源管理的地位和作用。首先，战略性人力资源管理是对组织成员价值创造能力的管理。如同组织总是在最能够发挥自己优势的产业或行业中去寻求和把握发展的机会一样，在人力资源管理开发中，组织同样要考虑其重点和策略。而这种重点和策略是建立在组织掌握的资源和未来组织劳动力的组成形式趋势基础之上的。这两个方面的因素不仅决定了组织人力资源管理的主要对象，同时也为组织中的员工指明了工作的目标和奋斗的方向。其次，战略性人力资源管理是对价值链的管理，即人力资源管理各职能之间在有机整合的基础上所形成的效率和效能。它强调人力资源各职能之间的相互协调和配合，形成了完善的人力资源管理各职能的价值链体系，能够最大限度地发挥组织人力资源政策、制度的功能和作用。最后，战略性人力资源管理强调对组织战略的贡献，即通过对组织战略的系统思考，重点考虑战略层面的需求。首先明确组织战略所包含的人力资源胜任能力及其他影响组织效益的能力要求，然后在此基础上通过分解，将组织战略所要求的胜任能力与人力资源管理的基础职能有机地结合，形成战略性人力资源管理系统以支持组织战略目标的实现。

本丛书的主要特点

与其他人力资源管理专业书籍相比，本丛书具有以下七个方面的显著特点：

系统地论述并通过具体的案例探讨了战略性人力资源管理与组织竞争优势之间的关系，这是本丛书有别于其他人力资源管理书籍的第一个显著特点。要理解战略性人力资源管理与组织竞争优势之间的关系，首先必须明确战略性人力资源管理的内涵。所谓战略性人力资源管理，是指按照组织经营战略的要求，将战略所包含和要求的人力资源要素进行分析、整合、配置，在此基础上建立起与竞争对手相比较的人力资源竞争优势的一整套管理思想、方法、制度的集合。这一内涵包含了两个基本命题：第一，人力资源管理各职能之间应该有机地融合在一起，形成一个系统的人力资源管理战略；第二，这个系统的人力资源战略要能够支持组织的经营战略和经营目标。第一个命题强调的是人力资源管理各职能系统的能力要求，没有这个系统性的要求，任何单个职能作用的发挥都会受到影响，从而降低其效果。现实生活中，一些公司和企业在进行劳动人事制度改革时，往往只对其某一方面的职能进行设计，而忽略与其他人力资源管理职能之间的关系，如绩效和薪酬系统设计不结合工作分析的结果等，这样必然会使其效果大打折扣。第二个命题强调的是人力资源管理职能对组织战略的服从。在战略管理的层次当中，大致可以分为公司层战略、子公司层战略（从事多元化经营的公司）和职能层战略三个层次。其中，公司层战略是最高层次的战略，子公司战略是公司战略的分解，而计划、财务、人事、销售、研发等部门的战略则属于职能层战略，职能层战略应当而且必须支持公司的战略。在传统的人事管理中，两者之间的关系是"由下而上"，劳动人事部门在制定相关的政策时很少考虑甚至不考虑组织战略的要求，表现为组织劳动人事政策与组织目标的脱节。而在战略性人力资源管理当中，两者之间的关系是"由上而下"，即根据组织目标逐项落实相关的人力资源政策。在本书中，每章均设计有若干专栏和案例，对战略性人力资源管理如何推动公司战略的落实作了详尽的论述和说明。

本丛书的第二个特点体现在人力资源管理观念的创新。这也是本书与其他人力资源管理专业书籍不同的地方。作者认为，不同的观念、相同的方法，得到的结果可能大相径庭。西方的管理理论并不见得都适合中国的国情；在强调科学性的同时，还必须注意适应性。科学性还要与适应性相结合。因此，观念带有指导性和全局性的特点。人力资源管理这门专业学科的实践性很强，这种实践性具体表现为人力资源政策与组织的使命、文化、战略之间紧密的关系。从这个意义上讲，不存在一个适合所有组织的人力资源管理的方法或标准，也没有哪个组织的人力资源管理开发系统能够"放之四海而皆准"。组织的任务是根据自己的使命、文化和战略要求，制定最适合自身的人力资源管理政策。按照环境学派的观点，组织都必须适应环境的要求，而不同的组织面对的环境既有同一性，又有差异性。托马斯·B. 威尔逊在其《薪酬框架》一书中评价39家美国一流企业的薪酬战略体系时曾经指出：组织都得适应变化的市场环境。其中有一些企业具有非常连贯的经营策略，而另外一些企业采取的措施更加具有综合性。有一些公司使用了一套明确的绩效考核方法，其他的公司却把他们的战略和公司的价值观转化成各种行动计划。一些公司的领导们在积极地支持和推动变革，而其他公司却没有这样的领导。但是，这些企业共同的地方是，他们设计和实施了一套能够把对生意和员工的管理整合到一起的整体性的薪酬计划。[4] 同样，组织的人力资源管理政策也会表现出完全不同的特点，每个成功组织的人力资源管理都有其独特性。独特性需要创新，创新意味着不要墨守成规，不要一味追求时髦。书中在论述薪酬战略支持组织经营目标时曾指出，要使薪酬政策能够支持组织经营目标，既可以通过采取薪酬决策向关键岗位和关键员工倾斜的方式来达到，也可以通过平等的工资结构来完成。在一些着眼于创造和谐、分享共同愿景和员工合作的组织中，虽然其支付的薪酬低于其他的组织，但仍然能够支持组织目标的实现。在这个事例中，观念的创新就体现在：不是盲目的相信"平均主义"一定不好，差别的工资结构就一定好，而是从自身的实际出发，建立适合自身特点的制度和准则。

观念创新和独特性可以体现在很多方面。比如，"公开、公平、公正"好不好？"民主管理"好不好？答案是：好。但任何事物都是相对的。"公开、公平、公正"与"民主管理"也同样如此。有的企业采用这种方式获得了成功，而一些采用"权威管理"的企业同样也获得了成功，关键还是企业的基础和文化在起作用。我们认为，任何方法的使用都要适可而止，不可盲从。对于我国企业来讲，在"民主管理"与"权威管理"的问题上，需要注意三个问题：一是两者之间的关系，二是社会原则与组织原则的差别，三是"公平"的标准。在企业的经营管理中，"权威管理"是非常必要的。它是"民主管理"的基础，没有"权威管理"，就没有"民主管理"。只有通过规范化的管理，使组织成员认识和了解组织期望的正确的行为准则和绩效标准，才能够上升到"民主管理"。尤其是中国的民营企业正处于由"游击队"向"正规军"转变的过程中，更需要权威和规范化的管理。其次，社会原则并不总适用于组织，不能够把社会公平原则原封不动地套用到组织中，因为"那些公正、公平和公开的原则，那些支持大众信念的原则并不总是适用于组织行为"。[5]最后，现实的工作和生活经验告诉我们，每一个人都是根据自己所看到、听到或掌握的信息来判断自己是否受到了公平的待遇。因此，管理者需要认识到，员工主要是根据知觉而不是客观现实作出反应。[6]由于个人在组织中地位、权利、工作性质和范围等方面的不同，决定了每个人所看到、听到或掌握的信息，可能只是某一事件的一个部分。因此，这种判断的标准在很大程度上受到个人主观因素的影响。每一个人都有自己的关于公平的理解和要求，而企业的性质决定了企业的稳妥运行是建立在统一有序而非个人要求基础上的。企业要面对的是一个"相关利益群体"的利益，而不是某一个群体的利益；在企业内部，企业是对企业中的所有员工负责，而不是对某一个员工负责。这就决定了企业的决策和相关的制度规范要求必须考虑"权威性"。

本丛书的第三个特点是要认识和掌握企业管理和人力资源管理的规律。管理学作为一门科学,本身就有自身的规律,人力资源管理也同样如此。因此,无论是组织的人力资源管理专业人员,还是组织的各级管理人员,都要善于发现和总结这种规律,以有效地服务组织。比如,制度管理与人本管理的关系,公平和民主在社会组织与企业组织中的差异,企业的用人标准,人力资源管理的阶段划分,人力资源管理实践如何支持组织的经营目标,不同的组织结构的人力资源管理模式、公司政治和人际关系对组织人事决策的影响,等等。在这些问题上,都能够发现其中具有规律性的答案。在一次课堂上,一位来自民营企业的管理者提出了这样一个问题:中小民营企业应当如何做企业管理和人力资源管理?这个问题提得非常好,也非常重要。我对这个问题的回答就是基于对规律性的认识,从企业的发展阶段的特征以及"无为"和"有为"的角度,通过观察企业的生命周期来把握它们之间的关系及其规律性。比如,在创业阶段,管理和规范的主要特点是"无为"或"无序",甚至可以说是"创业阶段无管理"。因为这时创业者们首先考虑和关心的是企业的生存而不是规范。他们主要的精力、时间、资源都用于融资、开拓市场、销售产品、回收资金、归还贷款等方面。在这一阶段,企业的创业者们没有时间和精力去抓组织结构的设计、人员的分工与激励等人力资源管理开发一系列的规范问题。这时企业经营管理的特点就是"无为",表现形式就是没有完善的管理体系和规章制度。当企业进入成长阶段后,企业管理开始从"无为"向"有为"转变。组织结构、工作分析、招聘、选择、培训、开发、绩效、薪酬等一系列的制度规范成为企业管理的重要工作,制度的硬性约束成为企业成长阶段的重要工作。在成熟阶段,由于有了较为规范的管理基础,企业从刚开始创业时主要依靠个别人的个人智慧开始向依靠团队智慧转变,文化的软性约束帮助企业达到"无为"的管理境界。而当进入衰退阶段后,一方面意味着企业破产消亡,同时也可能是某种产品或服务的市场份额逐渐减少,需要从新开始,这时企业便又开始了新一轮的轮回。将这种"无为"与"有为"的关系运用于分析企业管理和人力资源管理,可以反映人力资源管理的指导思想和基本原则在不同阶段的要求和特点,从而达到通过掌握规律以高效达成工作目标。

本丛书的第四个特点是详细论述了有组织的员工职业规划设计对于提升组织竞争优势的意义和作用，同时强调，认识和了解企业不同发展阶段的规律性有利于员工职业生涯的成功。比如，如果选择到一个创业期的企业工作，或自己与他人共同创业，最重要的一点就是需要具备艰苦奋斗、同甘共苦以及奉献的精神。而如果在一家正处于成长阶段的公司，那么个人的目标也要由主要关注企业外部向内部转移，规制、组织、协调、沟通以及领导能力是这一阶段中企业最需要和最重要的素质和能力，包括适应变化，展示自身的管理才能，解决组织或部门遇到的一两个重要问题。如果在一个处于成熟期的企业工作，要使自己的职业有一个好的发展，那么就应当具备创新的观念、变革的思维和可持续发展的能力，随时与僵化守旧的观念进行斗争，因为这是处于成熟期的企业对人的素质和能力最重要的要求。

本丛书的第五个特点是关于组织的政治行为和人际关系对组织及其成员职业发展和绩效水平的影响。目前在有关的人力资源管理书籍和教科书中，这方面的论述可以说非常少见。影响一个人职业生涯成功的主要因素是什么？只要具备专业技术能力是否就可以成功？对于这类问题，并非每个职场人士都有清楚的认识。约翰·科特认为，职业生涯的成功单凭技术的优势是不够的，还必须具备一种"老练的社会技能"。他在研究了若干成功人士的经验后指出："没有个人出色的表现就没有企业卓越的业绩，而个人要想在专业和管理工作中有出色的表现，不光需要具备技术能力，还需要一种老练的社会技能：一种能够调动人们克服重重困难实现重要目标的领导技能；一种力排种种分裂势力，将人们紧紧团结在一起，为了实现远大的目标而共同奋斗的能力；一种保持我们的重要的公司和社会公共机构的纯洁性，使之避免染上官僚主义的钩心斗角、本位主义和恶性的权力斗争等习气的能力。"[7]这种"老练的社会技能"，是当前很多的职业人士还没有意识到、或虽然意识到但却不知道应该如何应对的难题。

虽然关于公司政治或办公室政治这一类的文章在不同的书籍和杂志中出现的频率越来越高，但关于公司政治的系统的理论研究仍然远远落后于实践的需要，大多数的职业人士在自己职业生涯的初期尚未真正意识到它的影响。美国一项针对工商管理硕士（MBA）学生的跟踪调查表明，这些参加工作多年的学生们抱怨最多的是，当他们在组织的中层管理工作中需要运用权谋和遇到难题时，深感当年没有为此做好准备。许多人讲，学校当时应该强迫他们学习更多的组织行为学课程，尽管如此，在实际管理工作中所需的权谋与商学院的理论相去甚远，这种权谋需要将社会知识、个人风格和公司文化巧妙地结合起来。[8]这一方面说明了问题的真实性，另一方面也道出了公司政治对职业成功的影响。

其次是人际关系的问题。所谓人际关系，是指组织中的人们建立在非正式关系基础之上的彼此互相依赖、帮助和交往，并以此获得安全感、所需资源或权利的一种社会关系。在一个人的一生中，这种社会关系是一种非常重要的资源和事业成功的保障，建立并保持一个广泛而良好的人际关系网络对职业生涯的成功具有非常重要的意义，同时也是一种最有价值的投资。在一个人的一生中，可能会多次变换所从事的工作，但对于那些精明的人来讲，不论在什么地方，都会精心维护伴随着自己成长的社会关系和人际关系网络。工作的变化意味着又接触和认识了更多的人，这又加强和扩展了人际关系网络的力量和范围。因此，如果你能够对你建立起来的这一网络进行精心的呵护，将会让你终身受益。特别是在重视人情和人际关系的中国社会，一个人所拥有的社会关系往往是决定一个人社会地位的重要因素。人们不仅根据个人本身的属性和他能支配的资源来判断其权力的大小，而且还会进一步考虑他所拥有的关系网络。[9]一个人的社会关系越广，就意味着他的影响越大，他成功的概率也就越大。

本丛书的第六个特点是强调通过战略性人力资源管理，提升组织员工的知识创造和知识管理的水平，其中重点突出了解决知识传播障碍的系统设计和制度安排等问题。随着竞争的加剧和企业传统盈利能力的减弱，知识管理正在开始成为一种新的生存方式和盈利模式。通过知识管理提高竞争力，也日益得到各类组织的重视。决定企业是否具有竞争力的并不是有形资产或可控制资源的数量，而是建立在此基础上对其合理配置和利用的能力以及组织的整体学习能力和智能水平。企业所依赖的战略性资源已从组织外部的、具体的物质资源逐渐转变为组织内部的、内化于每个员工头脑中的智能资源。企业的成功越来越依靠企业所具有的整体智能水平和系统思考能力，而这正是人力资源开发的主要任务。因此，知识管理和知识创新不再只是传统意义上属于技术研发、营销、工程设计、生产制造等专业职能部门的专利，它是组织战略性人力资源管理的主要工作。当今人力资源管理所面临的这些挑战，充分说明了知识管理与人力资源管理开发之间存在非常密切的关系。正确理解和处理这种关系，对于企业通过知识管理提高企业竞争能力具有极其重要的意义。根据美国《财富杂志》的调查，全球500强中至少将有一半的企业正通过系统实施知识管理，以提高决策与经营的质量。在未来1~2年内，这个数字将提升到80%。这表明通过有效的知识管理提高组织的竞争力已成为企业努力的目标。正如野中郁次郎（Nonaka，1991）指出的，在一个"不确定"是唯一可确定之因素的经济环境中，知识无疑是企业获得持续竞争优势的源泉。当原有的市场开始衰落、新技术突飞猛进、竞争对手成倍增加、产品淘汰速度很快的时候，只有那些持续创造新知识，将新知识迅速传遍整个组织，并迅速开发出新技术和新产品的企业才能成功。这种企业就是知识创新型企业，这种企业的核心任务就是持续创新。[10]

本丛书第七个特点是研究组织结构设计对于组织竞争优势的影响。在一些人力资源管理书籍中，关于组织结构设计与人力资源管理实践之间的关系的论述较少，没有反映组织结构设计对组织管理模式和资源配置方式的影响。其实，在组织战略、组织结构与组织的人力资源管理之间，存在一种十分密切的关系。一般来讲，组织的战略决定其结构，而组织结构决定管理的模式和资源配置的方式。工作分析是人力资源管理的一项基础职能，这一点现在都得到了大家的认同。但工作分析又是建立在组织结构设计基础上的，也就是说，工作分析的实践是在特定的组织结构下发挥作用的。在不同的组织结构下，人们的角色和完成工作的方式是存在差异的。在实践中，劳动人事制度改革往往也从组织结构开始。此外，还有一个重要的问题与组织结构有关，即执行力。有了好的战略，好的执行力，还远远不够，还必须要有与之匹配的组织设计。企业的员工经常有一种感觉：公司的战略很好，大家努力工作的意愿很高，执行力很强，但就是感觉有力无处使。部门和部门之间，岗位和岗位之间，彼此之间缺乏沟通协作，相互扯皮，或是推脱。久而久之，大家的热情就逐渐消退了。其原因就在于组织设计有问题。因此，组织结构设计在企业管理和人力资源管理中具有重要的地位和作用。组织的领导者和管理者以及从事人力资源管理的专业人士，应当了解和掌握组织结构设计的思想和原则，以便为人力资源管理决策提供依据。

为了便于读者的学习，本丛书在每一章都安排了专栏和案例，以配合有关内容的讲解，增强可读性。需要解释的一个问题是，本书的一些基本概念采用了模糊的表达方式，如"人情"与"人际关系"，"公司政治"和"组织政治"等，两者之间既有相同之处，也存在一些差异，但由于本质并无大的区别，本书做了模糊处理，彼此可以替代使用。其次，书中大多时用的"组织"一词，但也频繁采用了"公司"、"企业"等表达方式，其意义都大致相同，特此说明。

石磊

2010 年 9 月于四川 成都 雅典社区

注释：

【1】丹尼尔·雷恩．管理思想的演变［M］．孙耀君，李柱流，王永逊，译．北京：中国社会科学出版社，1986：2.

【2】丹尼尔·雷恩．管理思想的演变［M］．赵睿，肖聿，等，译．北京：中国社会科学出版社，2000：557.

【3】托马斯·G 格特里奇，赞迪·B 莱博维茨，简·E 肖尔．有组织的职业生涯开发［M］．李元明，吕峰，译．天津：南开大学出版社，2001：2.

【4】托马斯·B 威尔逊．薪酬框架［M］．陈红斌，刘震，严宏，译．北京：华夏出版社，2001：3.

【5】理查德·瑞提，史蒂夫·利维．公司政治［M］．6 版．侯东灼，等．北京：中信出版社，2003：8.

【6】斯蒂芬·P 罗宾斯．管理学［M］．4 版．孙建敏，等，译．北京：中国人民大学出版社，1997：361.

【7】约翰·科特．权利与影响［M］．孙琳，朱天昌，译．北京：华夏出版

社，1997：11.

【8】珍妮弗·梅里特，凯特. 哈兹尔伍德. 攻读 MBA 的真正价值是什么
[J]. 商业周刊，2003（10）.

【9】黄光国. 人情与面子：中国人的权利游戏 [M]. 北京：中国人民大学
出版社，2004：20.

【10】Ikujiro Nonaka. The Knowledge Creating Company [J]. Harvard Business
Review, 1991, 69 (11/12)：96－104.

前言

本书是《战略性人力资源管理与组织竞争优势》"弘道系列丛书"第一部的第二版，结构安排仍然按照第一版的格式，共分为五章，但相关章节作了较大的改动和补充。各章基本内容简要介绍如下：

第一章是战略性人力资源管理导论，主要探讨和研究传统人事管理与现代人力资源管理之间的差别，当今人力资源管理面临的挑战以及如何应对这些挑战等问题。其中，不仅以案例分析的形式对传统人事管理和战略性人力资源管理的区别和差异作了详细的阐述，而且还通过案例论证了工作分析与薪酬设计的关系等战略性人力资源管理所要求的系统性原则。本章在原有案例的基础上，增加了企业在劳动人事制度改革中如何解决员工利益纠纷等问题的指导思想和思路等内容。

第二章是关于战略性人力资源管理的运作基础、特征、内容及其实践的论述和说明，重点论述了人力资源制度规范管理对于我国的企业成长和经济发展的意义，以及人力资源管理职能在组织战略实施过程中的实践，特别强调了企业高层对于人力资源管理的义务和责任。本章在第一版的基础上，补充和增加了战略性人力资源管理的特征，包括价值创造能力的管理、价值链管理、组织战略贡献管理以及战略性人力资源的领导和管理原则等方面的内容。

第三章是论述战略性人力资源管理的理论基础和指导思想，主要包括两部分：首先是对早期和当代的激励理论、人力资本理论等作了较为详细的介绍；其次，对这些理论在实践中的把握和应用进行了较为深入的分析。

第四章是关于人力资源管理的观念创新，这是集中体现本书特色的重要章节。在现在的人力资源管理的专著和教材中，这方面的内容并不多。本章在原来的基础上，作了大量的增加和补充。本章的重点主要表现在两个方面：一是从观念创新的角度阐述了战略性人力资源管理在企业中的应用，同时强调观念是超越技术的更高层面的要素，不同的观念、相同的技术，其结果可能是完全不同的。正确的观念和技术的结合达成的是一个正确的目标，错误的观念和技术的结合达成的则是错误的结果。对于企业及各类组织的领导者和管理团队来讲，建立完善人力资源管理体系，首先必须要有正确的观念，其次才是采用合适的技术手段。二是在观念创新的基础上，从战略的高度对人力资源管理的各个具体职能进行系统和全面的分析，为本丛书的第二部《技术性人力资源管理：系统设计及实务操作》提供指导思想，即技术性人力资源管理必须服从并支持战略性人力资源管理的目标。该章在本书中占有重要地位，对全书发挥指导性和基础性作用。本章增加的内容包括：4.1，4.2，4.9，4.10，4.16，4.19 等，进一步完善了人力资源管理的创新理念系统，同时其他各节的内容也根据企业发展的实际情况作了大量的补充。

第五章是关于知识管理的内容。在当今人力资源管理的诸多挑战中，组织知识的传播和应用是一个十分重要的内容，越来越多的企业认识到，决定企业是否具有竞争力的不再是有形资产或可控制资源的数量，而是建立在此基础上对其合理配置和利用的能力以及组织的整体学习能力和智能水平。企业所依赖的战略性资源已从组织外部的、具体的物质资源逐渐转变为组织内部的、内化于每个员工头脑中的智能资源。企业的成功越来越依靠企业所具有的整体智能水平和系统思考能力，而这正是人力资源开发的主要任务。因此，知识管理已经成为企业提升竞争优势的重要武器。本章将在知识管理基本理论的基础上，从人力资源管理的角度重点阐述企业知识管理的系统设计和制度安排。

目录
Mulu

第一章　战略性人力资源管理导论

半个多世纪以来，随着时代的发展和竞争的日益加剧，组织人力资源管理开发的能力和水平逐渐成为影响其竞争优势的重要因素。在这一过程中，人力资源管理的系统性和战略性要求不断提高，并对组织战略目标的实现提供了强有力的支撑。所谓人力资源管理的系统性，是指人力资源管理各个职能作为一个整体所表现出来的系统功能，也就是所谓的技术性人力资源管理；而战略性则是指人力资源管理系统对组织战略的支持和贡献。系统性是战略性的基础，战略性则是人力资源管理的最终目标。这两点不仅是战略性人力资源管理的核心，同时也是现代人力资源管理与传统人事管理的本质区别。对于我国的企业来讲，目前面临的挑战是前所未有的，这些挑战包括应对跨国公司进入中国后对优秀人才的争夺、正确认识和处理相关利益群体的利益、通过高绩效工作系统完善并巩固企业的竞争力等方面。企业要正确应对这些挑战，首先必须建立和完善自身的人力资源管理开发系统，通过在此基础上形成的人力资源管理的竞争优势，支持企业战略目标的实现。

本章首先将通过对人力资源管理战略要求的论述，结合案例分析，系统地阐述传统人事管理与现代人力资源管理的区别，为以后各章的讲解奠定基础。

本章重点讲解以下问题：

（1）传统的人事管理与现代人力资源管理之间的本质区别。

（2）应当如何认识和掌握技术性人力资源管理？

（3）人力资源管理作为一项职能层次的战略，应当如何支持组织的战略目标。

（4）我国企业应当如何应对人力资源全球化竞争带来的挑战？

（5）应当如何和理解相关利益群体？

（6）在战略性人力资源管理实践中，人力资源管理专业人员应当如何给自己定位？

专栏 1−1 新一轮全球化

"新一轮全球化浪潮的主要特征是，发达国家'白领'职位的大转移。"摩根斯坦利首席经济师史蒂芬·洛奇在题为《境外转移：神话与现实》分析报告中说："不管你愿意与否，全球化进程就是如此。"美国联邦快递（FedEx）的首席执行官弗雷德·史密斯说："5 年之前，FedEx 内部还在为中国市场的重要性争论不休，现在这个争论已经变得毫无意义了。"通用电气公司的首席执行官伊梅尔特也说："我们必须到中国去，而且脑子在那边，心在那边，激情也要在那边，否则我们就会失去一个重要的地区，这个地区将会影响未来 10 年我们的员工对于世界的看法。"

美国新泽西州的法明代尔曾经是纽约上班族的理想家园，但现在那里的一家塑料门把手生产厂空无一人。面对来自海外的残酷竞争，这家资产达 2000 万美元的工厂已经将生产外包到上海。在克服了到国外设厂的诸多障碍之后，这家工厂更名为国际智慧外包公司（International Smart Sourcing），专门为国外中小企业提供外包咨询。该公司总裁基思·库特纳（Keith Kutner）目前在中国甚为活跃，这位大腹便便的美国人的经验是："雇员在 5000 人以上的企业都适于外包，原因有三：一是成本可降低，二是管理层不必花太多精力在生产上，三是可借此进入一个新的受保护的市场。"

20 年前的第一波全球化将制造鞋子、廉价电子产品和玩具的工作转移到发展中国家；接着，简单的服务性工作和简易数码处理工作开始调离高成本的国家。新一轮的全球化则是发达国家把高层次工作外移，包括基本科研、晶片设计、工程技术甚至金融分析等，即从"蓝领"发展到了"白领"甚至"金领"。

不同于制造业主要只考虑往"价廉"的地方外移，白领工作外移"价廉"之外还要"物美"。所以，同时符合两个条件的国家，将成为其他发达国家的后勤、研发中心，成为一个超大型的"世界办公室"。2004年3月，科尔尼管理咨询公司推出的《海外转移地区吸引力指数白皮书》表明，白领职位正向海外转移，要求这些转移目的国（依次为1. 印度；2. 中国；3. 马来西亚……12. 新西兰）主要的吸引力在于三个方面：成本（占指数权重的40%）、劳动力技能及数量、商业环境（各占30%）。其中谈到："中国不仅是日益增长的韩日企业的理想海外转移国，也吸引了美国和其他国家的跨国企业入驻。"

全球化不再仅仅是一种选择，而正成为一种必然趋势。波士顿咨询大中华区负责人、全球高级副总裁兼董事林杰敏说："要获得全球性竞争优势，不仅要决定从什么地方采购什么东西，还要决定如何最优地进行企业的全球化整体运营。"林杰敏告诫，在考虑全球化机会时，跨国公司需要考虑4个关键的因素：第一是新的增长中心，即新兴市场，如中国、俄罗斯的国内需求增长非常快；第二是客户需求的重新定位，对于全球供应商的挑战是，要不断预计新的客户群体有什么需求，并满足需求；第三是成本结构的全球化；第四是人才的高质量。在跨国公司看来，人力资源是公司成功最关键的驱动力，人力资源能够促进公司把全球竞争作为一个整体来考虑。

英国《金融时报》预计，英国1/3的服务业工作岗位"适合"转移到海外，这对节省商业成本、提升公司在市场的竞争能力至关重要，要保持发展潜力必须跟随这一潮流。而在过去一年中，美国银行业削减了数千个技术和后勤职位，其中1/3被削减的职位转移到印度，也有相当的职位转移到了中国。

有专家分析说，跨国公司在华投资走过了追求一般资源（如廉价劳动力）——追求市场份额——追求效率和利润——追求战略资源（如专利、品牌、高级人才、稀缺能源）四个阶段。即从一般性生产项目的导入，到地区总部、研发中心、采购中心的建立；从满足本地需求，到面向全球市场；从壮大"四肢"，到健全"头脑"的过程。

（资料来源：刘雪梅"跨国职位大转移"，《IT经理世界》2004年11月，第159期，电子版。有删节，标题为本书作者所加。）

1.1 传统人事管理与现代人力资源管理的区别

正如本丛书前言指出的那样，虽然管理和人力资源管理的基本职能并没有发生实质性的变化，但随着竞争的加剧所带来的企业经营环境的日益复杂性以及技术的日新月异，当代企业的人力资源管理与以前相比有了很大的变化。传统的人事管理在向现代人力资源管理转变的过程中，由于组织面临的经营环境的变化以及人们认识上的局限，仍然存在诸多差距。特别是在我国，相当一部分企业还停留在传统人事管理的阶段，这种情况严重地制约了我国企业的发展和竞争力的提高。要解决这个问题，首先必须搞清二者之间到底存在着什么差异，然后才能找到解决问题的思路和方法。下面就从四个方面分析这些差异。

1.1.1 人力资源管理各职能之间的关系

人力资源管理对于企业的价值和贡献正日益显现出来，并得到了企业的高度重视。做好企业的人力资源管理，已经成为很多企业管理工作的重心。而做好这项工作的前提，就是必须明确传统人事管理和现代人力资源管理的区别。总体来讲，传统人事管理最突出的表现就是人力资源管理各职能之间不配套，各职能单独发生作用，没有有机融合在一起，因而不能有效的为企业服务。而现代人力资源管理则强调各职能之间的相互作用，形成了完善的人力资源管理战略体系。

为了说明这个区别，我们以企业财务部门中两个岗位的薪酬决策为例做具体的分析。稍具规模的企业财务部门一般都有从事财务管理岗位（主要从事财务预决算、融资成本、盈亏平衡点分析等工作）和财务出纳岗位。这两个岗位对任职者的知识、能力和技能要求是不一样的，由此决定了这两个岗位之间报酬要素之间的差异。所谓报酬要素，就是支付工资水平的依据。报酬要素一般包括四个方面，即工作环境、技术要求、努力程度和责任及贡献大小。

首先，从工作环境来看，这两个岗位存在较大差异。从事财务管理的人员面临的一个变化和动态的工作环境，他（她）的工作结果（如盈亏平衡分析）随时受到国家经济政策、银行存贷款利率、原材料价格变化、竞争对手价格变化等外部环境因素变化的影响；而财务出纳的工作环境则是稳定的，基本不受上述因素的影响。

其次是技术要求的不同，这两个岗位在决策程序、脑力劳动强度、知识结构等三个方面存在很大差异。由于不同的产品和服务以及竞争导致的企业财务状况的不稳定，财务管理人员必须依靠对企业产品和服务的深刻了解和认识，凭借自己的专业知识和能力进行大量复杂和高强度的脑力劳动，并在此基础上做出非程序化的决策。而财务出纳的工作相对来讲比较简单，不需要高深的知识和技能，大多从事的是程序化的工作，只要根据财务会计的表、单和相应的制度规定，进行核对后付款、收款即可。

再次，从努力程度来看，由于财务管理人员的工作结果对企业的战略有着重要影响，其心理努力程度和工作压力远远超过财务出纳人员。

最后，从责任大小和价值贡献来看，财务管理人员对企业的相对价值贡献也更大。

从以上分析来看，这两个岗位的相对价值贡献是完全不同的。按照岗位工资的概念，从事财务管理工作人员的薪酬水平应该高于财务出纳。但在传统的人事管理中，由于人事待遇往往是和任职者的资历和年龄挂钩，并以此作为评价任职者的重要甚至是唯一条件，忽略了岗位本身价值以及任职者是否具有岗位任职资格这些重要因素。因此这两个岗位的价值没有能够得到完全体现，岗位与岗位、职能与职能之间互不关联，分配决策的结果往往与工作分析和职位评价结果相冲突。其结果可能就是，一个可能毕业不久、受过正规高等教育的大学生或研究生从事财务管理工作，尽管知识、能力、技能完全能够胜任财务管理岗位的要求，但由于资历和年龄的原因，他（她）的薪酬会低于一个在资历和年龄方面超过他（她）而在专业技能方面又不及他（她）的一位从事财务出纳的老员工。在这样的情况下，岗位的价值贡献没有得到体现，员工的积极性也不可能充分发挥，企业的人力资源政策就不可能发挥应有的作用。而在战略性人力资源管理中，强调的是人力资源管理的系统性和各职能之间的一致性。

系统性是指，第一应该通过工作分析，按照岗位的价值来决定岗位职责和任职者的资格，第二是根据任职资格提出具体的招聘条件和选择要求，第三是对任职者的培训和开发，第四是将岗位职责量化或细化，形成岗位任职者的绩效评价指标，第五是通过岗位或职位评价来确定岗位的薪酬水平。这其中就涉及了一系列人力资源管理的职能的协调和配合。一致性是指，既然财务管理人员的工作比财务出纳的价值贡献更大，那么他（她）的岗位工资标准也就应该更高。至于二者之间的资历和工龄的差距，则主要通过工龄工资来体现。

这个案例对企业的劳动人事制度改革具有重要的指导意义。企业在进行劳动人事制度改革的过程中，一定会遇到岗位工资调整和变化这一类的问题。为了便于分析和读者理解，我们先假设这两个岗位任职者的基本情况是：张三，男性，50岁，大专学历，30年工龄，从事财务出纳工作。李四，男性，25岁，研究生学历，3年工龄，从事财务管理工作。通过刚才的分析，张三的岗位工资应该比李四低。这时张三就会感觉自己受到了不公平的待遇，他就会向所在部门或人事部门反映，相关部门的负责人就应该把刚才的那一套分析向张三作解释。如果张三接受了这个解释，这个事就算完了。如果他不接受，那么他的主管完全可以告诉他，可以通过竞聘去争取这个职位，以体现过程公平。可以预见，竞聘的结果一般是李四胜出。如果张三还不接受这个结果，甚至无理取闹，则可以通过培训、换岗、直至根据相关的法律法规来处理。

1.1.2 人力资源战略与组织战略之间的关系

传统人事管理与现代人力资源管理的最大不同在于，后者强调从战略的角度来系统地考虑人力资源管理的相关职能。传统的人事管理强调单个职能的作用，重点考虑的是技术层面的内容，很少考虑组织战略层面的需要。具体表现就是企业的规划、招聘、培训、开发、绩效、薪酬等人力资源的职能与组织战略目标不相关。战略性人力资源管理则强调通过对组织战略的系统思考，重点考虑战略层面的需求，即从上至下，首先明确组织战略所包含的人力资源胜任力及其他影响组织效益的能力要求，然后在此基础上通过分解，将组织战略所要求的胜任能力与人力资源管理的基础职能有机的结合，形成战略性人力资源管理系统。

　　人力资源管理可以分为两个层面：一是技术性人力资源管理，包括招聘、选择、薪酬等基础职能；二是战略性人力资源管理，包括提供服务直接支持组织战略实施的职能。[1]在传统的人事管理中，单个职能的使用比较熟练，但由于不能反映组织战略经营的要求，因此不能有效的支持组织的战略。而现代人力资源管理则着眼于两个方面：一是人力资源各单项职能的有机融合，这在前面已经进行了分析；二是人力资源战略要支持组织的战略目标。研究发现，在一个涉及300家大型公司的样本中，平均的技术性人力资源管理熟练水平要比平均的战略性人力资源管理熟练水平高出35个百分点。人力资源经理在把公司战略和营运目标转化为人力资源目标并因此用以实现这些目标的能力方面尤为有限。专家们认为，绝大多数公司都已具备较高水准的技术性人力资源管理能力，并获得了令人满意的效率。但问题在于，虽然传统的人力资源管理技能并未丧失其价值，但仅仅依赖它就显得捉襟见肘了，远远不能满足人力资源职能所提出的更加广泛的战略要求。

　　判断企业人力资源管理开发水平有一个重要的指标，即企业人力资源职能战略与企业经营战略之间的匹配关系，专家们在对组织人力资源战略与组织战略之间的关系进行研究后发现，二者之间存在着四种不同的联系。[2]

　　第一层次：行政联系。人力资源部门与企业战略管理的全过程相分离，仅仅从事工资发放、员工档案管理等与企业的核心业务需要没有什么联系的日常性行政管理工作，与企业的经营管理工作联系很少，完全谈不上对企业战略的贡献，是最落后的一种方式。

　　第二层次：单向联系。企业战略规划制定后再通知人力资源部门，人力资源部门的职能就是设计出执行战略规划的制度和方案。它虽然承认人力资源部门在战略执行过程中的重要作用，但人力资源职能被排除在战略形成过程之外。因此企业的人力资源战略往往是被动的和应付性的，难以准确地把握企业战略的本质特征。

　　第三层次：双向联系。在战略形成过程中，人力资源职能体现在三个按时间先后发生的步骤之中，即"两下一上"的过程。首先，人力资源部门被告知各种可能的战略选择；人力资源职能对各种战略的人力资源内涵进行分析，并将结果报高层管理团队；形成战略决策后，高层管理团队再将战略传达给人力资源职能，由后者设计执行战略的有关制度和方案。

第四层次：一体化联系。与双向联系不同，在具有一体化联系的企业中，企业人力资源管理人员与企业的经营管理工作融为一体，成为各职能部门的战略合作伙伴，能够随时根据企业战略的要求，通过对其所保护的人力资源要素进行分析，调整人力资源配置，并有效的释放企业人力资源的能量，为企业的发展做出贡献。人力资源职能直接融入战略管理的全过程，没有时间先后的顺序。二者始终处于一种动态的、全方位的、持续的联系状态。表现特征就是人力资源的高层管理者成为高层管理团队的重要成员，参加企业的重要会议，参与企业重要的经营决策。

在以上四个层次中，第一个层次是最低的，第四层次则是人力资源职能与战略管理职能融合的最高境界。

为了对企业战略性人力资源管理的水平作出一个合理的判断，作者对四川企业人力资源管理的状况进行了实证研究。"四川企业人力资源管理现状实证研究"四川省 2005 年哲学社会科学特别委托项目课题组在一年多的时间里，针对企业人力资源管理现状、人力资源管理战略与组织战略之间的关系以及人力资源管理中存在的问题，进行了专项调查。调查样本的地区范围主要集中在四川的企业，在调查问卷的设计上，主要涉及企业人力资源管理综合问项及职能问项等大类以及配套的小项。由于调查的企业较多，为了保证数据的相对准确性，主要是按照每一大类分别进行单项调查。其中，企业人力资源与战略匹配度是调查的一个重点。根据以上四种联系，我们以"你所在单位人力资源管理与公司战略之间的关系"为题，对企业进行了专项调查，在全部有效问卷中，选择行政事务类的为 35%，选择被动执行类的为 25%，选择双向联系沟通类的为 24%，选择动态联系类的为 16%。其中前两种类型占到了 60%。这一数据表明，企业战略性人力资源管理尚处于一个较低的层次，企业人力资源管理与企业战略之间的匹配性还很低。从所有制形式看，在国有企业的 102 份问卷中，对以上四种形式的选择分别为 38%、26%、23% 和 13%。民营企业 35 份问卷依次选择的比例为 52%、31%、14% 和 3%。其中，行政事务类和被动执行类这两种形式分别占到了 64% 和 83%。表明国有企业和民营企业人力资源管理开发水平对企业价值的贡献还没有得到足够的重视。而外资企业 21 份问卷的比例为 19%、19%、29%、33%，股份公司 33 份问卷的比例为 18%、18%、33% 和 31%。这两类企业处于后两种形式的比例分别达到了 62% 和 64%（见表 1 - 1）。从调查数据看，外资和股份公司人力资源政策与公司战略的匹配性明显优于国有企业和民营企业。这表明在外资和股份公司中，战略性人力资源管理的水平已经达到了一个较高的程度，但仍然不够理想，因为仍然有大约 40% 的被调查者认为外资和股份公司处于前两种低级的匹配形式。

表 1 - 1　　　　　　　人力资源战略与企业战略之间的联系　　　　　　单位:%

联系类别	单 位 性 质			
	国有	外资	民营	股份
行政事务类	38	19	52	18
被动执行类	26	19	31	18
双向联系沟通类	23	19	14	33
动态联系类	13	33	3	31

上述四种不同的匹配关系，既反映了企业人力资源管理开发工作的阶段和水平，同时也与企业高层管理者对人力资源管理工作的系统性和重要性的认识不足有密切关系。我们认为，之所以会出现二者之间不匹配的情况，主要有以下原因：

（1）组织结构保障不力

对企业来讲，具有专业水平和能力的人力资源部的设置，是保证企业人力资源管理工作有效开展的基本条件。但我们调查发现，企业人力资源部门的设置情况并不能令人满意。调查数据显示，设立有人力资源部的企业占调查总数的 66%，而选择"没有，人力资源职能在办公室或其他部门"的比例为 34%。可见，专业职能机构的缺位，表明了组织结构的保障不力，在这样的情况下显然就难以有效地履行人力资源管理的职能，更谈不上对企业战略的贡献。

（2）人力资源专业人员与企业经营管理工作的关联性不高

直接影响企业人力资源管理发挥作用的另一个重要因素是人力资源部门与企业经营管理工作之间的关联性，这可以从人力资源管理人员参与企业经营管理工作会议的情况中得到反映。一般来讲，那些能够经常参加企业各类经营管理工作会议的人力资源专业人员，对企业的经营和管理都有较深刻的理解，其人力资源战略也能够对企业的经营战略和目标提供较好的支撑作用。我们以"您公司人力资源部门的负责人是否经常参加公司总经理办公会等高级别的会议"为题进行了配套的专项调查，并提出了三个选项，即A"经常参加"、B"只参加与其业务有关的会议"和C"很少参加"。在全部有效问卷中，只有40%的应答者选择了A，20%的人选择了B，40%的选择了C。这表明在所调查的企业中，人力资源专业人员参与企业经营管理的关联性仍然处于较低的层次。导致这一问题的原因有两个：一是企业的领导人和高层管理人员对人力资源管理工作在推动企业价值创造过程中的作用了解不够；二是企业的人力资源专业人员自身的素质不高，因此难以获得企业的认可。从所有制形式看，接受调查的84份来自国有企业的问卷中，三个选项的比例为40%、25%和35%；民营企业的32份问卷中，选项比例为28%、22%和50%；外资企业的16份问卷中的选项比例为50%、6%和44%；股份制企业的31份选项中，选项比例为65%、13%和22%（见表1-2）。其中，股份公司的表现最好，然后依次是外资企业、国有企业、民营企业，这一结果与上一个问题的结论也基本上是吻合的。之所以有相当部分的应答者认为外资企业中人力资源政策与公司战略的匹配性不高，可能与外资企业特别是一些大型的外资企业实行的全球统一的人事政策有关，即人事政策统一由公司总部制定，各子公司只有执行的职能。在这种情况下，

表1-2　　　人力资源管理人员参加企业高级别会议的情况　　单位:%

类别	单位性质			
	国有	外资	民营	股份
经常参加	40	50	28	65
只参加与业务有关的会议	25	6	22	13
很少参加	35	44	50	22

自然表现出被动执行的某些特征，但这与纯粹意义上的被动执行可能还是有所区别。

（3）战略性人力资源管理体系还未建立

如前所述，要达成战略性人力资源管理，一是要求人力资源管理各职能要有机地结合在一起，形成一个整体的人力资源战略；二是人力资源战略要支持企业的经营目标。只有在此基础上，才能实现人力资源管理与企业战略的有效匹配。而在人力资源管理各职能中，工作分析是最重要的基础平台，人力资源管理各职能的效能发挥，都受到工作分析以及工作分析的结果与其他人力资源管理职能结合程度的影响。在我们的调查中，工作分析在人力资源管理各职能中的贯彻情况并不理想。在调查中，当问及"你单位培训、绩效、薪酬等人力资源实践是否会贯彻工作分析的结果"时，在全部问卷中，认为"全部贯彻"的比例仅为11%，选择"部分贯彻"和"没有贯彻"的比例分别为63%和26%。其中后两项的比例达到了89%，表明工作分析的结果与其他人力资源管理职能的结合程度非常低。从所有制形式看，来自国有企业的问卷中，三个选项的比例为5%、62%和33%；外资企业问卷中的选项比例为18%、58%和24%；民营企业问卷的选项比例为13%、61%和26%；股份制企业问卷的选项比例依次为23%、71%和6%（见表1-3）。其中，国有企业和民营企业的情况最差。由于人力资源管理职能间不能有机地整合，必然会影响其总体效果的发挥，致使战略性人力资源管理水平大打折扣。

表1-3　　　培训、绩效、薪酬等人力资源管理实践贯彻工作分析的结果　　　单位:%

类别	单位性质			
	国有	外资	民营	股份
全部贯彻	5	18	13	23
部分贯彻	62	58	61	71
没有贯彻	33	24	26	6

1.1.3 人力资源管理专业人员的定位

在传统的人事管理中，对人力资源专业人员的要求就是人力资源管理的专业知识，即所谓的技术性人力资源管理。而现代人力资源管理则要求人力资源专业人员不仅要具备技术性人力资源管理的能力，而且还必须具备企业经营管理的全面知识，以达到人力资源管理的战略性要求。他们必须把自己的注意力从原来的技术操作层面向战略层面转移。也就是说，随着市场竞争激烈程度的不断加剧，人力资源管理专业人员要发挥支持企业战略的职能，就必须熟悉和了解企业产品和服务的特点，以及从事这些产品和服务的生产、销售、管理等经营环节的人员构成、工作特性、对企业价值的贡献度等方面的特点，并在此基础上制定具有兼顾效率和公平的人力资源政策。这就要求人力资源专业人员要转变自己的观念。观念的转变包括两方面：第一，由"我首先是一个人事部门的工作人员"向"我首先是一个企业的经营管理工作者"转变。传统的人事管理强调自己专业的特殊性和排他性，把自己看作是一个专业的人力资源专业工作者，不考虑自己是否是一个合格的企业经营管理工作者，不过问与自身业务无关的"事务"，将自己与企业的经营管理人为的隔离开来。而现代人力资源管理理念则强调人力资源专业人员首先应该是一个合格的企业经营管理人员，并在此基础上成为一个具有专业能力和专业精神的人力资源管理工作者。这种观念转变的意义在于，人力资源管理作为一种支持和服务于企业战略要求的重要职能，只有在其具备能够有效提升企业人力资源的数量和质量与企业目标的实现之间的桥梁和纽带的作用时，才能够真正实现人力资源对企业战略的贡献，同时这种观念的树立还能够打破部门、职能和专业的界限，培养人力资源专业人员的适应能力、团队合作精神和大局观。当具备了这种能力和理念后，人力资源专业人员才能够真正提升自己的影响力和增强自己的话语权。第二，从传统的"管人"向现代的"管事"转变。传统的人事部门和人事工作人员掌管着提薪、晋升等生杀大权，在很多情况下被人们视为得罪不起的企业领导人的"权力秘书"。而在现代人力资源管理中，人力资源管理部门与业务部门之间正在逐渐发展成为一种新型的战略合作伙伴关系，其主要工作是在组织的战略目标指引下，通过激励约束机制的建立和完善，帮助员工提高知识、能力和技能，成为员工和组织之间联系沟通的桥梁。要实现这种观念的转变，最重要的是正确理解和处理权利与责任、个人品德与职业信誉等方面的关系，同时建立自身的战略管理能力和专业技术能力的优势，并将这种优势与组织的战略要求有机地结合起来。当组织中的员工发现和认识到通过参与有效的人力资源管理和开发，能够提升自己的竞争力和对组织的贡献度，并得到组织的回报时，人力资源部门的信誉和能力就会被越来越多的人所认识，人们就会更加积极主动的参与组织的各种人力资源管理实践，战略合作伙伴关系的建立也就顺理成章了。也只有建立起这种关系，人力资源专业人员才能够真正发挥自己的作用。

1.1.4　人力资源管理开发的对象

传统的人事管理有两个基本特征：首先是管理的对象是单一的，即只包括组织内部的员工；其次，多重在"管人"，而较少对员工进行开发方面的内容。而现代人力资源管理在管理对象和管理内容方面大大地扩展了。首先，在管理对象上，现代人力资源管理强调在关注员工的同时，还必须关注与组织关系密切的"相关利益群体"的利益，这些利益群体包括股东、顾客和社会等。之所以会产生这种变化，一个最为重要的原因就在于随着市场竞争的激烈以及市场环境的不断规范化和法制化，赋予了股东、顾客以及社会各界更多的产品和服务的选择自由，保护消费者利益、解决就业、保护环境等一系列法律、法规的要求，也成为影响组织生存和发展的重要因素。企业也在注重自己产品、质量的同时，开始关注自己的公众形象。一句话，企业对相关利益群体影响力的认识越来越深刻。罗伯特·卡普兰和大卫·诺顿于1992年提出的综合平衡计分卡之所以一提出就受到广泛关注，就在于将传统的只根据财务报表评价公司业绩改变为由财务、市场和客户、企业内部流程和员工学习成长四个方面的内容来评价企业的综合绩效，并论证了这种评价方式的改变对提升企业竞争力的影响。由《经济观察报》等单位发起的"中国最受尊敬企业"评比，在其指标体系中，包括了"人力资源、社会责任感、公司形象、财务能力、领导、管理质量、发展潜力和创新能力"等指标。其中，"社会责任感"和"公司形象"也反映的是市场、消费者和社会各界对企业的认知度。现在已经有越来越多的企业将"顾客满意度"和"员工满意度"这两项指标纳入了自己的绩效管理。从这些变化中都可以看出，关注"相关利益群体"的利益，已经成为企业提升竞争能力和获得社会认知和良好评价的重要内容。其次，现代人力资源管理既注重管理，也注重开发。在现代人力资源管理开发体系中，培训与开发是两项十分重要的内容。如前所述，现代人力资源管理专业人员的定位在由"管人"向"管事"转变，而"管事"的核心在于提高员工的胜任能力和业绩水平。第一，通过培训，提高员工对现在本职工作胜任能力；第二，通过开发或轮岗、转岗或组织调动等方式，提高员工适应未来新的工作岗位要求的胜任能力；第三，通过培训和开发，发现和识别组织内部的优秀人才，为组织的管理者继承计划或接班人计划奠定基础；第四，将员工的胜任能力与组织的赢利能力有机地结合起来，即采用科学合理的方法，分析组织赢利能力提高的因素，从中找出人力资源管理开发实践的贡献，再通过整理、加工，用以指导组织今后的工作实践。

1.2　当今人力资源管理面临的挑战

当今世界，提升企业竞争力的重要因素正在由传统的技术优势等"物"的要素向现代"人"的要素转变。首先，随着技术的日新月异，技术优势的差距在不断缩短，企业和个人都不再可能凭借对技术的垄断为自己带来长期的竞争优势，企业中员工的职业道德、敬业精神、知识、能力和技能，以及建立在此基础上的知识管理的水平，正在成为企业重要的核心竞争力以及优势企业与劣势企业之间的重要差距。[3]186市场竞争的日趋激烈和人员流动频率的不断加快，企业人力资源管理和开发水平正面临着严峻的挑战。从传统上讲，保持竞争优势采取的形式是行业水平的进入壁垒、专利保护和地方监管等。但是技术的变革、创新的加速、监管的放松等，都已经极大地削弱了这些障碍。所以今天的竞争优势主要来源于内部资源和单个组织的能力，其中包括开发和保留有才能、负责任的员工队伍的能力。[4]正是因为这些原因，使得通过有效的人力资源管理和开发以谋求其竞争优势，成为了企业经营管理工作的核心任务。在发达国家，人力资源管理先后经历了三个阶段：第一阶段是 20 世纪 60 年代中期，其主要特征是比较成熟的"档案管理"；第二阶段是 20 世纪 60 年代末至 70 年代末，在这一阶段，人力资源管理的概念开始流行，企业的人事工作开始与政府的社会保障职能相结合；第三阶段是从 20 世纪 80 年代后开始，伴随着对物力、财力的有效管理，对人的有效管理成为经济运作的直接评判标准，人力资源的管理与开发已具备较高的水平，战略性人力资源管理的概念开始为人们重视和接受。在我国，尽管改革开放已有 20 多年的历史，但在真正认识到人力资源管理与开发的重要性，根据公司的战略要求制定规范的人力资源政策和制度等方面，才刚刚开始起步。在一些大型企业，人力资源管理逐步开始走上正轨，但在大多数中小企业特别是私营企业中，人力资源管理才刚刚开始，甚至有的还是一片空白。总体来看，我国企业的人力资源管理与开发正在经历一个从无到有，从不规范到逐步规范的过程。正因如此，了解当今人力资源管理面临的挑战，对于正在经历这一过程的我国企业来讲，具有极其重要的意义。

1.2.1　人力资源的全球化竞争

战略性人力资源管理的核心在于相信合适的人是组织最重要的战略性资产。流水不腐，户枢不蠹。人员的流动虽然对保持组织的活力和创新具有重要作用，但如果流失的比例过高，特别是核心员工的流失比例过大，就会对组织的竞争力造成不良影响。近年来，跨国公司的工作外包战略出现了明显加快的趋势。这些公司以其完备的人力资源战略和明确的个人发展目标等优厚条件，迅速地吸引了一大批发展中国家的专业人才加盟，为其业务的发展奠定了坚实的人力资源基础。

在新一轮的全球职场大转移中，工作外包和转移的范围很广，通过以下几个方面的介绍就可见一斑。在航空航天工程方面，波音公司利用俄罗斯航空专家设计波音 777 飞机的行李舱和机翼部件，下一步则可能会合作开发新的商用飞机。而在薪酬方面，海外具有数学或航空学硕士学位的员工的月薪为 650 美元，美国同行的月薪为 6000 美元。在芯片设计方面，印度和中国的工程设计人员过去为美国设计的芯片编写源代码，现在则为德州仪器、英特尔和其他公司开发设备。薪酬方面，海外具有硕士学位和 5 年工作经验的印度员工的月薪为 1000 美元，美国同行的月薪为 7000 美元。在建筑方面，用电脑制作的从大型工厂到郊区所有建筑物的草图均由菲律宾和智利等国的建筑师转换成蓝图。菲律宾建筑师的月薪为 250 美元，美国同行的月薪为 3000 美元。在金融分析方面，美国的经纪公司、投资银行和评级机构正在向印度的金融专家购买股票研究和行业报告，而后者使用的数据库与华尔街相同。薪酬方面，在印度的月薪为 1000 美元，美国同行的月薪则为 7000 美元以上。在财务会计方面，美国的大公司不仅把簿记工作，例如应收账款管理交给爱尔兰、印度和菲律宾的会计师承担，还把纳税和财务报告也转移到那里。今后海外的会计还可能会从事除现场审计以外的所有工作。薪酬方面，菲律宾硕士学位的会计师月薪为 300 美元，美国同行的月薪为 5000 美元以上。根据专家的统计，一种可能的发展趋势是，2002—2015 年，包括生命科学、法律、艺术设计、管理、企业经营、电脑、建筑、销售、办公支持等行业中将有 330 万个工作机会和 1360 亿美元的工作从美国转移到印度、中国、墨西哥和菲律宾等国家。

跨国公司在这种工作外包中扮演了重要的角色。通用电器公司在 10 个国家雇佣了大约 6000 名科学家，通用电器医学服务公司生产的从新型 X 光设备到价值 100 万美元的 CT 扫描仪等产品都采用了来自中国、以色列、匈牙利、法国和印度等实验室开发的磁性、平板和诊断成像技术。该公司负责全球供应链的副总裁迪·米勒说："真正的优势在于，我们能够利用全世界最优秀的人才。"微软公司在 2002 年 11 月宣布，此后三年将在印度投资 4 亿美元，在中国的研发和外包业务上开支 7.5 亿美元。该公司在北京的研究试验室有 180 名程序员，其中 1/3 获得过美国大学的博士学位。专家估计，美国的 1000 家大公司中至少有 40％将开始这种工作外包的海外试验。2010 年前后大规模的工作外包已经出现，那时全球白领工作外包业务将会实现标准化。[5] 2003 年 10 月 17 日，英国汇丰银行宣布，在未来的三年内，将实施一项全球性的"职位移民"计划，在英国裁减 4000 个职位，并将这部分职位转向亚洲地区（包括中国上海和广州）。"职位移民"计划采用三种方式：一是退休等"自然减员"；二是内部"职位转移"，即原来就职于后勤和技术服务部门的当地员工将大部分转移到营销部门，以加强银行在当地的营销力量；三是裁员。为了避免突然的裁员消息和调整落差所带来的负面效应的增大，整个"移民"计划将在 2004 年到 2006 年期间内分阶段有步骤地完成：2004 年撤销 1500 个岗位，2005 年撤销 2000 个，2006 年再撤销 500 个。[6]

之所以会出现这种全球性的工作外包，首先应归功于技术的进步，建立在计算机和网络、数字技术等基础上的全球信息高速公路为工作在世界范围的移动创造了重要的技术条件，各种需要知识的脑力劳动工作可以在全球任何一个地方完成。其次，发展中国家注重对本国人力资本的投资，使其人力资源的数量不断增加，质量不断提升，为这种工作的外包和转移提供了劳动力的基础。最后，发展中国家劳动力的成本优势和巨大的市场前景诱惑。在离市场最近的地方雇佣当地劳动力进行研发、生产、销售，已成为跨国公司市场开拓的重要手段。以上这些因素，能够使跨国公司在降低成本的同时保持产品的质量，并在此基础上赢得竞争优势。正如学者们指出的：世界上最令人羡慕和最成功的公司都是那种不仅能够建立起一个跨国企业，而且能够形成一支独特的劳动力队伍以及一种特殊的公司文化的企业，这些文化能很好地反映企业在其中从事经营的那些全球市场本身所具有的特点。[7]这些公司的关键性目标导向中也包括传统的经营目标，然而它们所具有的独特之处却在于相信人是公司最重要的财富。[8]在专栏 1-1 中，波士顿咨询大中华区负责人、全球高级副总裁兼董事林杰敏也把人力资源看做是公司成功最关键的驱动力，人力资源能够促进公司把全球竞争作为一个整体来考虑。

在跨国公司积极进行海外扩张的同时，发展中国家的企业则由于人才的流失造成了自身竞争力的下降。虽然现在还难以对人员流动与组织竞争力之间的关系做出准确的评价，但业界的学者、专家和管理的实践者们仍然在不懈的努力，也开发出了一些测评的方法。如普华会计师事务所开发的知识管理的测量方法就发现，衡量知识与情绪资本的最好时机，是在公司失去他们的时候。因此，知识管理的价值和成功"取决于进出企业的知识量。用粗略的方式计量，即是指一个企业新进或离职的员工占员工总数的百分比。"[9]这里，企业人员流动的比例意味着企业核心能力的增加或减少。新进员工固然也会增加企业的知识量，但新进员工所具备的知识在一个新的环境中是否能够得到有效的利用，还取决于多种因素。因此，离职员工的数量和质量就成为一个重要的指标。如果企业的人员流动比例过大，而流失的恰恰又是掌握企业核心技术或具有管理才能的高绩效员工的话，就意味着企业核心竞争能力的削弱和消失，对企业来讲无疑是一个极大的损失。因此，如何保证企业核心员工队伍的稳定，是企业人力资源管理必须解决的一个重大课题。

1.2.2 通过满足利益相关群体进行竞争

前述人力资源管理开发对象的比较时已提到"相关利益群体"的问题，这里着重从价值创造的角度和彼此之间的关系进行分析。对于任何一个企业而言，明确认识能够为其创造价值的要素及其构成已成为赢得竞争优势的关键所在。这里所谈的价值已远远超过传统的价值概念。在企业价值链的形成和转移过程中，有四个关键的因素是必须重视的：一是顾客，通过提供满足其需要的产品或服务，培养他们对企业产品或服务的忠诚度。二是员工，对员工进行开发和激励通过满足员工的需要，培养其职业化精神和忠诚度。三是股东，通过企业的发展让股东得到合理回报。四是政府，通过提供就业和缴纳税收，履行其社会责任。这四个方面是相辅相成的。万科公司能够成为中国房地产行业的一面旗帜，成为中国最受尊敬企业，就在于能够正确认识和处理好企业与政府、市场、消费者、股东、员工等方面的关系。专栏1-2详细说明了万科是如何对待和处理拖欠民工工资这一现象以履行企业的社会责任的。在发达国家，企业的社会责任是企业重要的使命。美国的西南航空公司之所以成功，就在于它们相信：如果你不善待自己的员工，就不要指望他们能够善待顾客。美国强生公司名列全美50家最大的企业之一和全世界阵容最为强大的药品制造商之一，强生公司的名字之所以能够成为高质量及可信赖的代名词，就在于强生公司在成立后的发展历程中对高度的职业道德标准和对提高生活质量的承诺一直信守不渝，并承担对顾客、对员工、对社区和对股东的责任，这一信条使强生公司成为世界上处于领先地位的医疗保健产品公司。但在现实生活中，并非每个企业都认识到了利益相关群体的重要性，也并非所有的企业都将消费者或市场当做自己的"上帝"。利用各种途径和手段误导甚至欺骗消费者的事件还层出不穷。这种情况的存在在很大程度上会影响企业的诚信度和竞争力。计算机技术的进步和互联网的运用不仅能够帮助企业提高其经营管理效率，而且还能够帮助消费者解决信息不对称问题。市场或消费者可以通过这些高新技术的运用在市场上进行自由选择，而这种选择的权利将决定企业产品和服务的命运，这个时候企业将会认识到，消费者才是互联网时代真正的和无所不在的上帝，诚实和创新将是企业生存的关键。企业如果不具备相关利益群体的理念并为之提供良好优质的服务，竞争能力就会大打折扣。因此，能否关注并满足相关利益群体的需要，已成为组织必须面对并正确处理的重大问题。

专栏 1 -2　万科的社会责任感

2004 年初，万科总经理郁亮在企业发展的顺境中提出了"3 + 1"的经营管理目标——万科的目标是成为最受投资者欢迎、最受客户欢迎、最受员工欢迎和最受社会尊敬的企业，万科的经营管理会围绕这个目标来运作。郁亮认为，这"三个最受欢迎、一个最受尊敬"是对万科愿景"成为中国房地产行业领跑者"的具体解释和最新阐述。

把最受社会尊敬列为企业经营管理的目标之一，这在国内企业中是少见的，也是领先的。

很多企业对社会责任的承诺，更多的是停留在口头上，而万科不是这样。当拖欠民工工资成为政府部门重视、媒体关注的热点话题时，万科这套系统又开始运转了。这时，万科这套系统就不仅仅是人们心目中想象的只对"利润"、"经济效益"敏感的冷血的赚钱机器了，而更像是对社会、弱势群体充满良知和温暖的慈祥老人了。

早在 2003 年 12 月 18 日，万科集团工程管理部和财务部就向自己的一线公司发出通知，要求防止拖欠民工工资的事情在万科的项目上发生。2004 年 1 月 8 日，万科集团工程管理部、财务部、审计法务部等四部门又制定出了防止拖欠民工工资的具体措施，从而实现未雨绸缪的目的。

在解决拖欠民工工资这一社会问题上，万科承担社会责任的主要方式是把必须按时支付民工工资的约定以及拖欠民工工资的违约责任写进合同中，具体解决方案是：今后所有新招标项目，必须在合同中明确约定承建商按时支付民工工资的条款，甲方有权对此进行核查。在承建商的选择和评估中应增加相应的内容，对有这方面不良记录的承建商应取消其投标资格。而对那些已经签订、还未履行完毕的施工合同，应尽快要求施工单位出具承诺函，如果承建商发生拖欠、克扣工人工资行为的，万科有权从工程款中扣除相应款项，直接支付给工人，并有权解除承建合同。

在深圳万科总部，记者亲眼看到了这些防止拖欠民工工资的公司文件和复印件。这些通知中还列出了施工合同应补充的"承包方责任"、"违约责任"的详细条款以及承诺函的参考格式。敏感地区的一线公司也把解决建筑商拖欠民工工资的具体方案上报到了集团。

尽管拖欠民工工资与房地产开发商并没有直接的关系，这件事情更多的是与地方政府、建筑承包方联系在一起的，"拖欠民工工资与我们没有法律关系，并不代表我们没有社会责任，在这件事情上万科完全可以做出自己的努力。"万科总经理郁亮说。

（资料来源：万科：管理系统的威力，《经济观察报》2004 年 5 月 23 日。）

1.2.3 通过高绩效工作系统进行竞争

所谓高绩效工作系统是指企业的运作方式和流程体系对相关环境要素的适应能力。它强调的是组织中以人为中心的社会系统和以技术为中心的技术系统的有机结合以及在此基础上的工作成果的效率和效益。首先，由于技术的进步，大量的工作得以合并，传统意义上的工人开始被掌握多种技能的新一代的工人替代。随着企业日常工作的自动化程度不断提高，使企业的管理效率和流程更加科学合理，决策的精确度不断提高，企业创造价值的能力也大大加强。卡普兰和诺顿认为，在工业时代，企业的员工分为泾渭分明的两类：第一类人是所谓的知识精英，主要是经理和工程师，他们运用分析技能设计产品和工艺，选择并管理客户及监督日常经营。第二类人是生产产品和提供服务的人，这些一线员工是工业时代企业的主要生产元素，但他们只是利用体力而非脑力。他们在工程师和经理的监督下从事生产。20 世纪末，自动化和生产效率的提高，使企业中从事传统劳动人员的比例下降，而竞争的要求又使从事工程、营销、管理和行政等工作的人员激增。即使那些仍然从事直接生产和提供服务的员工，也因为提出如何提高质量、降低成本费用和缩短生产周期的建议，而提高了他们的价值。[10]这也就是彼得·德鲁克指出的，未来员工队伍的重心将开始从体力员工和文案员工迅速转向知识员工。[11]3 由于知识员工的出现，企业价值创造的能力大大提高，速度大大加快，结果又会增强企业的竞争力，从而提高企业的效益。因此，企业能否正确地认识到这种变化并赋予一线员工更多的责任和权利，是企业高绩效工作系统发挥作用的关键，也成为企业是否能够提高效率和效益的重要手段。

其次，以市场和客户需求为导向的组织战略的变化，会导致企业的组织架构发生变化，这种变化又会影响组织的管理方式、管理者和员工的角色以及价值的创造方式。那些成功的公司之所以能够成功，一个重要的原因就是能够根据环境的变化调整或重组自己的组织架构，其中也包括生产和工作流程。卡普兰和诺顿在其著名的综合平衡评分卡中，对财务、市场和客户、企业内部流程和员工学习成长四个方面的论述，就体现了这样一种思想。彼得·德鲁克 1988年在其《新型组织的出现》一文中指出，20 年后的典型大企业应该是一种信息型组织，其管理层级将不及今天的一半。管理人员也不及今天的 1/3。这种组织以知识为基础，由各种各样的专家组成。他们根据来自同事、客户和上级的大量信息，自主决策，自我管理。德鲁克认为，促成这种变化有三个方面的原因，一是知识员工的出现，二是由于大企业对冒险和创新的要求，三是信息技术的发展。[11]3 组织的扁平化直接源于企业提高市场响应能力的追求，由于这些原因，使组织扁平化、团队工作形式和保持员工对信息的广泛接触成为一种趋势，最终导致了授权和决策工作团队分散化，使一线员工能够在最短时间内满足市场和顾客的需求。高绩效工作系统挑战的核心在于通过知识管理，使企业的竞争能力能够在变革的过程中得以维持和延续。同时，促成员工通过不断学习以改善绩效的努力，跨越组织结构的局限，最终带来组织的成功。

1.2.4　培育组织核心竞争能力和人力资源开发的挑战

通过知识管理和知识创新培育组织竞争力，是当前人力资源开发的重要课题，同时也是实现组织战略的重要手段。现代企业的竞争已经进入一个更高的层面。传统的人事制度强调对人的管理，随着企业对资金、物资管理的渐趋成熟，对人特别是员工智力的开发能力和水平成为判断其成功的重要条件。诺贝尔经济学奖获得者舒尔茨在论述其人力资本理论时指出，土地本身并不是使人贫穷的主要因素，而人的能力和素质却是决定贫富的关键。[12]同样，决定企业是否具有竞争力的也并不是有形资产或可控制资源的数量，而是建立在此基础上对其合理配置和利用的能力以及组织的整体学习能力和智能水平。可见，企业所依赖的战略性资源已从组织外部的、具体的物质资源逐渐转变为组织内部的、内化于每个员工头脑中的智能资源。企业的成功越来越依靠企业所具有的整体智能水平和系统思考能力，而这正是人力资源开发的主要任务。因此，知识管理和知识创新不再只是传统意义上属于技术研发、营销、工程设计、生产制造等专业职能部门的专利，它是组织战略性人力资源管理的主要工作。这充分说明了知识管理与人力资源管理开发之间存在非常密切的关系。正确理解和处理这种关系，对于企业通过知识管理提高企业竞争能力具有极其重要的意义。

1.2.5　通过有组织的员工职业生涯规划提升企业竞争力的挑战

在发达国家，有意识地将人的职业生涯规划与组织结构的劳动力需求相联系，作为提高劳动力效率的策略，已在最近的几十年里开花结果。在这些国家的企业中，开展职业生涯规划已有多年历史，其发展大致可以分为两个阶段：第一阶段是从早期的职业发展到20世纪60年代末，员工职业生涯规划主要是一种帮助员工或就业者个人实现自己个人理想的途径和工具。第二阶段是从20世纪70年代开始，这一观念发生转变，它不再仅仅是帮助员工个人成长的一种手段，而是逐渐成为有战略眼光的组织机构的关键性战略资产，并越来越被视为帮助组织机构应对经常出现的新问题的实用的商业手段。[3]44正因如此，开展有组织的职业生涯规划已经成为当今企业提升竞争力的重要途径。在发达国家，那些成功的公司大多建立了一整套规范的体系，并对这一问题予以了极大的关注，同时成为这些公司进行跨国经营的重要武器。但遗憾的是，我国很多的企业对此并未引起足够的重视，管理者对职业生涯规划及其优势知之甚少。在他们眼中，职业生涯规划只不过是帮助自己的下属沿着管理的阶梯向上攀登的手段，还远远没有达到使之成为一种战略手段以提高企业竞争力的水平。如果要做一个比较的话，我们与发达国家相比，在这个问题上还有30年的差距。

要建立一个完善的职业生涯规划体系，解决员工的职业发展和组织发展共同面临的问题，要求在企业、管理者和员工之间建立一个协调和配套机制。对企业来讲，应建立一个完善的培训、开发、职位空缺说明和选择、轮岗、挂职锻炼等相关人力资源职能的配套支持体系，以及其他的资源支持。管理者的责任是帮助员工了解公司的相关政策，解释公司战略要求与员工个人知识、能力和技能等方面的要求之间的匹配关系，对员工进行组织评价，帮助员工制定自己的发展规划和为公司制订管理者继承计划等。员工则主要是根据自己的性格、偏好、专业优势等情况，进行自我评价，以找到一个最适合自己的岗位，或根据公司的战略要求，培养公司未来战略要求的专业技能。

1.2.6 组织相对稳定性要求和人员流失的矛盾

对于组织来讲，随时随地都面临着一个矛盾，即组织的相对稳定性和组织成员流失之间的矛盾。很多企业在这个问题上感到很迷茫，甚至为了防止员工流失而不愿意对员工进行培训。解决这个问题的思路可以从以下三个方面入手：首先，组织应当了解和认识到，人员流动是一种客观存在的现实，保持一定比例的员工流动，对于组织的新陈代谢和观念创新，都是非常必要的。所谓"流水不腐，户枢不蠹"，讲的就是这个道理。因此，完全没有必要为了员工的流失而盲目地惊慌失措。其次，组织应当把关注的重点放在核心员工的流失率上，而不是所有员工的流失率。只要有核心员工的支持，企业就会保持生存发展的希望。而要做到这一点，就要求组织的各级管理者必须对组织成员的工作动机、工作态度、业绩水平、人际关系能力、团队协作精神等有一个全面系统的认证和识别，并通过企业的人力资源管理系统对核心员工的成长进行跟踪和反馈。最后，组织也不可能留住所有的核心员工，"人往高处走，水往低处流。"组织成员的发展总是和组织的发展联系在一起的。当一个人发展到一定阶段需要更高更大的平台，而组织无法提供时，核心员工也是会流失的。在这种情况下，最好的解决办法就是根据组织战略的要求和员工队伍的具体情况，重视和加强对员工队伍的培训、职业规划设计以及管理者梯队建设，以保证在各个管理层级都有足够的人员储备。

1.3 如何应对人力资源管理面临的挑战

要正确的应对人力资源管理面临的挑战，单凭企业的力量是远远不够的，它需要包括社会、企业、股东、员工等相关利益群体的理解和支持。

1.3.1 社会的角度

企业是一个开放的社会技术系统，这意味着企业的发展需要宏观和微观两方面的努力。要正确有效地应对当今人力资源管理所面临的挑战，首先需要解决宏观层面的问题。在社会的诸要素中，政府的作用是至关重要的。政府的作用主要体现在两个方面：一是正确的政策导向，在全社会倡导和树立尊重知识，尊重劳动，尊重人才，尊重创造的观念和氛围。这在中共十六大后出台的《中共中央国务院关于进一步加强人才工作的决定》的文件中已经得以更加明确的表述。其次，通过政策引导和投资导向，引导社会资金加大对人力资本的投资力度，真正做到教育投资和物质资本投资的同步增长。

人力资源是一个国家和社会最重要的财富。通过加强对人力资本的投资，保持与物质资本投资的适当比例，促进国民提高创造经济价值的能力，最终获取更多的国民财富，已成为发达国家文明进步和经济繁荣的基本战略。以美国为例，根据一项研究的估计，1943—1990 年之间，美国国民生产总值的增长总额中，1/3 以上是人力资本增加所导致的结果。[13]从人力资本和物质资本的结构看，美国联邦政府的预算支出主要用于人力资本的投资，包括社会保障、收入保障、医疗、卫生、教育、退伍军人福利等。1994 年用于人力资本的支出为 8694.18 亿美元，占联邦预算总支出的 59.5%。而用于物质资本的支出仅为 662.74 亿美元，占 4.5%。从历史变化的数据看，前者的比例不断上升，后者的比例则不断下降。1940 年二者的比例分别是 43.7% 和 24.4%。这表明美国联邦政府在执行政府职能时主要侧重于人的生存和发展，而不是物质资本的积累。这与其社会制度是联系在一起的。在美国，物质资本的投资主要由私人承担。[14]

在我国，对人力资本的投资存在两个缺陷，一是投资严重不足，二是对人力资本投资和对物质资本的投资比例严重失调。1994 年提出的《中国教育改革和发展纲要》（以下简称《纲要》）就明确提出，各级政府要树立教育投资是战略性投资的观念，在安排财政预算时，优先保证教育的需求并切实做到《纲要》提出的"三个增长"。到 20 世纪末，国家财政性教育经费支出占国民生产总值的比重应达到 4%。但根据专家的分析，中国目前对人力资本的投资低于世界平均水平，甚至低于一些发展中国家。2000 年诺贝尔经济学奖得主、芝加哥大学经济学教授詹姆斯·赫克曼在对中国的人力资本投资和物质资本投资比例的研究后指出，中国劳动力市场政策和教育政策引起国家投资组合的扭曲，其结果是更多的考虑物质资本而不是人力资本。中国各级政府现在大约把国民生产总值的 2.5% 进行教育投资，而把大约 30% 的国民生产总值用于物质资本投资。在美国这些指标分别是 5.4% 和 17%，韩国是 3.7% 和 30%。中国对人的投资支出远远低于各国平均水平，中国物质资本投资与人力资本投资比例失衡的现象，将阻碍中国的经济发展。人力资本是最终决定中国富裕的资产。如果中国的工人接受更多的教育，能够使用现代技能应对 21 世纪的技术，那么中国的潜力就能够得到发挥。赫克曼教授认为，要达到这一目标，政府就应当制定鼓励人力资本投资和经济增长的政策，包括通过提供补贴鼓励教育和在职培训，开放人力资本的劳动力市场，使地区间的人力资本投资回报率和物质资本投资回报率相等，发展教育信贷市场，加强产校联合等方面促进人力资本投资。[15] 包括政府在内的社会各界应创造各种条件，使更多的人能够接受全面系统的高等职业教育和正规高等教育，提高国民的综合素质，为社会各类组织培养和提供具有专业水平的劳动力队伍。

十六大后，中国的教育出现了新的发展机遇，教育部提出了"2003—2007年教育振兴行动计划"。该计划指出："努力实现党的十六大提出的历史性任务，构建中国特色社会主义现代化教育体系，为建立全民学习、终身学习的学习型组织社会奠定基础；培养数以亿计的高素质劳动者、数以千万计的专门人才和一大批拔尖创新人才，把巨大的人口压力转化为丰富的人力资源优势；加强教育同科技与经济、同文化与社会的结合，为现代化建设提供更大的智力支持和知识贡献。"提出"各级人民政府教育财政拨款的增长应当高于财政经常性收入的增长。"国家"面向 21 世纪教育振兴行动计划"也提出，"到 2000 年，全国基本普及九年义务教育，基本扫除青壮年文盲，大力推进素质教育；完善职业教育培训和基础教育制度，城乡新增劳动力和在职人员能够普遍接受各种层次和形式的教育与培训；经济稳步发展高等教育，高等教育入学率达到 11% 左右……到 2010 年，在全面实现'两基'目标的基础上，城市和经济发达地区有步骤地普及高中阶段教育，全国人口受教育年限达到发展中国家先进水平；高等教育规划有较大发展，入学率接近 15%。"2010 年，国家又制定了"国家中长期教育改革和发展规划纲要"，提出了我国教育发展的战略目标，到 2020 年，基本实现教育现代化，基本形成学习型社会，进入人力资源强国行列。党和政府对基础教育和高等教育的重视，将为我国政治、社会、经济和文化的全面进行奠定坚实的基础。

1.3.2　企业的角度

真正树立"以人为本"的用人观，全面提升企业人力资源管理与开发工作的水平和力度，通过吸引、激励和留住高绩效员工，制定科学合理的员工职业生涯规划和薪酬福利政策，将员工的权利与责任挂钩，认真研究和解决新时期人力资源管理的特点，是企业应对挑战、培养核心竞争力的基本要求。

我国企业的人力资源管理大多还处于一个初级的发展水平，但在大型企业中，人力资源管理和开发水平开始步入正轨。一项涉及制造、能源、金融、通信等行业的 31 家企业集团人力资源管理现状进行的调查研究发现，[16] 我国企业集团的人力资源管理现状总体讲正在逐步走上正轨。具体包括以下几个方面：

（1）管理效率提高。大部分公司都制定了工作分析、人力资源规划等一系列正式的文件和政策，重视培训与开发，每年提供管理和专业人员的培训人数平均为6~9天，基层员工每年接受培训的时间大约为19天。这些都为培育企业集团的核心竞争力起到了支撑作用。

（2）人力资源管理部门的职能与影响力不断提高。人力资源专业人员能够影响及控制薪酬、培训、安全福利等事务；能够将更多时间用于薪酬管理、招聘及制定人力资源管理政策方面；在过去3年里，薪酬管理、招聘和培训已成为企业集团人力资源管理工作的重点。

（3）未来3年，人员培训、组织机构及管理变革、人力资源战略规划、培养员工对企业的忠诚，留住关键岗位的关键人才将成为我国企业集团最重要的人力资源管理工作。

（4）作为企业获取竞争优势的工具，人力资源管理理念成为企业可持续发展的重要保障。管理者在注重资金、物质等管理的同时，开始向企业价值创造源泉和依赖重点——人力资本、战略性人力资源管理等现代管理理念和模式转变。

（5）企业人力资源管理的内容和重点正在发生新的变化。具体表现在以下方面：关注知识型员工，进行知识管理；建立新型员工关系，满足员工需求；围绕价值链，扩展管理范围；吸引与留住优秀人才，帮助员工发展；利用信息技术，实现虚拟化管理；开发企业能力，倡导"以人为本"价值观。

（6）全球化企业的人力资源管理面临严峻挑战，有效的人力资源管理流程再造成为全球化企业成功的重要基础。

另外，我国企业的人才流失现象也很严重。2003年，我国南方某著名摩托车制造集团也出现了高管人员和技术人员的离职事件，集团的3位副总先后跳槽至同行业的公司或民营企业，集团的技术中心人员也流失大半。跳槽原因主要有三个方面：一是国有企业决策迟缓、人事关系复杂，部门太多，各方面要协调，而民企关系简单，主要是处理好家族和职业经理人的矛盾。二是待遇低。该集团的副总跳槽前月薪只有数千元，跳槽后即升至数十万年薪，跳槽后的一般技术人员月收入也大幅度增加，而且研发新产品的个人最高项目奖可以拿到20万元，这在国企根本做不到。三是权利不到位。[17]

尽管我国企业的人力资源管理正在逐步走上正轨，但仍然存在很多问题，形势不容乐观。总体上讲，我国企业人力资源管理还处于从"档案管理"阶段向发达国家20世纪70至80年代的水平转变的阶段，距战略性人力资源管理还有相当大的差距。具体表现就是存在六个"不到位"：一是人力资源战略与企业战略匹配不到位，企业的人力资源管理职能与企业的经营战略要求不适应。二是机构设置和人员配备不到位，很多企业要么是没有人力资源部，要么虽然有人力资源部，但仍然从事的是传统的人事档案管理工作。很多企业的人力资源管理基本上还处于一片空白。三是人力资源的基础管理工作不到位，很多企业不重视工作分析和职位评价等人力资源的基础工作，没有研究人与工作的适配性问题。四是人力资源管理的制度建设不到位和执行不到位，企业的任何有关人事方面的体系、方针、政策和具体方法，都应转化为明确具体的制度，特别是有关工作职责要求、绩效标准、培养和职业生涯规划等。五是执行不到位，虽有相关制度，但在执行过程中常常出现偏差。六是人力资源专业人员职能转化不到位和技能水平不到位，对战略性人力资源管理不熟悉，也不了解当今人力资源管理的系统和新的方法、技术。

国内有关的人力资源专家对国有企业的人力资源管理现状也持大致相同的观点：一是人和事不配套，即雇佣或使用一个不恰当的人来从事与其技能不相称的工作；二是激励机制存在很多问题，全面薪酬体系的概念还没有得到广泛的认同和实施，在激励时不关注核心和重点员工；三是缺乏有效的招聘和选择技术；四是没有人力资源管理的基础平台，缺乏对员工的培训而导致效率损失；五是人力资源管理不研究人和工作之间的关系等。[18]

发现和分析问题的原因，才能找到解决问题的办法。对企业来讲，应随时根据战略经营的要求，坚持和树立"以人为本"的理念，通盘考虑环境、战略、结构、工作方式、方法和技术等要素，在兼顾社会、股东、员工利益的基础上，建立起自身的竞争优势，这样才能应对各种风险和挑战，使企业获得可持续发展的基础。

1.3.3　员工和股东的角度

员工和股东在应对人力资源管理所面临的挑战方面，也将发挥极其重要的作用。员工是企业价值创造和价值转移的重要环节，是企业重要的战略资产。为了在激烈的市场竞争中保持自己的创造能力，员工也必须加强对自己的投资，即根据企业发展的要求，在自我评价的基础上，重点培养和提高企业未来经营管理所需要的知识、能力和技能，在为企业发展做出贡献的同时取得应有的回报。对于股东来讲，正确处理股东利益和企业利益、员工利益、社会利益之间的关系是非常重要的。只有在社会、员工、企业等相关利于群体的利益得到保障的情况下，股东的利益也才能够实现。

注释：

［1］Mark A Huselid，Susan E Jackson，Randall S Schuler．Technical and Strategic Human Resource Management Effectiveness as Determinants of Firm Performance ［J］．Academy of Management Journal，1997（1）：171－188.

［2］K Golden，V Ramanujam．Between a Dream and a Nightmare：On the Integration of the Human Resource Function and the Strategic Business Planning Process ［J］．Human Resource Management，1985（24）：429－451.

［3］托马斯·G 格特里奇，赞迪·B 莱博维茨，简·E 肖尔. 有组织的职业生涯开发 ［M］. 李元明，吕峰，译. 天津：南开大学出版社，2001：186.

［4］步莱恩·贝克，马克·休斯里德，迪夫·乌里奇. 人力资源计分卡 ［M］. 郑晓明，译. 北京：机械工业出版社，2003：7.

［5］皮特·恩加迪奥，等. 新一轮全球职场大转移 ［J］. 商业周刊（中文版），2003（3）.

［6］《21 世纪经济导报》2003 年 10 月 30 日。

［7］J Kahn. The World's Most Admired Companies［J］. Fortune，October 26，1998：206－226；A Fisher. The World's Most Admired Companies［J］. Fortune，October 27，1997：232.

［8］雷蒙德·诺伊，等. 人力资源管理：赢得竞争优势 ［M］. 3 版. 刘昕，译. 北京：中国人民大学出版社，2001：9.

［9］凯文·汤姆生. 情绪资本 ［M］. 崔姜微，石小亮，译. 北京：当代中国出版社，2004：7.

　　[10] 罗伯特·卡普兰，大卫·诺顿. 平衡计分卡——化战略为行动 [M]. 刘俊勇，孙薇，译. 广州：广东经济出版社，2004：4.

　　[11] 彼得·德鲁克. 新型组织的出现 [G] //杨开峰. 知识管理. 北京：中国人民大学出版社，2004：3.

　　[12] 西奥多·W 舒尔茨. 论人力资本投资 [M]. 吴珠华，等，译. 北京：北京经济学院出版社，1990：44.

　　[13] P Wright, G McMahan, A McWilliams. Human Resources and Sustained Competitive Advantage: A resource－Based Perspective [J]. International Journal of Human Resource Management, 1994 (5)：301－326.

　　[14] 黄泰岩. 美国市场和政府的组合与运作 [M]. 北京：经济科学出版社，1997：239.

　　[15] 詹姆斯·赫克曼. 被中国忽视的人力资本投资 [J]. 人力资源开发与管理，2003 (3).

　　[16] 赵曙明，吴慈生. 中国企业集团人力资源管理现状调查研究 [J]. 中国人力资源开发，2003 (2－5).

　　[17] 文静. 高管成建制离职 嘉陵再显国企"软肋" [N]. 经济观察报，2003－11－17.

　　[18] 曾湘泉. 问诊国企 HR 管理疑难杂症 [J]. 人力资源开发和管理，2004 (9).

本章案例

内部的客户

　　作为一个企业的首席执行官，你是否知道在企业内部，谁是你的客户？

　　提到"客户"，人们会很自然地想到供应链上有业务关系的下游企业，或为之提供产品、服务的客户。而客户关系管理也只限于改善和实现与这些外部客户关系的一种管理模式。

　　在客户关系管理中，客户的准确定义是任何接受或可能接受商品或服务的对象。然而，在习惯上人们常常把客户局限于外部客户。其实，在企业内部的各部门，各职级、职能、工序和流程间也同样存在着提供产品和服务的关系，因而也应该存在客户关系管理。作为内部客户，大致可以分为四种，即职级客户、职能客户、工序客户和流程客户。

　　第一种是职级客户 （Post Scale Customer）。它是由企业内部的权力层次与结构关系演变而来的上下级之间的客户。它有两种类型，一是条件客户（Condition Customer），即企业内部上下级间基于实现某项目标而形成的客户关系。上级为了使下级完成任务或企业的使命，必须努力为他们提供保证条件、创造机会和提供服务与支持，使他们能够实现既定目标，这种服务和支持的提供方与接受方就构成了条件客户关系。根据这一原理，企业中较低职位的人都是较高职位人的客户，全体员工又都是首席执行官、总裁、总经理甚至董事长的客户。只有当上级职能人员为条件客户创造和提供了他们感到满意的服务，才能使企业全体员工高效低耗地完成企业的目标。另一种类型是任务客户（Task Customer），与条件客户关系相反，它是上下级间由于任务关系所形成的客户关系，上级将工作机会提供给下级，下级必须努力完成任务使上级（客户）满意，并获得必要的经济收入，因此上级是下级的任务的客户。同理，高级职位的人是低级职位人的客户，董事长、首席执行官、总裁、总经理是全体企业员工的客户。因此，每一职级部门或员工，都必须按其上一职级的预期完成其下达的任务。

第二种是职能客户（Function Customer）。它是职能部门间由于提供服务而构成的客户关系，接受服务方即为职能客户，它是以职能为基础来界定的。服务的提供方有责任为其职能客户提供满意的服务，而职能客户有权对服务提供方提供的服务进行评估和鉴定。根据职能关系，两个平行的部门之间是可以互为客户的，例如，企业内的市场与销售这两个部门就存在着相互提供服务的关系。

第三种是工序客户（Work Procedure Customer）。在工序之间也存在着服务或产品的提供和接受之间的关系，而接受的一方就是工序客户，通常下道工序是上道工序的客户。在生产组装线和流水线上，存在着典型的工序客户关系。例如，车、钳、铆、焊这四道作业在一个工作中心中就构成了工序客户关系，上道工序有责任和义务为下道工序提供优质的产品和服务，而下道工序都可以根据工位上的岗位责任制和质量标准对上道工序的作业进行评价和绩效鉴定。

第四种是流程客户（Process Customer）。在企业的业务流程之间，也存在着提供与接受产品或服务的客户关系，而接受产品或服务的一方，就是流程客户。一般来说，后序流程是前序流程的客户，例如设计、采购、生产、销售部门之间的业务流程就构成了流程客户关系，并借助于财务核算发生货币转移。因此，后序流程对前者的业务行为有评价权和否决权，并对其业务绩效有鉴定权。

在现代企业中，最典型的服务部门当属IT部门，它几乎要为所有的部门和业务环节提供服务，那些接受服务的对象理所当然就是内部客户，2002年被《IT经理世界》与美国国际数据中心（IDC）合作评选出的"中国杰出首席信息官（CIO）"之一的联想集团首席信息官（CIO）王晓岩说，IT部门就是为其他业务部门提供服务的，并要在提供服务的同时收取服务费用，企业内部客户关系在这里是非常明确的。但企业中的首席信息官（CIO）采用CRM的方式为其内部客户提供服务的还是凤毛麟角。

在传统的管理模式中，由于人们没有认识到这种企业内部的客户关系，管理的基础建立在授权与分权的基础之上，往往是上级对下级行使权力，这实质上是一种垂直管理模式。这种模式的缺点，一是导致了企业中各层次间人格上的不平等，存在着等级间的高低之分，既难以调动下级的积极性，更无法增强上级为下级理应提供完成任务的条件与保障的责任心；二是管理层次的关系复杂、条块分割，往往层次太多、管理链太长，降低了管理的效率；三是这种管理直接导致了信息的不流畅、不对称和沟通困难，产生了信息流通中的"黑洞"；四是企业业务流程不顺畅，衔接性差，无法实现统一目标和协同运作；五是存在最常见的"扯皮与踢球"现象，严重地影响了企业的经营运作。

目前，对于外部的客户关系管理已经得到了企业界及其员工的一致认同。"客户至上"的观念已深入人心，成为企业经营的准则。然而，在企业内部，是否有哪家企业真正实施？哪位首席执行官对待他的下属和员工像对待他的客户一样？企业的全体员工是否将所有接受自己提供的产品或服务的相关环节像对待外部客户那样"想客户之所想，急客户之所急"呢？如果一个企业真正做到了这一点，它一定要比同业其他企业更具有竞争力。

资料来源：陈兵兵"内部的客户"，《IT经理世界》2003年第16期

案例讨论：

1. 为什么要把企业内部的员工视为客户？

2. 内部客户理念的确立对企业经营管理有什么意义？

3. 内部客户关系对完善企业绩效管理系统的作用。

4. 内部客户理念的确立与分权、授权之间的关系。

第二章　战略性人力资源管理的运作基础、特征、体系及趋势

　　战略性人力资源管理的核心是将合适的人视为企业最重要的战略性资产，即按照组织经营战略的要求，将战略所包含和要求的人力资源要素进行分析、整合、配置，在此基础上建立起与竞争对手相比较的人力资源的竞争优势的一整套管理思想、方法、制度的集合。要达到战略性人力资源管理的要求，企业的人力资源专业人员就必须具备宏观层面的理解能力和指导能力以及微观层面的规制能力，通过对企业外部生存环境的分析，发现机遇与风险；通过企业内部分析，找出企业自身的优势和劣势。在分析的基础上，掌握其中所包含的人力资源方面的内涵，形成企业人力资源战略的基本目标。最后，根据环境和战略的要求，设计企业的组织架构，运用工作分析等具体方法和技术，建立与企业战略相匹配的人力资源管理开发体系。

　　本章将对战略性性人力资源管理的特征、人力资源管理的体系、机制及其在企业经营管理中的实践进行系统的描述，并对人力资源管理的发展趋势作出预测。

　　本章重点讲解以下问题：

　　（1）了解环境、战略、结构之间的关系，掌握组织运作的特点。

　　（2）为什么规范制度管理对我国的企业来说具有重要的意义？

　　（3）战略性人力资源管理具有什么特征？

　　（4）人力资源管理职能在企业战略管理过程中的作用。

（5）人力资源管理的发展趋势及对策。

（6）应该如何认识和理解员工价值链和客户价值链之间的关系？

（7）盖洛普公司的"Q12"对加强企业人力资源管理的实践意义。

专栏2-1　美国西南航空公司：　通过人来竞争

美国民航业在1990—1993年间损失了40亿美元，而美国西南航空公司在此期间却创造了大量的利润。1994年时，美国民航业的年收入水平总共才只有1亿美元，而西南航空公司的年收入却高达1.79亿美元，同时其运营成本也达到了每千米7美分这一行业最低水平。在过去的十年中，一共雇佣了将近2.6万名员工的西南航空公司的收益增长了388%，净收入增长了1490%。公司连续31年盈利，1972—2001年间股票投资者的最佳总回报超过300倍（超过所有其他股票的表现），公司市值比美国其他所有航空公司市值的总和还高。

1. 西南航空公司成功的主要因素

西南航空公司是一家围绕全面质量管理目标来构造企业以及企业文化的组织。对于公司的全体员工们来说，以顾客为中心、雇员参与和授权、持续改善等等已经不是一句停留在口头上的话而已。公司的员工对顾客的投诉所作出的反应是非常迅速的：有五名每周需要通过飞机通勤到外州医学院上学的学生告诉西南航空公司说，对他们来说最方便的那个航班却总是使他们每次要迟到15分钟。而为了适应这些学生的需要，西南航空公司把航班的起飞时间提前了整整一刻钟。公司甚至征集了一些乘客来帮助公司强化顾客驱动型的文化。一些经常搭乘航班的乘客被邀请来协助公司的人事管理者们对申请成为空中服务人员的候选者们进行面试和挑选工作。公司还建立了一些专门的工作小组来帮助公司考察顾客对于公司所提供的新服务所作出的反应，并且提出改进当前服务的新思路。此外，每周大约还会有1000名左右的顾客给公司写信，而这些人一般会在四周之内得到公司的单独反馈。西南航空公司经常成为美国交通部的三维皇冠奖（Triple Crown Award）获得者——准时绩效最高、行李处理最好以及顾客投诉最少的航空公司。

西南航空公司的成功是由外部因素和内部因素共同促成的。外部因素包括燃油价格的下降和经济的强劲增长等，而内部因素则包括航线管理系统的设计、计算机化订票系统的建立以及拥有一支工作动机强烈的高素质员工队伍等。在关于什么才是西南航空公司竞争力的所在这一核心问题的争论中，西南航空公司认为，机器和其他一些实物并不是西南航空的成功所在，才智、热情、精神和情操才是公司鹤立鸡群的根本。虽然许多航空公司想模仿我们，但都无法复制西南航空公司员工的精神、团结，"我们能做"的态度和无比的集体荣誉感。如果要归纳成功原因的话，那就是：只做你擅长的事；把事情简单化；使票价和成本低；把客户当宾客；永不停息和雇优秀的员工。

2. 西南航空公司的战略

"采取不同的扩张方式"是西南航空公司的成功之道。尽管旅客的订票和出票手续都是在起飞之前完成的，但是乘客实际乘坐座位的确定却是按照先来先占的原则确定的。通过航班飞行人员和空中服务人员在清扫客舱以及给养补充方面所提供的协助，西南航空公司得以将乘客转机的时间保持在行业最低的15分钟。西南航空公司并不同其他航空公司交换机票或者行李。因为如果西南航空公司采用了其他航空公司所安排的座位以及计算机化的联运订票系统，那么他们在地面上的停留时间将会增加，而这将会使公司不得不另外再购买至少7架飞机。以每架飞机2500万美元计算，这一结果将会对乘客所必须支付的机票价格产生非常大的影响。而目前，西南航空公司的票价大大低于其竞争对手。

3. 公司的理念、文化以及人力资源实践

西南航空公司通过培育一种像对待顾客一样对待员工的文化——关注他们、对他们的要求作出积极的反应以及让他们参与决策，得以保持了公司独特的、成本有效性地位。正如前任首席执行官凯勒所指出的那样，"如果你不善待自己的人，就别指望他们善待他人。"因此，西南航空公司所关注的不仅仅是自己的顾客，同时也包括自己的员工。

公司的企业文化中还包括对员工队伍的灵活性所赋予的较高价值。公司的员工为自己能够在短短的20分钟时间内就能使飞机做好起飞准备而感到自豪，因为这一时间比同行业的平均所需时间要少一半。西南航空公司的一句文化格言是"你别想让飞机呆在地上就能给你挣钱"。地面服务人员负责卸载行李、清理机舱洗室、清除垃圾以及重新给飞机装备上冰块、饮料以及花生米。空中服务人员则负责为下一次飞行准备好客舱，并且，如果飞行员有时间，他们也会加入到这些准备工作中来。努力工作在西南航空公司并非仅仅是一种义务：它是自豪感的一个源泉。

凯勒的"工作场所乐趣"哲学可以从公司为了对员工的贡献加以认可而花费的时间数量上看出来。当西南航空公司连续第五年赢得三维皇冠奖的时候，公司将一架飞机献给了所有的员工。他们的名字被刻在飞机头部的外壳上！此外，在公司每年一度的红辣椒烹饪大赛、颁奖晚宴以及每周五的"开心日"，雇员可以穿着随便的衣服甚至化妆用的衣服到公司来上班。这些都表明公司的一种信条，即员工必须有幽默感，并且，心情放松的员工才会是高生产率的员工，在这些场合中，员工穿着休闲服装参加，甚至顾客也可以参加。公司和员工常常通过举行聚会来培养情趣以及增强大家对西南航空公司这个大家庭的归属感，而这些又对公司文化起到了积极的支持作用。

员工参与决策是西南航空公司的企业文化另外一个主要信条。公司采用一种积极的、非正式的提案建议制度以及各种各样的激励手段（现金、商品和旅行凭证等）来对员工所提出的新想法加以奖励。无论是各个工作小组，还是个人，公司都期望他们能够为改善顾客服务以及节约成本贡献自己的力量，这已经成为他们为西南航空公司工作的时候所扮演的角色的一个组成部分。

公司对一些棘手问题所作出的反应也总是围绕公司的经营理念展开。随着福利成本的上升，有着极强成本意识的西南航空公司对于员工的福利计划进行了重新设计，使之变成一种灵活的福利计划。不仅如此，公司又向前迈出了一步，在征求了分布于7个不同城市中的700多名员工的意见以后，一种模仿报纸和早间新闻的福利推介计划面世了。占星图、建议栏以及推销广告等对这项新的计划——福利附加计划起到了推动作用。员工发现这种形式比传统的福利手册更有趣味性，却更缺少强迫性。实际上，这些方面的努力使得西南航空公司在1990年的商业保险杯员工福利沟通奖中获得了第一名。更为重要的是，员工理解了他们的福利选择权，并且对公司与他们进行公开交流的意愿心怀感激之情。

公司还设计了许多人力资源实践来支持公司的文化。薪酬计划的设计被用来增强西南航空公司与员工之间的联系，这些员工非常喜欢公司的一项利润分享福利计划。西南航空公司的员工拥有公司大约11%的业绩非常优秀的股票。为了支持公司的高效运转，公司与工会的合同中还避免出现限制性过强的工作规则。公司的信条之一是，员工可以（而且他们也希望能够）出现在需要他们的任何地方，而无论自己的工作名称或者工作类别是什么。西南航空公司自1971年创立以来从未解雇过一名员工；员工的年流动率为7%，这在行业内是最低的。1998年时，公司的飞行员们通过投票决定，在执行与公司签订的为期10年的集体合同的后半段时间里，将继续维持原来确定的由公司提供低幅工资增长，但是却提供大量股票选择权的报酬计划。飞行员将在今后五年中连续每年获得3%的工资增长，同时再加上每股8.89美元的股票选择权。这种为期10年的集体协议在航空业中是独一无二的。此外，在1996年时，凯勒还主动提出一直到1999年之前都将自己的年薪冻结在1992年的水平上，以响应飞行员们的工资冻结。这种共同作出牺牲的精神帮助公司进一步培养起了员工的士气以及他们对组织的认同感。

西南航空公司的员工们还积极参与大量的社区公共服务计划。这种对服务的献身精神在公司内部同样受到了鼓励并且能够找到明证。一个由员工们发起的灾难基金就是为了给公司里那些面临个人危机的人提供支持用的。不同的部门之间经常通过互相给予奖励以及为对方举办晚会等形式来表示对对方的感激之情。

"我们告诉我们的员工，我们看重不一致性，"凯勒说。"我不能遇见到我们系统中的每一个点上所出现的所有问题。因此，我们这样对我们的人说：嘿，伙计，我们不可能预见到所有的问题，你们自己尽可能用最好的方式去解决这些问题就是了。你们要运用自己的判断力和你们自己的自由决策权；我们相信你们能够把事情做好。然后我们认为有些事情他们确实是做错了，我们也会让他们知道的，但是不会有批评，也不会有背后的黑枪。"

员工谈到了许多他们认为有利于向顾客提供优质服务的大量日常事例。比如公司在 LA 的一名乘客服务人员就遇到了一名难缠的男乘客，当时他要赶乘一架航班去和正在度假的家人会合，但这位男子要求能让他带狗上飞机。由于西南航空公司并没有动物搭乘业务，因此这名男子有可能会因此而错过航班从而失去与家人会面的机会。于是这名服务人员主动提出把乘客的狗带回自己的家并对其好生照料，当这名乘客回来时再把这条狗带到机场去还给他。他这样做的后果就是不仅很好地处理了问题，同时还使公司获得了一个感激万分的顾客。

（根据"西南航空公司：通过人来竞争"改写。资料来源：雷蒙德. 诺伊等《人力资源管理：赢得竞争优势》，第 168 页，中国人民大学出版社，2001 年 4 月；"西南航空公司：迎接竞争对手的挑战"，《经济观察报》2003 年 10 月 13 日等。）

2.1　战略性人力资源管理的运作基础

战略性人力资源管理作用的发挥是建立在组织运作基础上的，要了解组织的运作，就必须了解环境、战略、结构、制度、技术之间的关系。由于企业总是在一定的经营环境中生存和发展，因此，经营环境会影响甚至决定企业的战略方向和目标，当战略一经制定，便要求有与之相匹配的组织结构。为了保证战略目标的实现，必须要有包括人力资源管理在内的制度保障和技术支持，在此基础上实现人力资源战略对组织目标的支持。在专栏 2 - 1 中，美国西南航空公司能够在竞争激烈的航空业获得成功，正是由于处理好了这五个方面的关系。

2.1.1　对环境的解读

这里所指的环境，是指企业的经营环境，即对企业的管理和绩效产生影响的外部因素和内部因素及条件。研究经营环境的目的是为企业的战略经营创造条件，最终实现组织的目标。而战略经营的目的则是为了使企业着眼于未来并获得持续发展的能力。经营环境的分析如此重要，以至于它已成为企业获取长远效益和持续发展的基本条件。在美国，绝大多数的公司都进行某种形式的外部分析，并以此作为其计划过程的一部分。根据美国著名的《财富》杂志的统计，在500家公司的最高领导人中，几乎有75%的人说他们的公司进行外部分析并从中获得了巨大的收益，另外有16%的人报告说他们的公司尚未、但可能要进行外部分析。只有11%的人认为他们的公司未进行、也没有计划要进行外部分析。[1]当前，我国正处于经济体制大变革的时期，企业经营的外部环境时刻都在发生变化，要适应这种变化，就必须加强对经营环境的研究，抓住机遇，规避风险，使企业在竞争中发展壮大。

企业在制定经营战略时，既要考虑环境提供的条件、要求和发展变化的趋势，又要考虑企业自身的优势和核心能力。能力是支持经营战略的基础，它包括职能能力和综合管理能力两个方面。在战略性人力资源管理体系中，同样也包括这两方面。其中，职能能力主要是指人力资源专业人员的专业技能和执行能力，综合管理能力则主要包括人力资源专业人员对企业战略的理解力和贡献度。如果不具备这些能力，没有服从和执行经营战略的能力，战略也就成了空话。因此，环境、核心能力和战略经营就成为企业战略管理系统的三个重要组成部分。

企业人力资源管理开发面临的环境要素很多，从宏观的层面讲，包括政治、经济、法律、技术等，比如，《劳动合同法》颁布后，企业的用工制度就面临着新的考验。那些不与员工按照规定签订劳动合同、不按规定支付劳动报酬等违规行为，必然会受到法律的约束和惩罚。又比如，随着技术的迅猛发展，对企业的技术系统及其从业人员提出了严峻的挑战。难以适应新技术要求的企业势必会被历史发展的潮流所淘汰。从微观的层面讲，又有股东、顾客、经销商、供应商、劳动力市场、员工等要素，如果不能够正确处理好这些相关利益群体的关系，企业的发展就会受到影响。其次，在企业不同的发展阶段，影响和制约的要素又各不相同。但无论什么时候，市场和客户需求、企业所在产业和行业的人力资源供求状况、产业或行业的薪酬水平、竞争对手员工的绩效水平、企业高绩效员工的保有率和流失率等都始终是企业应当重点考虑的。这些因素的把握、分析和相应的资源配置，是实现人力资源管理支持组织目标的重要手段。

2.1.2　对战略的解读

企业的战略都是建立在对环境分析基础之上的，因此环境是决定战略的最重要的因素。在既定的环境条件下，战略将保持一定的稳定性。当企业的经营环境发生变化，战略则必须进行相应的调整或改变。这里的战略包括两个层面：一是企业的经营战略层面，即通常讲的公司层战略；二是职能战略层面，即职能层战略。这两个层面的内容在战略性人力资源管理体系中占有重要位置。

如前所述，战略性人力资源管理有两个基本要点，一是人力资源各职能要有效的结合在一起并形成企业的人力资源总体战略，二是这一总体战略要支持企业的经营战略。与传统的人事管理不同的是，战略性人力资源管理强调通过对组织战略的系统思考，重点考虑战略层面的需求，方向是从上至下，即组织的经营战略决定组织的人力资源战略。首先明确组织战略所包含的人力资源胜任力及其他影响组织效益的能力要求，然后在此基础上进行分解，将组织战略所要求的岗位胜任能力与人力资源管理的基础职能有机的结合，形成战略性人力资源管理系统。这个系统的特点包括三个方面：第一，战略性人力资源管理强调对组织成员价值创造能力的管理，这种管理的重点和策略是建立在组织掌握的资源和未来组织劳动力组成形式趋势基础之上的。这两个方面的因素不仅决定了组织人力资源管理的主要对象，同时也为组织中的员工指明了工作的目标和奋斗的方向。第二，战略性人力资源管理是对价值链的管理，即人力资源管理各职能之间在有机整合的基础上所形成的效率和效能。它强调人力资源管理各职能之间的相互协调和配合，形成了完善的人力资源管理各职能的价值链体系，能够最大限度地发挥组织人力资源政策、制度的功能和作用。第三，战略性人力资源管理强调对组织战略的贡献，即通过对组织战略的系统思考，重点考虑战略层面的需求。首先明确组织战略所包含的人力资源胜任力及其他影响组织效益的能力要求，然后在此基础上通过分解，将组织战略所要求的胜任能力与人力资源管理的基础职能有机的结合，形成战略性人力资源管理系统，以支持组织战略目标的实现。关于这一点，后文还将作具体的论述。

2.1.3 对结构的解读

这里的结构,是指企业的组织架构。在环境、战略既定的情况下,组织结构就成为重要的因素。三者之间是一种环环相扣和密切互动的关系,即环境决定战略,战略决定结构。环境的变化决定战略和结构的变化,任何关于结构的调整或改变都必须考虑与环境和战略的适应性和匹配性。一般来讲,由于战略的变化在前并导致组织结构的变化,因此在变化的过程中,建立起适应企业战略要求的组织结构和工作流程是最关键和最核心的问题。从企业的发展来看,一般都是先生产一种产品,这时由于战略比较简单,因此一种松散的和简单的组织结构设计就足以保证战略的贯彻和执行。随着客户的增加和市场份额的扩大,企业产品的种类也会增加,通过对客户贡献的分析,针对不同的客户群的服务也会有所差别,这时组织的结构就会发生变化,人员也会进行相应的调整和补充。这时,组织的复杂性、正规化、集权化就会从较低的程度向较高的程度转移,这就要求人力资源管理人员要准确预计和掌握这种变化,并根据这种变化修改或调整企业的人力资源政策。在不同的组织结构下,人力资源管理模式也是不尽相同的。比如,强调高度灵活性的组织形式和高度专业化的组织形式,其人力资源管理的模式和员工的激励等方面就存在很大的差别。根据组织形式决定相应的人力资源管理政策,是战略性人力资源管理的重要条件。

2.1.4 对制度的解读

关于制度的问题需要用较多的篇幅做详细的阐述,因为在战略性人力资源管理中,制度是一个十分重要的环节。所谓"国有国法,家有家规",无论是治理一个国家,还是管理一个家庭,都必须遵循一定的原则。这里讲的"法"与"规",其实就是制度层面的内容。我们可从国家和企业两个层面分别来看制度的重要作用。

早在100多年前,恩格斯在其《论权威》一文中,就对保证组织中联合活动的顺利进行提出了必需的条件。他指出:问题是靠权威来解决的。联合活动,互相依赖的工作过程的复杂化,正在取代个人的独立活动。但是联合活动就是组织起来，而没有权威是不能够能组织起来的。一方面是一定的权威，另一方面是一定的服从，这两者，不管社会组织怎样，在产品的生产和流通赖以进行的物质条件下，都是我们所必需的。[2]342

关于制度对治理国家的重要性，邓小平同志 1980 年 8 月 18 日在中央政治局扩大会议上关于"党和国家领导制度的改革"的讲话，也作了非常清楚地阐述。他指出："我们过去发生的各种错误，固然与某些领导人的思想、作风有关，但是组织制度、工作制度方面的问题更重要。这些方面的制度好可以使坏人无法任意横行，制度不好可以使好人无法充分做好事，甚至会走向反面。……不是说个人没有责任，而是说领导制度、组织制度问题更带有根本性、全局性、稳定性和长远性"。[3]即使在国家实现经济繁荣和政治民主的过程中，也必须依靠建立在一整套完善制度基础之上的约束和监督，因为没有制度依托的民主是靠不住的民主，没有制度依托的监督是无力的监督。多年以来，党和国家一直强调和推行依法治国，《中国共产党党内监督条例》和《全面推进依法行政实施纲要》等一系列法律、法规、政策和通知的出台，表明了这一进程终于可以在法律和制度的规范下运作。

我们应如何看待制度在企业的的作用呢？在回答这个问题之前，我们不得不先面对那个古老而又现实的话题，即"人之初"到底是"性本善"还是"性本恶"？回顾一下发达国家公司治理结构的历史就会发现，在发达国家特别是美国，公司治理正经历着一场前所未有的信任危机：安然、世通丑闻；纽约证券交易所首席执行官格拉索 1.4 亿美元年薪等丑闻；2003 年年底跨国媒体集团 Hollinger International 首席执行官康拉德·布莱克，波音公司首席执行官菲尔·康迪特，迪斯尼公司董事会副主席、公司创办人沃特·迪斯尼的侄子罗伊·迪斯尼先后宣布辞职；意大利帕玛拉特公司的假账丑闻被揭穿，财务"黑洞"达 100 亿美元，公司创始人、董事会主席兼首席执行官坦济辞职后被意大利警方羁押；2003 年 2 月，荷兰零售业巨头阿霍德公司涉嫌虚报利润 5 亿多美元，公司总裁范德胡芬辞职。虽然辞职原因各不相同，但却预示着公司治理结构特别是首席执行官与董事会之间的关系正发生着重大变化。多年来，人们希望能够通过公司之间的兼并、加强机构投资者对公司经营者进行监督以及采用股东集体行动等方式来解决这些问题，但效果仍不明显。究其原因，关键是董事不独立。因此有关人士指出，美国公司制度正经历着两个重大变化：一是首席执行官帝国主义时代的结束；二是董事会，特别是独立董事制度正在得到加强。多年的实践表明，单纯地依靠市场自律，不论是产品市场、企业并购市场，还是所谓的经理人市场，都不足以解决公司治理的难题——因为没有一个市场是完美的。要防止首席执行官的行为偏离投资者的利益，必须要借重董事会对首席执行官们进行有效监督。如果董事会失职，必须还要为广大投资者提供撤换董事会的有效途径。正如人类历史所昭示的，以人性恶为假设来设计制度，往往能形成善的制度。相反，以人性善为假设设计的制度却往往是恶的。欧美发达国家首席执行官们的自私与贪婪，正在促使人们对现有公司制度的漏洞进行反思，以期发展出一个更加完善、更加有效率的公司制度。[4]发达国家公司治理结构存在的问题，也充分说明了制度的重要作用和意义。正是基于这些事实，人们开始提出这样的问题，即以人性恶为假设来设计制度，可能会形成一个好的或善的制度；而以人性善为假设设计的制度，可能就是一个恶的制度。

对于处于转轨过程中的中国企业来讲，制度建设尤其重要。著名经济学家吴敬琏先生曾这样阐述对中国企业制度建设的评价，他说：因为我们正处在制度转变过程中，决定中国未来的是制度的变化，这会决定今后的改革方向。在我的逻辑里，推动历史的发展有两个轮子，一个是技术，一个是制度。而对于中国来说，主要问题不在技术上，因为可用的技术是现成的，问题在于制度，这个制度不是什么社会主义、资本主义的大制度，而是各个层面的制度，比如大到产权改革的制度，小到企业的组织结构、薪酬制度等。[5]经济学家关心的这些制度，大多都是人力资源管理要研究和解决的问题。

研究制度问题还与当前中国企业正在大力开展的企业文化建设也有着十分密切的关系。文化作为影响员工态度和行为的重要性正日益得到企业的重视，但文化的建立是有基础和前提的，这个基础和前提就是制度。斯蒂芬·罗宾斯认为，组织文化最早开始作为一个影响员工态度和行为的独立变量的起源，可以追溯到50年前的制度化。[6]组织开始制度化以后，就有了自己的生命力，独立于组织建立者和组织成员之外。而且这种制度化使组织自身变得更有价值，不会因某种产品或服务的落伍而消沉，而是能够重新获得发展。由于组织的制度化运作，使组织的成员对于恰当的、基本的和有意义的行为有了共同的理解。因此，一个组织具有了制度化的持久性后，可接受的行为模式对组织成员来说就是不言而喻的事了。

制度并不能解决所有的问题，同时制度也必须随时根据环境变化和组织需要对制度进行调整。但制度能指明员工工作的方向。制度能规定在企业中什么是对的，什么是错的；什么事情应该做，什么事情不应该做。正如专栏 2－2 中远大空调的掌门人张跃讲的那样：一个企业最强的不是它的技术，制度才是决定你这个企业所有活动的基础。有没有完善的制度，对一个企业来说不是好和坏之分，而是成和败之分，要么成要么败！没有制度是一定要败的。远大制度化文件涉及了每个远大人的工作、生活和行为规范，而这些制度很多都与人力资源管理有关。同样，我们可以从"进门者请放弃一切自治"[2]342这句名言中得到如下启示，企业有自己的一套行为规则，这是企业运行的根本保障。而战略性人力资源管理的制度就是指将组织的人力资源战略具体化为日常工作中的政策、方法、程序和规则。

专栏 2－2　远大——制度化生存

坐落于长沙东郊的远大城如同"乌托邦"。在这里，有名曰"方舟"、"地中海会所"的宾馆；有名为"理想号"的船型的员工俱乐部；还有玻璃结构的金字塔型博物馆和欧式建筑的管理学院。整个工厂一尘不染，那种极度的整洁和秩序是绝对超乎想象的，你甚至见不到一个烟头或一张纸片。大面积的草坪在寒冬中依旧是一片碧绿，草坪里还有音乐系统，并装有地灯。在它的背后，我们已经可以感觉到一个庞大而有效的制度体系的存在。

【"没有制度是一定要败的"】

张跃对制度的推崇确实到了固执甚至偏执的地步。在远大，从生产到非生产，从大事到小事，每一项工作都精益求精、追求完美。张跃说：一个企业最强的不是它的技术，制度才是决定你这个企业所有活动的基础。有没有完善的制度，对一个企业来说不是好和坏之分，而是成和败之分，要么成要么败！没有制度是一定要败的。

张跃认为：如果企业没有制度，在某一段时间也许也能混下去，甚至在某一阶段、某一件事情上还会显得很有效率，但是从长远和整体上来看显然是不行的。所以领导者一定要非常投入地去建立制度体系，非常忘我地去维护这种体系。这种维护有时候是要有决心的，因为任何一件事情都会有负面的东西。也许会有某些事情因为制度不够科学和完备，结果照着做却做错了。但如果没有制度的话，错误犯得还会多一些。

【"每个细节都要标准化"】

在张跃眼中，企业整体的每一个活动都是可以无限细分到每一个员工的每一个动作上的，因此对每一个个体细节动作的程序化和标准化就显得异常重要。制度化的好处是降低了管理的成本，提高了效率。更重要的是，这套标准化制度体系减小了在信息传播和命令执行过程中因随意性而造成的损耗和误差。对于远大这种极其强调系统稳定性的工业企业来说，这种管理模式应该是它得以持续稳定发展的关键之一。至少，业务流程的标准化可以使员工在需要重复进行的工作中做到比以往不倒退。

在远大，制度无所不包。远大有一个独立的制度化统筹委员会，专门负责涉及日常管理方面的各类规章制度的编写，以及各类表格的修订。远大制度化文件涉及了每个远大人的工作、生活和行为规范。到目前为止，公司共有文件496份，计2873条、9000多款，共计60多万字，及应用表格669个，每份表格均附有填表方法、传递方式、批准程序、执行要求等，覆盖每一位员工的每一项活动。由于文件分类清晰、条款分明，任何人打开电脑或翻阅目录，只需极少时间就可查到所需的文件内容。而常用的表格可从设于生产、生活场所的数十个表格箱里信手取到；至于常规工作要求，则可从随处可见的"设备告示牌"、"环境告示牌"等看板上读到。

在远大，制度的建立和完善不仅仅是公司领导和这个统筹委员会的事情，每位员工都直接或间接参与了文件的起草，任何人发现制度中的错误或感觉条文不合理时，都可以提出或参与文件的编制、更改。修改过的文件由相关部门领导审核，公司领导批准，资料室发放。公司制度化统筹委员会指导全过程。

为适应公司内外情况的变化，远大公司对受控文件要进行年审，年审合格后方可使用；有的文件一年内甚至要改两三次。另外，某一个部门的创新、某一项技术的创新，只要涉及相关部门，相关部门就会迅速对相关文件作出相应调整。当公司模式变化不大的时候文件改动得不多，而公司模式变化较大时改动得则比较多。但有一点：远大公司对与员工利益相关的东西和大的原则，不会轻易去动它。这一点会保持相对稳定。

【企业文化就在制度里】

张跃认为："一个企业不想长久经营，制度可以不要；如果要长久经营，就必须要有制度；如果你永远是一个小企业，也不需要有制度。企业的制度与企业文化有着直接的因果关系，对待制度的态度是企业文化的重要内容。"当制度内涵未得到员工的心理认同时，制度只是管理者的"文化"，至多只反映管理原则和规范，对员工只是外在的约束。当制度内涵已被员工心理接受，并自觉遵守与维护而形成习惯时，制度也就凝固成为一种文化。

在远大，一个普通的销售人员的发货程序是这样的：当客户付清预付款，就要向销售公司下"合同摘要"，"合同摘要"详细地列明了型号、特殊要求等机组情况以便工厂安排生产。接下来，每月15日编制的"机组发货计划表"，以及发货前提交的"准备发货通知单"都会不断提醒他要关注机组发货进程。而"远大供货三落实单"、"提货日期确认书"更要求他把发货及客户付款事宜彻底落实，以免出现任何差错和延迟而影响正常供货。这个事例只是远大制度化管理的一小部分，但充分地说明了远大的工作流程和管理方法的严谨和精细。

张跃认为："如果一个企业能持续发展，就必须有它的文化。企业的行为主要表现在规定上面，对规定的重视应该高于一切。所以说想得再好，说得再好，不如写得好。这一点很多企业没有注意到，他们会以结果论英雄，但我以过程论英雄。我认为沉淀下来的东西才真正有价值，包括制度、文件、技术等等，是永远取之不尽的财富。"企业的文化只有在人的尊严长河里顺流而下，才会源远流长。而这一切也是建立在制度基础上的。企业文化作为一种新型的管理方式所需要的是一个更为坚实的基础。企业文化建设中，一个符合企业价值观的制度环境是至关重要的。

【制度之后的升华】

张跃认为：企业管理除了要靠制度外，还必须讲究"自觉性"。后者可以依靠环境，因为人是无时无刻不受环境影响的。要求员工确保产品质量，光靠文件、图纸、质检员等是做不到的。为了培养人们的自觉性，远大进行了企业内部互信建设，将互信精神体现在各项制度中，走上人本的制度文明，纪律文化。

互信建设的目的并不是为了破除制度，而是要人们从内心完全接受这些制度，甚至不用想就会按规定做事。超出我们想象的是，张跃规定："远大城所有东西都不上锁，包括小卖部、酒吧、员工咖啡厅，不上锁也不登记，全部用自助的方式，24 小时开放。自己买东西自己刷卡拿走。"他愿意为此付出 500 万的代价，但公司自从采取小商品自取购货以来，一个小卖部、四个咖啡厅，比原来收款购物丢失率还要低。甚至新员工的军训也改为自愿。这样做的目的是将外部的规定变成内心的自律，也就消除了他们对抗规定的冲动。

是的，仅仅有制度是不够的，制度就需要无微不至的完善；仅仅完善也是不够的，它需要由表及里地升华。但这一切一切的前提和基础都是在制度中求生存。远大如此，广大企业亦如此。

（资料来源：刘宏君、抑扬：远大空调——制度化生存，《中外管理》，2003 年 6 期。）

正因为远大的管理，才使得这家民营企业在残酷的市场竞争中站稳脚跟，并取得令人瞩目的成绩，连续 3 年被评为"中国最受尊敬企业"。远大 1988 年以 3 万元起家，专门生产以热能力为动力、以水—溴化锂为介质的吸收式中央空调产品。1992 年开发成功第一台直燃机，改变了电空调一统天下的局面。远大拥有 50 余项专利技术，部分已在 30 多个国家注册，通过 27 项世界权威认证，包括 ISO9001 质量认证、SGS - ISO4001 环保认证、18 项欧洲安全认证、7 项美国安全认证。成为一家全部系列产品均通过欧洲统一（CE）认证、美国保险商实验室（UL）安全认证的企业。目前远大产品在国内占同类产品生产的 60%；全球连续 5 年直燃机产销量第一和全国连续 5 年中央空调主机产销量第一；中国第一个直燃机国家标准编制者；全球最大型和最小型直燃机开发者和生产者；

全球首创冷热电联产（BCHP）系统；全球中央空调唯一真正实现应用型网络管理的企业。2002 年被"联合国全球协议组织"评为环保典范案例；同年 9 月与海尔、联想等企业一起当选为由中国工业经济联合会和中国名牌战略推进促进会联合评选的"16 家具有国际竞争力的中国企业"。

2.1.5　对技术的解读

这里所指的技术，是指与人力资源管理与开发有关的原则、方法或技术及其使用，例如工作分析和职位评价的方法，绩效考评的方法，薪酬设计的方法，等等。在技术层面上，有四个问题需要引起我们的注意。一是理论要与实践结合。人力资源管理开发是一门实践性极强的专业，不同的产业、行业、企业或不同的产品、服务，人员构成及综合素质等，都可能在具体的人力资源政策上有不同的侧重或表现出不同的特点，从而导致新的方法、技术不断涌现。因此企业在运用这些原则、方法、技术时，同时要视环境的变化和人的需求变化而改变。在改变的过程中，要注意继承和创新的关系。二是科学性要和适配性结合。最科学的并非就是最好的，最适合的才可能是最好的。平衡计分卡很好，但它并不适用于所有组织。因此，千万不要被某些所谓先进的战略管理理论、管理技术或方法所迷惑，而要根据企业自身的实际情况灵活地加以运用。三是定量分析和定性分析相结合。人力资源管理开发的对象是人，而人是具有独立的思考能力和行为能力的，很难想象能够采用一种数学模型对人进行具体的描述。因此，在人力资源管理中，最重要的工作是领导者和管理人员与员工的沟通和交流。我们不是说定量分析不重要，在很多方面定量分析非常重要，如制定规划、绩效模型、薪酬模型等。但这些定量的技术手段和方法不能够完全取代企业的人力资源管理工作。四是观念与技术。这里的观念指的是企业人力资源管理开发的理念，不同的观念，采用相同的技术，结果是不一样的。技术应当是为观念服务的。企业的高层管理人员和人力资源专业工作者一定要清楚的认识这一点。

2.1.6　环境、战略、结构、制度、技术的关系

在组织的运作中，环境、战略、结构、制度、技术这五个要素具有非常重

要的意义和密切的关系，因此，组织的战略性人力资源管理应当根据这种关系，提出支持战略实施的组织结构和相应的人力资源管理的职能支持。比如，当企业发现在市场中出现了一个对企业长期发展具有重要贡献的群体后，开始认定并锁定自己的大客户目标群（环境因素）。然后企业会考虑，为了回报这些大客户的贡献，应该在企业战略方面进行某种调整，如强调以大客户为中心的服务战略，以便向该目标群提供更好的产品和更优质的服务（战略调整）。为保证战略的落实和实施，让大客户切身感受到这种服务，企业就会考虑组织结构的变化，如设置大客户事业部等相关的部门（组织结构）。为保证大客户事业部的工作达到组织战略期望的目标，必须提供人力资源的政策支持，如选择或招聘优秀的员工到大客户事业部工作，向这些表现出良好绩效水平的员工提供与其贡献相当和超过其他部门的回报，以激励他们更加努力工作等一系列的制度支持（制度和技术）。

在战略、制度和技术的关系中，管理的价值、艺术性和技能的要求是不一样的。在战略层面，要求人力资源战略与经营战略的匹配、激励、变革管理和接班人计划及制度支持，重点考察高层管理者的决策能力和资源配置支持。这时管理的价值和艺术性在于要求管理者做正确的事，从战略性人力资源管理的角度出发，管理者最重要的任务是对企业内不同绩效水平的员工进行识别和跟踪，制定不同的人力资源政策，使他们对企业做出更大贡献。

在制度层面，要求中层管理者正确地做事，以制度诠释和落实战略，这时重点考察的是中层管理者的理解、落实和执行的能力。对中层管理者来讲，管理的价值体现在建立完善绩效、薪酬、技能开发等体系的政策管理；管理的艺术性则在于创造一个能够吸引、激励高绩效员工的良好的工作氛围。通过对企业绩效目标的实施控制、员工技能水平的提升和改进、个人绩效水平的信息反馈，加深员工对公司政策和流程的理解。

在技术层面主要是对员工的要求，管理的价值在于不仅要熟练的了解和掌握相关的方法和工具，而且还必须具备利用这些工具和方法正确做事的能力，这时重点考察的是员工的执行能力，艺术性则主要体现在对方法、工具的合理运用。

2.2　战略性人力资源管理的特征

2.2.1　战略性人力资源管理是对组织成员价值创造能力的管理

如同组织总是在最能够发挥自己优势的产业或行业中去寻求和把握发展的机会一样，在人力资源管理开发中，组织同样要考虑其重点和策略。而这种重点和策略是建立在组织掌握的资源和未来组织劳动力组成形式趋势基础之上的。这两个方面的因素不仅决定了组织人力资源管理的主要对象，同时也为组织中的员工指明了工作的目标和奋斗的方向。

对组织来讲，要确定战略性人力资源管理的重点，必须要先进行两个"识别"：一是对高绩效员工的识别，二是核心竞争力的识别。

首先，任何一个组织拥有的人、财、物、信息、知识等资源都是有限的。如何在有限的资源条件下进行有效的人力资源管理和开发活动，就成为组织战略性人力资源管理的一项重要工作。按照"20/80"原理的思路，在组织中存在一个特殊的群体，他们人数不多，但却具有很高的创造价值的能力，能够为组织带来很高的回报，这部分人通常被视为组织的高绩效员工，他们构成了组织人力资源开发管理的重点。正因如此，组织人力资源开发的重点开始由面向全体员工向主要面向高绩效员工转变，即重点关注那些为组织创造了最大价值的高绩效员工，将用于人力资源投入的80%向高绩效员工倾斜。对于企业来讲，首要任务就是要识别这些员工，然后通过制定有针对性的人力资源政策对他们进行支持。

其次，社会资源的市场配置和劳动力队伍的重新组合趋势也决定了组织必须重点关注那些具有较强价值创造能力的高绩效员工。任何一个组织都具有自己的竞争优势或核心竞争力，并有针对性的将自己的资源进行重点配置，以支持这些优势。比如，当一个企业发现并识别出了自己的竞争优势在于设计、研发、市场推广而不在于生产和制造时，就会把资源向这些方面倾斜，同时在劳动力的配置上重点关注在设计、研发、市场推广方面有能力的员工。其中，由组织的高层管理人员、部分中层管理人员以及技术创新者（包括研发、销售等重要环节）等组成的核心层，将构成组织绝大部分价值的创造者，因此是组织在任何时候都应该重点保护和激励的对象。传统上保持竞争优势采取的形式是行业水平的进入壁垒、专利保护和地方监管等。但是技术的变革、创新的加速、监管的放松等等，都已经极大地削弱了这些障碍。所以今天的竞争优势主要来源于内部资源和单个组织的能力，其中包括开发和保留有才能、负责任的员工队伍的能力。[7]正是基于这些原因，决定了组织人力资源开发管理的重点。

再次，组织应对高绩效工作系统的挑战也突出了对组织成员价值创造能力管理的重要性。高绩效工作系统是指企业的运作方式和流程体系对相关环境要素的适应能力，它强调的是组织中以人为中心的社会系统和以技术为中心的技术系统的有机结合以及在此基础上的工作成果的效率和效益。高绩效管理系统的运作的效率，将会大大影响组织成员的价值能力。关于这方面的内容，本书第一章第二节做了比较详细的分析。（参见 1.2.3）

最后，建立完善有组织的员工职业生涯规划是对组织成员价值创造能力管理的重要途径。开展员工职业生涯规划的根本目的在于通过对具有不同需求和发展期望的员工的管理，影响其工作动机，提升其工作积极性，为完成组织目标奠定人力资源管理的基础。详情参见本书第一章 1.2.5 的内容。

2.2.2 战略性人力资源管理是对价值链的管理

这里所谓的价值链管理，主要是指人力资源管理各职能之间在有机整合的基础上所形成的效率和效能。战略性人力资源管理强调人力资源各职能之间的相互协调和配合，形成了完善的人力资源管理各职能的价值链体系，能够最大限度地发挥组织人力资源政策、制度的功能和作用。而在传统人事管理中，这恰恰是最薄弱的环节，各职能之间不配套，自下而上，各行其是，难以发挥其应有的作用，没有有机的融合在一起，因而不能有效的为企业服务。在人力资源管理的各项职能中，工作分析是最重要的职能，也是人力资源价值链体系的基础，其他各项职能都必须在此基础上进行整合，才能够发挥出最大的效率和效能。本书第一章第一节专门探讨了传统人事管理与现代人力资源管理的异同，

其中关于财务管理和财务出纳的案例，就对此做了详细的分析和说明。（详情参见 1.1.1）

2.2.3 战略性人力资源管理强调对组织战略的贡献

战略性人力资源管理对组织战略的贡献，主要体现在通过对组织战略的系统思考，重点考虑战略层面的需求，即从上至下，首先明确组织战略所包含的人力资源胜任力及其他影响组织效益的能力要求，然后在此基础上通过分解，将组织战略所要求的胜任能力与人力资源管理的基础职能有机的结合，形成战略性人力资源管理系统以支持组织战略目标的实现。这一贡献可以通过综合平衡计分卡得到证明。罗伯特·卡普兰和大卫·诺顿 1992 年提出的综合平衡计分卡，将传统的只根据财务报表评价公司业绩改变为由财务、市场和客户、企业内部流程和员工学习成长四个方面的内容来评价企业的综合绩效，并论证了这种评价方式的改变对提升企业竞争力的影响。20 世纪 70 年代，施乐公司（Xerox）不顾市场需求和客户的质量投诉，一味追求财务指标的做法，几乎葬送了公司的命运的典型案例，充分说明了单纯以财务指标衡量企业绩效的严重局限。卡普兰和诺顿的贡献在于，他们突破了仅以财务指标作为企业绩效评价方式的传统，把企业的经营目标拓展到了概括性的财务指标之外，从而使得公司的管理者不仅"能够衡量自己的经营单位如何为目前和将来的客户创造价值，如何提高内部能力并投资于必要的员工、系统和程序，以改进未来的业绩"，而且，平衡计分卡还掌握了"技能高超的、有活力的员工创造价值的活动，一方面通过财务视觉保持对短期业绩的关注，另一方面可明确揭示获得卓越的长期财务和竞争业绩的驱动因素。"卡普兰和诺顿强调指出，平衡计分卡不仅仅是战术性或经营性的衡量系统，而且还是一个战略管理系统，因此，财务指标和非财务指标的结合，必须反映公司对全体员工的要求，并通过阐明愿景和战略，沟通并连接战略目标，制订计划实施目标和协调战略行动方案，加强战略反馈与学习等四个步骤，完成组织重要的管理流程。[8]7

在平衡计分卡的四个指标中，是按财务、客户、内部业务流程、员工学习与成长的顺序排列的。除了财务指标外，其余三个指标都与组织的人力资源因素有关。员工学习与成长是直接和具体的人力资源要素，市场与客户指标和组织流程则与表现为间接地与人力资源相关的要素。因为流程的改进和客户需求的满足，在很大程度上依赖于有专业知识、技能和良好修养的员工。特别是学习与成长指标，与卡普兰和诺顿所提到的"获得卓越的长期财务和竞争业绩的驱动因素"有非常密切和直接的关系。在论述这四个层面的因果关系时，卡普兰和诺顿做了如下的表述：如果以资本报酬率作为财务指标，那么就需要客户的重复购买和销售量的增加，而这取决于客户的忠诚度。如何才能获得客户忠诚呢？根据对客户偏好的分析，客户比较重视按时交货率这个指标。只要提高这一指标，就能够保证客户的忠诚度，进而提高财务绩效。那么应如何提高按时交货率呢？这就需要缩短经营周期和提高内部流程质量，而这又取决于对员工进行培训开发并提高他们的技术。这样就勾画出了四个层面的因果关系以及平衡计分卡的完整体系。[8]23-24

在平衡计分卡的四个要素中，学习与成长层面的指标体系是一个"基座"型指标，不仅为其他三个目标的实现提供了基础框架，同时也成为驱动其他三个指标体系获得成功的前提条件。这也说明了人力资源实现组织使命过程中的地位和作用。人力资源管理作为一种支持和服务于企业战略要求的重要职能，只有在具备能够有效提升企业人力资源的数量和质量与企业目标的实现之间的桥梁和纽带的作用时，才能够真正实现人力资源对企业战略的贡献。平衡计分卡的提出和实践，对提升战略性人力资源管理对组织战略的贡献指明了方向。而要达到这一目标，对组织的人力资源管理专业人员提出了很高的要求，他们必须了解和熟悉组织主要的产品和服务的性能，能够从组织战略的角度来考虑人力资源管理与组织绩效之间的关系，能够判断哪些人力资源实践活动或手段能够有助于提高组织的有效性和增加组织的价值。因此，人力资源管理专业人员必须既有战略眼光，又懂得实际操作技能，通过充当四种角色完成自己的历史使命。这四种角色包括：①战略性的人力资源管理，即强调人力资源战略和实践与组织经营实践相结合；②公司基础框架管理，指通过对人力资源管理各职能的价值链管理提高组织的效率；③员工贡献度管理，指通过承认员工的贡献以增强其献身精神和竞争力；④转变与变革管理，这里的变革指通过组织改进倡议活动活动的设计和实施，缩短所有组织活动周期的能力。这与平衡计分卡中的内部流程的概念是一致的。[9]

2.2.4 战略性人力资源的领导和管理原则

要实现人力资源管理对组织战略的贡献，就必须明确组织高层、部门主管在人力资源管理开发职能上的责任。在传统的人事管理中，人们习惯于把对人的人事管理与管理人的部门联系起来。随着市场竞争的加剧，企业发现再难以凭借对某些技术的掌握为自己带来持久的竞争优势，而对掌握这些技术的员工的关注、员工的团结合作精神和凝聚力将会成为企业获取竞争优势的重要手段。由于这种变化，迫使企业的管理人员必须对人力资源管理工作给予高度的关注。

组织的中、高层管理团队将成为组织人力资源管理的第一责任人。对高层管理者来讲，最重要的工作就是识别、管理组织内不同绩效水平的员工。而中层管理者，如部门经理、分公司负责人等，在人力资源管理开发工作中将扮演越来越重要的角色。盖洛普公司在过去 25 年中做过两项大规模调查，研究结果发现，对于那些最有才干的员工来讲，他们最需要从他们的工作单位得到的是一个最优秀的经理。一个有才干的员工之所以会加入一家公司，可是因为这家公司既有独具魅力的领导人，又有丰厚的薪酬和世界一流的培训计划。但这个员工在这家公司究竟能干多久，其在职业绩如何，则完全取决于他与直接主管的关系。而这些优秀的经理通过创造一个良好的工作场所和氛围，物色、指导和留住了众多有才干的员工。盖洛普公司在此基础上总结出了良好工作场所的 12 项标准，即"Q12"。盖洛普公司发现，在这 12 个问题中，有超过一半的问题受到主管的影响。员工之所以离职，不满的是经理而不是公司。为了保留优秀员工，人们大笔大笔的花钱，加薪、增发补贴、扩大培训，却没有认识到，员工流失的根本原因在于经理。[10]41,47

大量的调查也进一步证明了业务部门经理在人力资源管理开发中的重要地位和作用。根据研究，在 1992 年的欧洲，人力资源管理的功能就开始从人力资源部门和专家向生产线经理、特别是分管业务和战略制定部门的高级别经理转化。招聘、薪酬、劳动力的增减、管理的开发、公司的发展以及人力资源规划等功能，最经常地被认为已经是生产经理的职责。[11]许多的研究也表明，部门主管比企业领导更重要。员工更愿意听取部门主管的意见。他们会下意识的认为这些人比较愿意听取他们的心声。这或许是因为在员工眼中领导者往往可望而不可即。[12]87由于经理的这种地位和作用，对经理和部门负责人就提出了严峻的挑战，他们不能够再像以前那样只注重对"事"的关心，还必须同时注重对人的关心，既要了解员工的思想动态、需求，又要掌握了解人力资源管理的知识和技能，以便更好地开展工作。如果经理们不做这种努力，不努力成为员工与组织之间沟通的桥梁，就可能被取代或替换。令人可喜的一个现象是，越来越多的中国企业已经意识到了人力资源管理开发的责任问题，并正式将其纳入了主管、经理的工作责任和义务，如《华为基本准则》第六十二条就作出了这样的规定：部门管理者有责任记录、指导、支持、激励与合理评价下属人员的工作，负有帮助下属人员成长的责任。下属人员才干的发挥与对优秀人才的举荐，是决定管理者的升迁与人事待遇的重要因素。这些都表明了中国企业的人力资源管理水平正逐步在缩小与发达国家企业的差距。

2.3 战略性人力资源管理的体系、机制及其实践

2.3.1 人力资源管理的体系建设

体系是相对于个别职能而言，所谓战略性人力资源管理开发体系，就是强调在人力资源管理理念创新的基础上，通过组织战略自上而下的分解和落实，将人力资源各职能有机的整合在一起，形成人力资源的战略目标系统，使其在实施和完成组织目标的过程中发挥出整体的优势。

如同战略对企业的意义越来越重要一样，现代人力资源管理也特别强调战略性的思考。这种战略性思考要求企业在日常的人力资源管理工作中，不仅要考虑现在条件下人力资源管理的特点和要求，还要考虑未来的趋势、特点和要求。随着环境的变化，人们的价值观、需求也会发生变化。未来的员工队伍素质、受教育程度更高，要求也会更高。组织必须预测并了解这些可能发生的变

化，了解组织的发展要求与员工的发展要求之间的关系，从而为未来的人力资源需求奠定基础。

建立战略性人力资源管理体系的目的是为企业的战略经营目标服务，它的核心在于强调系统的思考问题和解决问题。企业本身就是一个要求各组成部分紧密配合的运行系统，在人力资源管理方面也是如此。企业劳动人事制度的任何调整或改革，如果没有相关职能的配套，都会引起连锁反应。因此，劳动人事制度方面的改革，必须具备全局的观念，将其放在整个系统中去考虑。目前我国很多企业在这方面存在较大的问题，头痛医头，脚痛医脚，设计绩效和薪酬体系不考虑与工作分析之间的关系，进行培训不考虑组织与员工的实际需求，做员工职业生涯规划不考虑企业可能和应该提供的资源支持，等等，其结果自然是事半功倍甚至前功尽弃。

兵马未动，粮草先行。对于企业的各级领导和人力资源管理专业人员来讲，观念尤其重要。即使是最先进和最科学的方法，如果观念有问题，也不会得到好的结果。因此，在考虑建立完善企业人力资源管理开发体系时，首要任务就是树立现代人力资源管理理念，在此基础上根据企业的实际和需求，设计开发有效的人力资源管理体系。

企业的人力资源管理开发体系主要包括以下几个方面的内容：

（1）根据企业经营战略的要求，树立科学、适合企业实际的人力资源管理的指导思想和原则，将战略所包含和要求的人力资源要素进行分析、整合、配置，在此基础上建立起与竞争对手相比较的人力资源的竞争优势，体现人力资源战略支持、服务于企业经营战略的思想。

（2）根据企业经营战略要求进行组织结构设计，使组织的各个部分在分工协作的基础上形成一个利益整体，为实现经营目标提供组织保障。

（3）在组织结构框架下进行工作分析和岗位设计，通过组织战略的分解和职责分工，明确组织内部各个部门和每个员工的岗位职责。这也是人力资源管理最基本、最重要的一项工作。

（4）根据组织需要进行人力资源的规划、招聘和选择，确定组织的用人标准，在此基础上通过有效的工作，吸引、挑选和配置高素质的员工。

（5）对员工进行培训和开发，提高员工和企业适应市场的竞争能力。

（6）根据组织的需要，有组织地开展员工职业生涯规划和员工关系管理等活动，以促使组织和个人的共同发展。

（7）在组织架构和工作分析的基础上，设计企业的绩效管理系统，明确界定部门及个人的任务及目标，通过绩效管理，达到个人目标和组织目标的统一。

（8）进行薪酬福利系统设计，向员工提供合理回报和激励。

（9）在以上内容基础上，根据社会发展和企业特点，建立包括法律、国际性人力资源管理等相关的制度。

当企业能够按照以上要求建立起完整的人力资源管理体系时，就能够建立起与竞争对手相比较的人力资源管理的竞争优势。

2.3.2　人力资源管理的机制创新

在企业人力资源管理实践的过程中，各项职能并非单独发生作用，而是同时相互作用，共同影响着企业人力资源管理实践的进程和质量。学者和专家对这种关系进行了研究和总结，提出了企业人力资源管理的四大机制模型，即传导机制、激励机制、约束机制、竞争机制。[13]如图 2-1 所示：

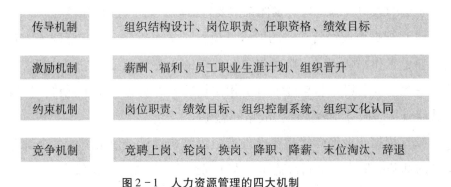

图 2-1　人力资源管理的四大机制

人力资源的传导机制。所谓传导机制，是指通过组织战略的分解，使部门、员工明确组织的期望和绩效目标，以一种符合组织要求的恰当行为，帮助组织完成战略目标的一整套制度安排。这套制度安排主要包括组织结构设计、任职资格、招聘和选择、培训开发、绩效目标以及组织文化等方面的职能。传导机制的核心是组织结构设计、工作分析和绩效目标，在工作分析的基础上，提出岗位任职资格的条件要求，达到人岗匹配，并按照这一要求进行招聘和选择以及应达到的绩效标准，同时根据对招聘人员的考察，采取相关的培训和开发措施，为完成组织目标创造条件。

人力资源的激励机制。人力资源的激励机制是指为实现组织目标而设计的一套满足员工需求的制度安排，包括组织的使命和宗旨、培训开发、薪酬福利政策、员工的职业生涯规划、授权等方面的内容。激励机制的核心是培训开发、薪酬福利和员工职业生涯规划。通过培训开发，提高员工的综合素质和竞争能力，以具竞争性的薪酬福利回报员工的努力工作，通过职业生涯规划，为不同资质和类型的员工提供不同的发展路径，同时解决组织的接班人问题。

人力资源的约束机制。激励与约束是一对不可分割的关系体，所谓"胡萝卜加大棒"就是指的这种关系。激励与约束是人力资源管理体系中两个重要的环节，因为企业是由人构成的，而不同的人之间在道德、价值观、性格、动机、态度等方面不可避免的存在差异，"人之初"，既有"性本善"，也有"性本恶"。因此，当企业在建立激励机制的同时，必须考虑建立相应的约束机制，对违反组织道德、价值观、各种违规行为、不能持续完成规定绩效的事情做出制度规定，核心是在保证组织利益和目标实现的基础上对员工行为做出的规定和控制安排，包括任职资格、绩效目标以及组织控制系统等方面的内容。

人力资源的竞争机制。市场经济的一个基本特征就是由市场配置资源，其中包括人力资源的市场配置。由于人性"善"与"恶"的客观存在，企业必须随时要"惩恶扬善"，体现在日常工作中，就是要形成人员能够流动的机制，包括进入机制和退出机制。进入机制主要通过竞聘上岗解决，而退出机制则主要通过调岗、降职、降薪、辞退等方法解决。

2.3.3　战略性人力资源管理实践

战略性人力资源管理实践主要强调的是在组织战略管理过程中的作用。下面从战略制定过程中的人力资源管理实践、组织绩效实施和评价过程中的人力资源管理实践以及组织价值转移模型等三个方面对这一问题做详细的讨论。

（1）战略制定过程中的人力资源管理

如前所述，战略性人力资源管理包括两个基本内容：一是人力资源各单项职能的有机融合；二是人力资源战略要支持组织的战略目标。具体讲，就是通过强调有计划的人力资源使用模式及旨在使组织能够实现其目标的各种人力资源的开发与管理活动，包括影响人的价值观、态度、行为、绩效的各种政策、管理实践以及制度。通过这些政策、实践和制度，以教育等方式，对人进行知识和技术的投资与开发，使之具备并不断提高创造经济价值的能力，最终实现组织的目标。组织绩效实施的过程，就是人力资源管理实践的过程。人力资源的各项职能在实现组织绩效的过程中发挥着重要作用，我们可以从组织绩效流程来考察人力资源职能的作用。

企业的战略管理过程主要包括三个环节，即战略制定、战略实施、战略评价。战略性人力资源管理在这三个阶段分别发挥不同的作用。如图 2-2 所示：

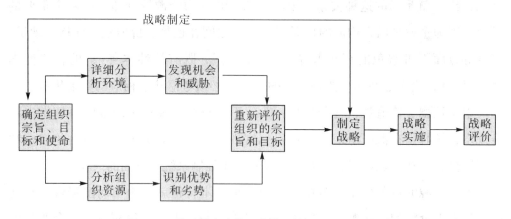

图 2-2　战略性人力管理在战略管理过程中的作用

在战略制定过程中，组织的主要任务是分析组织外部环境，识别风险和机会，以及分析组织内部环境，分析优势和劣势的基础上，提出组织的宗旨、使命、价值观和目标。战略性人力资源管理在这一过程中的作用主要表现在，着重分析与人有关的机会和威胁，如组织所在产业和行业劳动力市场的变化状况、产业、行业、和组织自身人力资源的数量和质量状况、组织成员掌握先进的生产技术和管理技术的能力和水平、竞争对手薪酬水平、国家有关的法律法规等，以便为组织的战略提供决策依据。在实践环节，一是要保证企业获得符合其战略发展要求、具备不同类型和不同层次技能的员工；二是通过工作分析、薪酬、绩效、员工关系等体系的建立和完善，确保员工的行为方式有利于推动战略规划目标的实现。

（2）战略实施和战略评价过程中的人力资源管理

组织战略实施和评价过程主要包括绩效计划分解、绩效实施、绩效评价和绩效信息反馈等四个方面的内容。（参见图2-3）通过绩效管理系统的分析，可以明显地看出人力资源管理在企业经营管理中不可替代的重要作用。

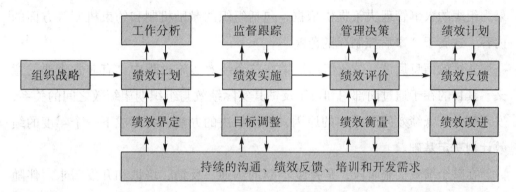

图2-3 基于组织战略的绩效管理系统

①绩效计划分解。绩效计划是对组织战略的分解，包括部门绩效计划和个人绩效计划。这一过程中，人力资源管理的主要工作是制定和落实部门、岗位的绩效目标。当组织目标确定后，通过组织结构和岗位分工将组织目标量化为各职能部门和每个岗位的年度计划目标，并提出组织的期望和要求，根据这些目标、期望和要求提出岗位任职资格并进行绩效界定，按照岗位描述和任职资格条件招聘选拔合适的人员。所有这些，都属于"事前控制"，即通过人力资源管理实践，为组织战略的实现奠定基础。

②绩效实施。在绩效实施过程中，人力资源管理对组织战略的支持主要表现在两个方面。一是组织中各级管理者人力资源管理的能力和水平，二是根据环境变化和情况需要开展招聘、选拔、培训等工作。首先，企业是在一个开放的环境中开展经营管理活动，经营环境的变化必然导致组织战略的调整，当战略调整后，绩效体系也要随之而改变。这时，各级管理者的一项重要任务，就是要充分认识和了解组织目标所包含的战略要求，并及时传达给每一位员工，

随时随地对其能否按时、按质、按量完成工作目标进行跟踪和监督，及时发现问题并提出纠正措施，即进行"事中控制"。对于领导者和管理者来讲，这一过程体现的就是通常所说的"走动式管理"。其次，在实施过程中，如果发生有员工不胜任本职工作、培训后也不能胜任工作、员工离职等情况，要及时进行招聘、选拔、培训等工作，以保证组织的人员需求。

③绩效衡量和评价。在这一阶段，人力资源管理实践主要包括采用合适的绩效方法对部门和员工的实际绩效水平进行衡量和评价，并根据衡量和评价结果为组织的人事管理决策提供依据，包括组织的激励机制和约束机制等方面的内容。这属于"事后控制"的范畴。

④绩效信息反馈。绩效信息反馈在整个绩效实施过程中具有非常重要的意义，其目的在于通过向部门和员工反馈其实际绩效与组织期望绩效之间的关系，发现和分析低绩效问题产生的原因，提出解决的办法，为完成下一个年度的绩效计划奠定基础。

在整个绩效实施阶段，是持续不断的沟通、反馈、培训和开发需求。伴随着一个阶段的结束，新的阶段又从新开始，构成组织绩效管理的循环过程。

在战略制定和战略实施环节，战略性人力资源管理的另一项工作是根据组织的战略管理边界，合理的确定组织的管理回报率。罗伯特·西蒙斯（Robert Simons）和安东尼奥·达席尔瓦（Antonio D'Avila）在研究组织的战略为什么失败时曾提出了"管理回报率"的概念。他们认为，正如净资产收益率和总资产收益率一样，管理回报率可用来表示稀缺资源投资的收益水平，这种稀缺资源就是管理者的精力和时间。在管理者的时间精力投入与管理的产出和效率之间存在十分密切的关系。管理回报率等于释放的生产性组织能量除以投入的管理时间与精力，即二者之比。管理资源是一个组织中最重要和最稀缺的资源，组织战略失败的一个重要原因就在于管理者没有有效地使用好这种资源。他们指出："如果管理能源被误导，或被分散到太多的机会上去，即使是最好的战略也很难实施，难以形成真正的价值。"这个简单的事实造成了今天经营领域中一个极艰难而又重要的任务：要保证管理者将他们的精力都用到正确的项目或事业中去。这听起来在理论上很符合逻辑，但在当今负担过度、高度紧张的公司竞

争环境中，要想保证自己和自己的组织不偏不倚，稳稳行进在既定战略的道路上，实在是太困难了。[14]71-72

管理回报率中的一个重要内容就是建立组织的战略边界，这一思想为很多为越来越多的企业接受。比尔·盖茨对微软战略边界的描述是："十分清楚，我们并不打算拥有任何通讯网络，如电话公司或诸如此类的东西。我们不打算去做系统集成或为公司信息系统提供咨询。我们热衷于编写软件，但也不排除例外。你不会看到我们为小公司的会计软件编写应用软件。尽管这是一个很好的领域，我们却意不在此。至于计算机辅助设计和计算机工程，我们也不会涉足"。[14]76华为技术有限公司在《华为基本准则》中，也明确的表述了公司的战略边界，并将其作为公司的价值观和使命：华为的追求是在电子信息领域实现顾客的梦想，并依靠点点滴滴、锲而不舍的艰苦追求，使我们成为世界级领先企业。为了使华为成为世界一流的设备供应商，我们将永不进入信息服务业。通过无依赖的市场压力传递，使内部机制永远处于激活状态。从这些例子可以看出，正是由于确立了明确的战略边界，才使得两家公司在各自的业务领域和市场取得了竞争优势。

管理回报率和战略边界的理念与宗旨、价值观和使命一样，在战略性人力资源管理中具有非常重要的意义。组织的宗旨、使命、战略边界与绩效之间具有重要的联系。宗旨和战略边界规定组织的目的，回答组织从事的业务范围。通过定义企业的宗旨，能够明确组织的价值导向和绩效导向，促使管理者确定企业的战略边界即产品和服务的范围，使员工明确奋斗的目标，使客户、股东了解公司的经营范围，为公司的经营管理提供指导方针。清晰的宗旨、使命和战略边界意味着明确的绩效标准和工作要求，当这种标准和要求为员工所认识和接受时，也就意味着组织确定了资源配置的方向和重点，员工获得了明确的工作方向，并为最终获得良好的个人绩效和组织绩效奠定了基础。

2.3.4 战略性人力资源管理与组织价值实现之间的关系

自迈克尔·E.波特（Michael E. Porter）（1985）运用价值链作为一种系统性方法考察企业所有活动及其相互作用的基本工具后，这一方法就被广泛应用于社会经济生活的各个层面。在波特的价值链体系中，包括供应商价值链、企业价值链、渠道价值链、买方价值链等。波特还对价值链的横向和纵向关系做了进一步的论述。他认为，价值链是相互依存的活动构成的一个系统。价值活动是由价值链的内部联系联结起来的。其中最典型的横向联系就是基本价值链中辅助活动与基本活动之间的关系。而纵向联系体现在企业价值链与供应商和渠道的价值链之间。波特指出，供应商价值链和企业价值链之间的各种联系为企业增强竞争优势提供了机会。通过影响供应商价值链的结构，或者通过改善企业和供应商价值链之间的关系，常常有可能使企业和供应商双方受益。[15]

价值链理论对于指导企业的人力资源管理同样具有重要意义。企业人力资源管理的主要任务是通过有组织的人力资源活动帮助组织实现自己的目标。而要达到这一目标，企业必须从战略的高度考虑价值实现的相关要素的作用和影响。图2-4的企业价值转移模型对这种关系进行了解读。

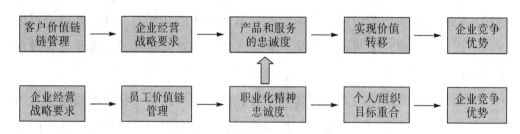

图2-4 企业价值转移的基础模型

在这两个模型的左和右，分别表示组织战略的目标和组织期望的竞争优势。而要实现这一目标，中间有两个非常重要的环节，一是客户价值链管理，二是员工价值链管理。客户价值链管理的核心是培养顾客对企业产品或服务的忠诚度，通过顾客购买产品和服务实现价值转移，最终赢得组织竞争优势。员工价值链管理的核心是培养员工的职业化精神和道德操守，在此基础上实现组织目标和个人目标的有机结合，并最终赢得组织竞争优势。在二者的关系上，员工价值链管理是客户价值链管理的基础，员工价值链管理决定客户价值链管理的成效。当企业意识到这种关系的重要性并将其运用到经营管理过程中时，就能够为企业赢得相关利益群体的认可，并最终为企业创造价值和增强竞争能力。（参见专栏2-1："美国西南航空公司：通过人来竞争"）

关于员工价值链和客户价值链的思考得到了有关专家研究成果的支持。欧洲著名管理学者凯文·汤姆森在其《情绪资本》一书中提出了"情绪资本"的理念，并将情绪资本分为"外在情绪资本"和"内在情绪资本"两类。他指出，情绪一直是推动企业改变的基本动力。在当今至少有三种动力推动着企业的环境发生改变：第一个是新世纪的冲击；第二个是企业发展的重心由理智转向情绪，并且已赢得董事会的认可；第三个则是网络时代的来临。凯文认为，外在情绪资本存在于顾客和股东的内心。有时被描述为品牌价值和商誉，并列入企业资产进行考核。内在情绪资本存在于企业员工的内心，具体包括企业员工的感受、信念和价值观。它对员工工作产生的影响，会关系到公司产品的质量或所提供服务的优劣。一个企业生产什么和如何生产是直接决定成本收益的。存在于员工内心的"情绪资本"就是外在顾客心目中的品牌价值的企业内部化。[12]5 由于情绪资本反映了股东、员工等相关利益群体的要求，因而成为企业创新和发展的基本动力。这一理念也因此被誉为 21 世纪 8 大管理思潮，他本人也被欧洲管理协会评为 21 世纪 13 位重要影响力大师。凯文·汤姆森"情绪资本"的理念及其二者之间关系的阐释，与上述客户价值链管理与员工价值链管理之间的关系如出一辙。就如同专栏 2 - 1 "美国西南航空公司利用人来竞争"中所讲的一样，如果不善待你的员工，就不要指望他们善待顾客。

2.4　人力资源管理的发展趋势

随着竞争的加剧和市场环境的变化，人力资源管理将面临更多的挑战，传统的人事管理将会发生革命性的变化，今后的人力资源管理和开发工作出现新的发展趋势，了解并掌握这种趋势，对于指导企业的人力资源管理工作具有十分重要的意义。

2.4.1　人力资源管理将成为组织中、高层管理者的重要工作

谁是组织人力资源管理的责任人？很多企业对这个问题的认识仍然是很模

糊的。在传统的人事管理中，人们认为人事部门是理所当然的责任人。这种传统的观念现在在很多企业中仍然存在，人们习惯于把对人的人事管理与管理人的部门联系起来。随着市场竞争的加剧，企业发现再难以凭借对某些技术的掌握为自己带来持久的竞争优势，而对掌握这些技术的员工的关注、员工的团结合作精神和凝聚力将会成为企业获取竞争优势的重要手段。由于这种变化，迫使企业的管理人员必须对人力资源管理工作给予高度的关注。

组织的中、高层管理团队将成为组织人力资源管理的第一责任人。对高层管理者来讲，最重要的工作就是识别、管理组织内不同绩效水平的员工。而中层管理者，如部门经理、分公司负责人等，在人力资源管理开发工作中将扮演越来越重要的角色。盖洛普公司在过去25年中做过两项大规模调查，一项是研究关注员工。研究结果发现，对于那些最有才干的员工来讲，他们最需要从他们的工作单位得到的是需要一个最优秀的经理。一个有才干的员工之所以会加入一家公司，可能是因为这家公司既有独具魅力的领导人，又有丰厚的薪酬和世界一流的培训计划。但这个员工在这家公司究竟能干多久，其在职业绩如何，则完全取决于他与直接主管的关系。由这个问题开始，促使盖洛普公司进行了第二项研究，即这些优秀的经理是怎样去物色、指导和留住众多有才干的员工的。结果发现，优秀的经理是通过创造一个良好的工作场所和氛围来达到这一目的的。盖洛普公司总结出了良好工作场所的12项标准，即"Q12"：

（1）我知道对我的工作要求。

（2）我有做好我的工作所需要的材料和设备。

（3）在工作中，我每天都有机会做我最擅长做的事。

（4）在过去的七天里，我因工作出色而受到表扬。

（5）我觉得我的主管和同事关心我的个人情况。

（6）工作单位有人鼓励我的发展。

（7）在工作中，我觉得我的意见受到重视。

（8）公司的使命/目标使我觉得我的工作重要。

（9）我的同事们致力于高质量的工作。

（10）我在工作单位有一个最要好的朋友。

（11）在过去的六个月内，工作单位有人和我谈及我的进步。

（12）过去一年里，我在工作中有机会学习和成长。[10]12

盖洛普公司发现，在这 12 个问题中，第 1、2、3、5、7 五个问题受员工顶头上司——经理的影响更为直接。员工之所以离职，不满的是经理而不是公司。为了保留优秀员工，人们大笔大笔的花钱，加薪、增发补贴、扩大培训，却没有认识到，员工流失的根本原因在于经理。[10]24,47

就像凯文·汤姆森讲的："科技已取代了经常阻碍沟通的中层管理人员，现在每个人都能够通过电子邮件将信息传遍整个企业，还可以向领导请教难题或对新产品提出建议，并得到直接的反馈。"[12]95（详见本章 2.2.4）

2.4.2 人力资源职能的外包

如同激烈的市场竞争迫使跨国公司纷纷向发展中国家转移工作一样，竞争也正在迫使企业越来越将有限的资源用于核心竞争能力的塑造。扬长避短，集中资源做自己最擅长的事，正在成为企业制定战略的一个重要指导思想。人力资源管理的外包就是这一指导思想的结果。在国外，许多公司已经将日常性的薪资管理工作外包，此外，外包还被运用到福利管理以及雇员的培训、甄选和招募等方面。[16]企业人力资源管理职能的外包还基于以下两个方面的原因：一是人力资源管理的专业性要求与企业自身专业人员能力之间不匹配的矛盾，使企业决定将其外包。由于人力资源管理涉及的领域很广，专业性较强，而大多数企业缺乏有较高水平的人力资源专业人员，越来越多的企业开始考虑将这部分工作外包，希望借助于"借脑"有效的解决企业的实际问题。二是出于转移"矛盾"的考虑，将其外包。特别是企业进行劳动人事制度改革时，不可避免地会涉及利益的调整，企业内部的人做这项工作往往会处于两难的境地，而"外来的和尚好念经"，通过聘请管理咨询公司来解决这一难题则可能取得较好的效果。不管出于什么原因，人力资源职能的外包将会为越来越多的企业接受。

2.4.3 人力资源管理及其职能的强化

人力资源管理职能的外包，并不是其职能的弱化，恰恰从一个侧面说明了它的重要性。可以肯定地讲，从发展的眼光看，人力资源管理的重要性将越来越受到重视，人力资源战略将与企业战略更加有效的结合，优秀的人力资源专业人员将通过具备战略贡献、个人可信度、执行能力、业务知识和执行的技术，充分发挥对企业战略的影响力。正如专家们指出的那样：人力资源正在从一项专门化的、独立的职能向范围更广阔的企业能力职能方面转化，在这种职能之中，人力资源管理者和直线管理者通过建立伙伴关系来为企业赢得竞争优势，进而达到企业的总体经营目标。[17]人力资源专业人员正在逐步成为企业的顾问、教练和战略伙伴，全面参与企业的经营与管理。

2.4.4　企业人力资源管理理念将影响和主导政府行政部门的人力资源管理方式

伴随着经济体制改革的不断深入，政府行政体制改革的步伐也不断加快，其中涉及人事制度方面的改革首当其冲。按照《中共中央国务院关于进一步加强人才工作的决定》（下简称《决定》）的精神，事业单位的人事制度改革将以推行聘用制和岗位管理制度为重点，在政事职责分开、单位自主用人、个人自主择业、政府依法监管的基础上，建立符合各类事业单位特点的用人制度。同时要推行聘用制和岗位管理制度，促进由固定用人向合同用人、由身份管理向岗位管理的转变。研究制定事业单位人事管理条例，规范按需设岗、竞聘上岗、以岗定酬、合同管理等管理环节，逐步做到人员能进能出，职务能上能下，待遇能高能低。这些都是企业人力资源管理的重要内容。《决定》还指出，要在扩大民主、加强监督为重点的基础上，进一步深化党政干部选拔任用制度改革，不断提高科学化、民主化、制度化水平。完善选任制，改进委任制，规范考任制，推行聘任制。改进公开选拔、竞争上岗的办法。加大选拔任用优秀年轻干部的力度，为他们的成长提供"快车道"。逐步推行党政领导干部职务任期制，建立和完善干部正常退出机制，实行优胜劣汰，增强干部队伍活力。正在讨论的 18 级公务员制度，就是一个涉及公务员职业发展的方案，而这也是企业人力资源开发的一个重要内容。政府行政事业单位的人事管理与企业人力资源管理方式渐趋一致的状况，一方面说明了企业人力资源管理理念、方法、技术的地位、作用以及影响，政府将更加关注企业人力资源管理的水平，并利用其创造出的各种理念、方法和技术促进政府行政事业单位的人事改革；另一方面也对企业人力资源管理提出了挑战，企业如果不能够在吸引和留住高绩效员工方面进一步做出努力，就会造成企业一部分人员向政府行政事业单位的流动。

注释：

[1] John Diffenbach. Corporate Enviromental Analysis in Large U. S. Corporation [J]. Long Range，1983，3（16）.

[2] 恩格斯. 论权威 [M] //马克思，恩格斯. 马克思恩格斯全集：第 18 卷. 中共中央马克思恩格斯列宁斯大林著作编译局，编译. 北京：人民出版社，1964.

[3] 邓小平. 党和国家领导制度的改革 [N]. 人民日报，1980 - 08 - 18.

[4] 刘向民. 强化董事会：公司治理的新时代 [N]. 经济观察报，2004 - 01 - 05.

[5] 刘兆琼，彭朋. 商学院不应只教做生意的技术 [N]. 经济观察报，2004 - 11 - 08.

[6] 斯蒂芬·P 罗宾斯. 组织行为学 [M]. 7 版. 孙建敏，等，译. 北京：中国人民大学出版社，1997：521.

[7] 布莱恩·贝克，马克·休斯里德，迪夫·乌里奇. 人力资源计分卡 [M]. 郑晓明，译. 北京：机械工业出版社，2003：7.

[8] 罗伯特·卡普兰，大卫·诺顿. 平衡计分卡——化战略为行动 [M]. 刘俊勇，孙薇，译. 广州：广东经济出版社，2004：7.

[9] 杰里·W 吉雷，安·梅楚尼奇. 组织学习、绩效与变革——战略人力资源开发导论 [M]. 北京：中国人民大学出版社，2005：37 - 38.

[10] 马库斯·白金汗，柯特·科夫曼. 首先，打破一切常规 [M]. 鲍世修，等，译. 北京：中国青年出版社，2002：41，47.

[11] 托马斯·G 格特里奇，赞迪·B 莱博维茨，简·E 肖尔. 有组织的职业生涯开发 [M]. 李元明，吕峰，译. 天津：南开大学出版社，2001：48.

[12] 凯文·汤姆生. 情绪资本 [M]. 崔姜微，石小亮，译. 北京：当代中国出版社，2004：87.

[13] 彭剑锋. 人力资源管理概论 [M]. 上海：复旦大学出版社，2006：86.

[14] 罗伯特·西蒙，安多尼·戴维拉. 按照管理绩效，你应该得到多高的回报 [M] //李焰，江娅. 公司绩效测评. 北京：中国人民大学出版社，1999：71 - 72.

[15] 迈克尔·波特. 竞争优势 [M]. 陈小悦, 译. 北京: 华夏出版社, 2005: 33-49.

[16] 雷蒙德·诺伊, 等. 人力资源管理: 赢得竞争优势 [M]. 3 版. 刘昕, 译. 北京: 中国人民大学出版社, 2001: 6.

[17] Towers Perrin. Priorities for Competitive Advantage: An IBM Study Conducted by Towers Perrin [M]. Cambridge: Kogan Page, 1992.

本章案例
规范化与人性化, 谁是管理的真谛?

王颖: 在规范化管理与人性化管理的关系上, 西方管理重制度、重规范, 中国式管理重人性。但在全球一体化的经济环境中, 中国企业难免会面临中外管理思想的碰撞与冲突, 今天我们就这些问题进行总结和交流, 希望能够给中国的企业管理者带来启发。

在实践中理解制度与人性

杨沛霆: 虽然理论是非常伟大的, 但理论的基础是实践。过去一年来我与三十多位企业家交谈, 90% 的企业家都在谈实践, 因为他们自己的经验就是实践。有一句话我认为是真理: "万事皆有度, 唯度是艺术"。管理就需要在实践的过程中掌握规范与人性之间的度。

李桂屏: 中国民营企业的道路基本上是一致的, 在很长的一段时期内是把所有的精力放在市场和运营方面。我们的企业也是一样, 直到 2003 年, 我们才提出了企业的规范化管理, 从企业的财务入手, 规范整个财务的流程, 控制节点。后来才到人事管理、战略管理, 逐渐把整个集团的管理框架搭建起来。从 2003 年到现在, 我困惑的是到底是简单好, 还是复杂好。如果制度规范很严的话, 就会让下面的人员失去灵活性, 后来我们又去简化制度规定了一些权限, 通过这种权限, 来规范整个企业的制度化管理。我赞同杨总编所说的, 企业一定是在实践中学习, 拿任何一个完整的制度规范到我的企业来肯定是不合适的。再回到我们所说的规范化管理和人性化管理, 我觉得是看企业现有的情况掌握好一个度。尤其像我们这种民营企业, 在现阶段, 大多数还是靠感情和企业发展空间来留人, 而更多的不是制度。

人性化管理：与人情无关

王颖：谈到人性化，很多人也会问人性化管理和人情化管理是不是一回事？比如：有的家族企业，从人情的角度上有同学、有亲属，有原来的哥们等等，这跟人性化管理是什么关系？

郭鸿文：规范化管理、人性化管理，目前我觉得文化背景很重要。西方讲究科学、量化、标准化，但是中国文化对此的理解特别丰富。中国是比较讲究人情的，谁都改不了，几千年的历史改不了。但制度就是制度，不能讲人情。只要你违反了制度，就不能靠人情网开一面。而事实上，在中国的企业当中，每个企业都有人情的问题。只是有的愿意承认，有的不愿意承认；有的能够接受，有的不能够接受。但一定要清楚，人情和人性化不是一个概念。人情是一种道德上的东西，人性化是一种理念。人性化是为了让制度更符合人们的心理，或者说现在产品设计更方便和便利。同样制度是不是从人性化的初衷去制定，这是最重要的。

德隆的病因

黄三星：我说一下我在德隆碰到的事情比较有意思，德隆是民营企业，在2002年请了麦肯锡、波士顿、罗兰贝格等等设计了一套流程，花了上亿的投资，这些流程设计得很细很好。但根本没有用，最后德隆倒闭了，当然倒闭的原因不是因为流程。流程相当于搞了一个非常豪华的外衣，穿到一个人的身上了。这个人心脏有病、脑袋也有病、缺氧，或者其他的，还没登山就蹬腿了。因为这是一家半家族型的企业，人情多于制度。企业内部的治理结构有问题，股东之间有矛盾，股东中有"老红军"和"八路"，有抗美援朝时才参军的，不同阶段的人不同的素质，但是又都以元老自居，矛盾无可避免。又加上18年不分红，大家也没有拿到钱，也没有拿到官，更是雪上加霜。这时又来了一批海归派，又穿上麦肯锡等一大堆咨询公司给的外衣。这时候就出现很怪的现象，最后倒闭了。其实德隆很多业务的做法还是有比较好的方面，但是他内部的人情化管理大于规范化管理，甚至是人情债化管理。欠的人情债太多了，政府各级官员的、18年不分红的元老，造成了越走越难。

台塑的启示

王以华：我印象特别深的是去台塑集团，到台塑集团去了 20 天，给我印象最深的就是队伍的整齐。无论是刚来 5 年的员工，还是 25 年的老员工，所有的人都能感到三个特征：第一，头脑清楚；第二，做人非常实际；第三，为人很谦虚。王永庆最核心的思想就是勤劳朴实，他用勤劳朴实的思想锻炼他的干部。王永庆做任何事情都是对自己有利，但是对别人也有利。我认为他最重要的就是这一点。怎么样能对自己有利又对别人有利呢？他又看见了人性是绝对有创造力、有潜力的，但是另一方面他又认为人是有优缺点的。我当时就问他：您是怎么理解人性的？他承认人是有弱点的，所以他做的整个一套制度就符合技术规则，符合财务规则，也符合人性规则，不让你有犯错误的机会。中国人都知道采购回扣是最容易的一件事，他们为了符合经济规则、技术规则，所有的东西都是集团采购，小到一支铅笔都是这样，规模经济也压低了成本。但是决策权又不在职能部门，决定最后买哪个手机，哪支铅笔的决策权在下面，谁要用这个东西，谁知道哪种产品在技术上是最好的，能保证技术工效，同时财务上也是必要的。谁决定谁承担责任，最后谁做对了谁得到利益。他老是把责、权、利分配得特别好。所以我认为企业是三个规则的统一体：一个规则是需求，人不就是要吃穿住，要有点安全，得有个归宿，要得到尊重，价值实现。第二个是经济规则，经济规则涉及好多人的利益，投资者的利益、经营者的利益、员工的利益、供应商的利益、客户的利益，怎么最后做到投入产出平衡，这就是巨大的艺术问题。再一个是技术规则，做任何公司都有内部的技术规则。教外语是学习的技术，做物流是整个供应链的物质系统、信息系统，企业就是这三个规则统一体。而且要找到三个规则之间的制衡点。如何找到制衡点就取决于你对人性的理解，因为完全满足员工的利益追求这不可能，企业又不是慈善机构。对人性的理解就涉及一个判断：性恶还是性善的问题。

有制度才能有人性

杨沛霆：管理科学诞生之日就是量化的开始。拿表掐每个人上班是多长时间？上车是多长时间？量化管理就是科学管理，它是一切管理的基础。而我们现在讲人本管理，实际上人本管理本身就是人性化管理。人性化管理必须建立在科学管理的基础上。如果科学管理没有搞好，就不适宜搞人性化管理。否则肯定失败。企业初期制度化管理一定要有。否则形成不好的风气再改很难。大企业要想办法人性化管理，让每个人都做主人。否则你管不过来。

顾文涛：我认为如果用三个字来概括的话，中国的管理在基层最注重一个字"法"（法律、法家），延伸就是两个字"制度"。这是对基层员工最根本的管理方法或者说最适合的管理方法。到了中层干部以后，光用"法"是不行的。因为在中国中层领导要秉承上层领导的思想和理念，然后又和下面有个接口，是一个执行层面，经常会碰到法律所没有规定的一些事情。解决中层管理用一个字概括就是"忠"。这个"忠"日本的管理解读的非常好，日本曾经把儒家的文化"仁、义、礼、智、信"改成了"忠、义、礼、智、信"，下级要遵从上级的意志。美国人也讲"忠"，美国的文化讲的是忠于专业，但是不忠于你的企业；而日本是忠于企业而不忠于专业。中国既不忠于专业，也不忠于企业。那么中国忠于什么呢？忠于"信念"。信念是变化的，而且在每个人的不同阶段也是变化的。比如说：在没有钱的时候，我的信念就是利润最大化，经济型心理。当钱不是瓶颈问题的时候，就忠于事业，不论哪个企业，哪个专业。这个"忠"有很大的包容，不是忠于某个具体的专业或者某个具体的企业，而是忠于内心的某种东西。到高层的时候，光用前面这两个字不一定能够概括。应该用哪一个字概括呢？是中国特有的字"道"。老子说"道可道，非常道"，是很难用语言把内心的修正的东西说出来。但是在企业管理层面还是能够用语言表达出一些：一个字是道，如果两个字我们可以说"同道"，用四个字就是"志同道合"。我们在求道、悟道过程当中，就是要志同道合。管理说到根本上我自己认为主要是相互利益关系的理顺。相互利益关系理顺有两种方法：一种方法是外在关系的理顺，用制度，强制的东西理顺。越到高层越注重内心的东西，内心的关系理顺往往要用中国的道，要有志同道合，要有肝胆相照。

王颖：人性化管理首先要把人性了解清楚，所谓管理的成功，离不开对人性的把握。制度化管理是不是就违背人性了呢？违背人性的制度一定不是好的制度。如果说制度化管理更多的是带来基本秩序的话，我觉得人性管理更多的是带来士气和忠诚。当然，还必须理顺利益关系。一个好的企业究其根本是把个人与公司、短期与长期、物质与精神的关系处理得非常好。符合人性的特点，同时又有制度化的约束。

资料来源：本文是《中外管理》杂志社主持的一个论坛讨论，嘉宾包括：王颖：理实国际咨询集团中国区董事长；杨沛霆：《中外管理》杂志总编、社长；王以华：清华大学经管学院教授；郭鸿文：远东升华陶瓷副总经理；黄三星：清华控股华控汇金投资管理有限公司副总裁；李桂屏：长久集团总裁；顾文涛：清华大学经管学院企业战略与政策系助理研究员。

整理、编辑：宏君《中外管理》2006 年 8 月刊

案例讨论：

1. 应该如何理解人情和人性化？

2. 如何理解"人性化是为了让制度更符合人们的心理"？

3. 你认为制度建设对现阶段中国民营企业的发展具有什么意义？

4. 台塑和德隆两家企业的案例对于中国企业具有什么启示？

5. 基于制度和效率的角度，你认为是先改变一个人的思维方式重要还是改变行为方式重要？

6. 应如何认识科学管理和人性化管理？

第三章　战略性人力资源管理的理论基础

　　本章将介绍有关的激励理论和人力资本理论，并在此基础上讨论这些激励理论对建立和完善组织的激励机制的作用和意义。激励是管理学和人力资源管理的核心内容，激励理论主要来自行为科学和心理学对管理学的贡献。管理学和人力资源管理则主要是借鉴他们的研究成果，结合组织的实践，提出一套具有操作性的、能够有效激励组织成员的原则和方法。在战略性人力资源管理体系中，激励系统是一个重要的部分，而相关的激励理论，则是构成这一系统的理论基础。激励理论大致可以分为早期激励力量和当代激励理论。早期激励理论中，最具代表性的人物包括亚伯拉罕马斯洛的需求理论、道格拉斯麦格雷戈的 X 理论和 Y 理论、弗雷德里赫茨伯格的激励保健理论等，当代激励理论的代表人物及理论主要包括斯达西·亚当斯的公平理论、斯金纳的强化理论、维克多弗鲁姆的期望理论、大卫·麦克莱兰的成就需要理论等。这些理论互为补充，能够进一步加深我们对如何激励个体的理解。

　　除了激励理论之外，本章还讲介绍西奥多·W. 舒尔茨的人力资本理论。作为 1979 年诺贝尔经济学奖的获得者，舒尔茨对人力资本投资在经济中的贡献给予了高度关注和评价。他认为，传统经济理论未能解释清楚当时西方经济高速发展的一个重要原因就是因为没有研究人力资本的使用以及由此带来的物质资本的增值。他指出，对任何一个国家来讲，物质资本的投资固然重要，但建立在人力资本投资基础上的知识和技术才是决定经济增长率的一个关键要素，一个国家的经济发展必须要在二者之间寻找平衡点。他还论证了人力投资与企业家式的才能之间的关系，并提出了健康资本与健康投资等概念。总的来讲，舒尔茨的人力资本理论无论是对于国家还是对于组织，都具有非常重要的意义。

本章重点讲解以下问题：

（1）早期激励理论对于组织激励机制的建立和完善具有什么意义？

（2）当代激励理论对于组织激励机制的建立和完善具有什么意义？

（3）应当如何正确理解和处理有关公平的问题？

（4）组织运用强化理论指导实践时，为什么要分阶段强化？

（5）舒尔茨的人力资本理论的主要内容是什么？

3.1 早期激励理论

20 世纪 50 年代是激励理论的黄金时期，[1]388 其中具有代表性的理论包括马斯洛的需求层次理论，麦格雷戈的 X、Y 理论以及赫茨伯格的激励保健理论。

3.1.1 亚伯拉罕·马斯洛的需求层次理论

马斯洛需求层次理论的主要内容是把人的需要按照优先等级排列，共分为五个层次，即生理需要、安全需要、社会需要、尊重需要和自我实现需要。[2]264 这一理论的一个主要观点是：当一种需要未能得到满足前，对这种需要的满足就可能是重要的激励因素。而一旦这种需要得到全部满足，就不再产生激励作用。如图 3-1 所示。

在这五个需求层次中，生理需要和安全需要主要表现为物质需求，属于低层次的需要，主要从外部得到满足。在这之后，个人的关注点将会向更高级的需求转化。社会需要、尊重需要和自我实现需要主要表现为精神需求，属于高层次需要，主要从内部得到满足。在这五个层次的需要中，并不是每个需要都全部得到满足后再寻求满足更高级的需要，而是在低层次的需要得到部分满足后，人们就会追求其他方面的需要。

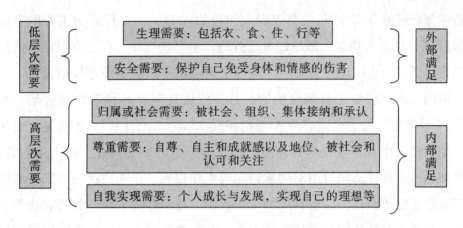

图 3-1 马斯洛的五层次需求理论

马斯洛的需求层次理论对组织的激励机制的建立和完善的意义。首先，人的需求是多方面的，总的讲，这些需求大体上是在较低层次的需求得到满足后，才会产生高一层次的需求。但并不是每个低层次的需求完全满足后才产生高层次的需求，在很多情况下，人们可能同时处在几个需求层次上。因此，作为管理者的重要工作，就是要根据企业的性质，员工的具体情况，准确了解和把握员工所处的需求层次，然后满足这种需要以达到激励的目的。比如，刚参加工作的员工和工作了较长时间并有了一定经济基础的员工，他们的需求就有差别。刚工作的员工缺乏经济基础，经济压力较大，且不说日常的休闲娱乐消费，仅每月支付的房租、水、电、气等一大笔账单，就占了其收入的很大部分，因此他们十分看重每个月的直接现金收入。而工作了一段时间且有一定经济基础的员工，由于已经有了一定的积累，他们更看重的是良好的工作氛围和个人的发展空间。其次，在个人只要发展的不同阶段，需求会发生变化。从个体来讲，最重要的是要清楚地知道或了解自己在某一特定阶段最主要的需求是什么，在确信自己的需求后，争取得到组织的理解和认可，以满足这种需求。

3.1.2 道格拉斯·麦格雷戈的 X 理论和 Y 理论

麦格雷戈是美国的心理学家和行为学家，他在 1960 年提出了对人的本性截然不同的两种观点，这就是著名的"X 理论"和"Y 理论"。这两种理论实际上涉及的就是人性的"善"与"恶"的问题，其内容就是假设人性有两类，即主

要表现为消极的 X 理论和主要表现为积极的 Y 理论。X 理论的主要内容就是
"人性恶",认为人基本上都是好逸恶劳的,不喜欢工作,只要有可能,他们就
会逃避责任。建立在这一基础上的管理决策强调采用强制或惩罚措施,以强迫
或胁迫的方式要求员工实现组织的目标。他认为泰罗的科学管理就是"X 理
论"。"Y 理论"的主要内容与 X 理论相反,认为"人性善",人都是有责任感
的,他们把工作看作与娱乐和休息一样正常。他们不仅具有正确决策的能力,
并能够通过自我控制和对组织的承诺完成工作目标。建立在这一基础上的管理
决策着眼于创造和提供一种良好的工作氛围,提倡让员工参与管理和决策,并
为员工提供具有挑战性和责任感的工作。麦格雷戈根据"Y 理论"提出了激励
人的行为的具体措施:[2]58-60

通过分权和授权,把员工从传统组织方法过于紧密的束缚中解放出来,使
下级能够主动的安排和支配自己的工作,并承担相应的责任,同时为人们满足
自己的需要创造条件。

扩大工作范围,为下属提供有挑战性和责任感的工作,鼓励组织中底层的
员工更愿意承担责任。

鼓励员工参与决策,提出工作建议,以便激励其为实现组织目标进行创造
性的劳动,建立良好的伙伴关系。麦格雷戈认为,在事关自己的问题上能够发
表意见,就为他们实现社会和自我需要提供了重要机会。

鼓励员工对自己的贡献进行自我评价,使他们为组织目标的实现承担更大
的责任,这样有助于其发挥才能,满足自我实现的需要。

X 理论和 Y 理论对于建立和完善组织的激励机制的意义主要表现在以下四
个方面:一是对组织成员的工作动机和工作态度要有一个客观的分析和认识。
人性的"善"与"恶"都是一个相对的概念,无论是社会还是组织,都以
"善"作为社会的规范和行为准则,绝大多数的社会或组织成员也都认可并遵循
这些准则。但这并不是说 X 理论就完全没有价值。因为在社会或组织中,虽然
"善人"占多数,但"恶人"也存在。在每一个人的性格中,既有"善"的成
分,也有"恶"的成分。对组织的管理者来讲,首先应该准确的识别员工,对
于那些具有积极的工作动机和工作态度、有责任感的员工,就应按照 Y 理论的

思路为其创造施展才能的平台；而对于那些少数真正的"好逸恶劳"者，就应按照 X 理论的思路对其不良行为进行约束和限制。二是通过制度建设和规范对"善"进行弘扬和对"恶"进行制约。《三字经》讲："人之初，性本善。性相近，习相远。"意思是说，人自降生，本性是好的，性格也大多相似，只是由于后天环境的不同，特别是在现实的商业社会中，人们比以往受到太多诱惑的干扰，人的性情、习惯和行为准则逐渐开始发生变化。对于组织来讲，重要的是要将组织成员的行为引导到组织希望和提倡的方向上去，而引导的关键就是通过制度去规范和约束员工的行为。关于这个问题，请参见本书第二章第一节的有关内容。三是激励与约束、胡萝卜和大棒之间的关系。与 X 理论和 Y 理论相对应的就是组织激励和约束机制的建立。组织当然相信自己的员工都是好的，但组织不能把安全稳定运行和可持续发展建立在大家都是好人的基础上，因此，在建立激励机制的同时，还应以约束机制配套。四是与组织文化及管理特征之间的关系。关于对人性"善"、"恶"的定位还会影响组织的管理方式。比如，当组织认为人性"恶"，就表明了对员工的低信任度。这时管理者的行为就倾向于采用专制、高度的集权而不是民主的领导方式，这是因为组织的价值观把什么是恰当的行为传递给了管理者。结论就是，组织的价值观会制约一个管理者的涉及所有管理职能的决策选择。

3.1.3　弗雷德里·赫茨伯格的激励保健理论

激励保健理论是由美国心理学家弗雷德里·赫茨伯格 1959 年提出来的。这一理论的主要内容是通过对个人与工作关系的研究，发现那些能够真正激励人的因素。赫茨伯格对 200 名工程师和会计师进行了调查访问，以了解"人们希望从工作中得到什么"。他发现，人们对于工作感到满意和不满意的因素是完全不相同的。在个人与工作的关系方面，存在两组不同的需要，一组是与工作不满意有关的因素，如组织政策、管理监督、工作条件、人际关系、薪金、地位、职业保障等；另一组是与工作满意有关的因素，如成就、赏识、富有挑战性的工作、晋升、责任、个人发展等。赫茨伯格把与工作不满意有关的因素称为保健因素，认为它们的存在不起激励作用，但非有不可，否则便会引起不满。他指出，满意的对立面并不是不满意，不满意的对立面也不是满意。即使组织的管理者努力克服了这些与工作不满意有关的因素，也只能够带来工作的稳定和平和，但不能够对员工产生激励。赫茨伯格将第二类因素称为工作因素，由于能够产生工作满意感，因而是真正的激励因素。

与其他的心理学家的激励理论一样，赫茨伯格的激励保健理论在学术界也存在很大争议，目前在学术性文献中普遍接受的观点是，这些理论的特定预测未获得经验证据的支持。现在越来越多的学者和专家倾向于薪酬是重要的激励因素，经济学家大体上比心理学家更倾向于假定工资是一种较强的激励因素。而且在经济学家创建的模型中，在假定其他条件不变的条件下，工资是唯一的刺激物。[3]52 在现实生活中，金钱的激励作用确实非常明显，当我们中的大多数人还在为按揭买房、买车、甚至购买日用家电设备时，很难说工资或薪酬不是重要的激励手段。

尽管如此，这一理论对组织激励机制的建立仍然有着积极的意义。首先，该理论提出并总结了诸多可能影响工作效果和效率的因素，这为组织建立和完善科学合理的薪酬结构提供了解决问题的思路。其次，虽然工资或薪酬是重要的激励因素，但并非万能，高工资水平在吸引和留住员工方面的效果并不是万能的。因此，除了对薪酬的重视外，成就、赏识、富有挑战性的工作、晋升、责任、个人发展也应引起管理者足够的关注，并将其纳入组织整体的激励体系。第三，这一理论对于工作和职务的丰富化起到了积极的推动作用，[4] 由于职务的丰富，员工们具有更大的自主权、责任感来管理和控制自己的工作，这不仅提高了员工对工作和组织的承诺，而且提高了工作效率。

3.2　当代激励理论

我们所接触到的激励理论大多都出自心理学家之手，并不是说经济学家对此没有自己的见解，而是经济学家们的注意力大多集中于厂商层次的薪酬政策，如工资水平、工资结构、平均员工流动率等。而心理学的研究则大多集中在个体层次，如激励和相关的认知过程、个体的绩效差异等。二者在研究方法上也存在差异，心理学家更关注非薪酬类的激励来源，强调内在激励的重要性，倾向于将金钱视为"低阶"的激励因素或完全不把金钱视为激励因素。而经济学家在经验研究中，倾向于仅仅将金钱视为激励因素。[3]118本节介绍的主要是心理学方面的内容。

3.2.1 公平理论

公平理论的创始人是斯达西·亚当斯（J. Stacey Adams），该理论的主要内容是，人们通常会通过与他人所受待遇（如工资）的比较来评价自己所受待遇的公平性程度。如果比较的结果被认为是不公平的，那么这种不公平的感觉就会变成一种使人改变自己的思想和行为的动力，以获得自己认为比较公平的结果。[5]在公平理论中，牵涉到以下几个要素：①比较者 P；②P 的投入额 I 和所得 O；③参照物 Q；④Q 的投入 I 和所得 O。也就是说，个人（P）对自己投入（I）和获得（O）是否公平的评价，是通过与参照物（Q）的 O/I 之比进行比较后得出的，即：

O_P/I_P 大于，小于还是等于 O_Q/I_Q？

进行比较的三种结果：

不同的比较	比较结果
$O_P/I_P = O_Q/I_Q$	公平
$O_P/I_P < O_Q/I_Q$	不公平（报酬过低）
$O_P/I_P > O_Q/I_Q$	不公平（报酬过高）

如果 P 感觉与 Q 的待遇相当，则认为达到了公平，反之则认为不公平。

在公平理论中，参照物（Q）可以分为三种类型，即"他人"、"制度"和"自我"。"他人"包括同事、朋友、同行等。也就是说，员工比较的对象不仅是同组织内的同事，还包括同行业从事同样工作的同行。"制度"是指组织的薪酬政策、程序及其运作，包括成文的规定和不成文的惯例。尤其是不成文的惯例往往在比较过程中起到重要作用。"自我"是指员工自己在工作中付出和所得的比率，他反映了员工个人过去的经历及交往活动，受到员工过去的工作标准及家庭负担程度的影响。

按照公平理论的观点，如果员工认为自己受到了不公平的对待，他会采用以下办法恢复公平：

（1）改变自己的投入或减少工作的努力程度，以使自己的投入和付出趋于公平。

（2）改变自己的产出，如增加产量但降低质量标准。

（3）向组织提出增加个人的所得以便与其投入相等，实现公平。

（4）"此出不留爷，自有留爷处。"通过辞职离开不公平的地方。

（5）拒绝同自己认为所获报酬过高的雇员共事或进行合作。

（6）选择另外一个比较对象，"比上不足，比下有余"，给自己一个台阶下。

无论采取以上哪种方式，大多都会对组织和个人产生消极的影响。因此，如何在组织中建立一种具有相对公平的工作环境，成为组织的领导者和管理者的一项重要任务。

公平理论对建立完善组织激励机制有着重要的意义，主要表现在以下方面：

第一，公平从来就是一个相对的概念，应注意对员工公平心理的引导，树立正确的公平观。组织成员必须明确这样一个基本原则，即：社会公平与组织公平并不是同一个概念，不要把社会公平的概念应用到组织当中。组织公平感是在一个组织或单位内部人们对与个人利益有关的组织制度、政策和措施的公平感受；而社会公平感则是以不同的阶层、行业和职业等特征划分的人群的公平感。[6]其次，社会公平往往受到法律、法规的保护，而组织公平并不受法律保护。比如，"凡具有中华人民共和国国籍的适龄儿童、少年，不分性别、民族、种族、家庭财产状况、宗教信仰等，依法享有平等接受义务教育的权利，并履行接受义务教育的义务。"这就是一个典型的社会公平原则，并受到《中华人民共和国义务教育法》的保护。但在组织中，并不会让所有的组织成员都接受组织管理等方面的培训。那些接受培训的人，都是具有发展前途或能够对组织带来效率和效益的员工。组织成员必须通过自己的努力，证明自己的能力，才能够获得组织的关注。

第二，员工们在很大程度上是通过与他人得到的待遇相比较来评价自己的获得，因此，在进行工资水平和工作结构决策时，需要考虑员工可能对工资进行三种比较：一种是外部比较，即对其他企业中从事同样工作的员工所获得的薪酬进行的比较；一种是内部比较，即在同一企业内部不同工作之间对薪酬的比较；最后是与同一企业内部从事同样工作的人进内部比较。这三种比较的结果取决于员工的主观感受，不论管理者的感觉如何，员工的主观感受在决定他们的工作态度和工作行为。因此，管理者不要试图简单地把自己的感觉强加给员工，而要寻求通过其他有效的方式，向员工证明什么样的比较才可能是全面的。当然，要做到这一点的前提是，组织的薪酬系统本身从总体上讲是比较公平的。

第三，组织中的人们由于所处的地位、获取的信息以及看问题的角度等方面的差异，对同一个问题的评价或结论也就不同。这与上一点所谈到的三种比较有内在的关联性。在现实生活中，固然有很多不公平的情况发生，给个人和组织都造成了伤害。但也有这样一种情况，即人们感到不公平，一个主要原因是与个人所持的公平标准有关。关于知觉的研究发现，人们都是根据自己看到和听到的信息在做判断，也就是说，可能还有很多人们没有看到和没有听到的。所谓知觉，是个体为了对他们所在的环境赋予意义而组织和解释感觉印象的过程。[1]357-358研究表明，虽然个体看到的是同样的客体，却会产生不同的认知。之所以如此，是因为许多因素在影响知觉的形成甚至使知觉失真，其中，对事实了解不完整是一个主要原因。在这种情况下，一件本身是比较公平的事，但由于当事人所处的具体环境，限制了其获取有效信息的数量和质量，就可能影响了他/她的判断，并认为自己受到了不公平的待遇。而在一个组织中，就管理者和员工这两个角色而言，前者信息来源的真实性和全面性一般超过后者。因此，对于管理者来讲，必须掌握有关事实的全面的和真实的情况，比如，员工是否按时、按质、按量完成本职工作，员工的绩效指标，与工作、绩效指标有关的薪酬标准等方面的情况。当员工根据知觉作出的判断有误差时，管理者就可以根据掌握的事实向员工作出正确的说明或解释。这也就是前一点强调的观点：通过寻求其他有效的方式，向员工证明什么样的比较才可能是全面的。

第四，建立改善组织公平的环境。组织的公平分为两个层面：一是组织公平的客观状态，人们在这一层面可以通过不断改善和发展各种制度、程序和规则来保证组织公平的实现。二是组织的公平感，即组织成员对公平的主观感受。目前对组织公平感的研究也主要集中在两个方面：一是组织公平感的结构，即其主要构成和相互之间的关系。三是组织公平感的效果。根据现有的研究结果，组织公平感的结构主要包括三个公平，即结果公平、程序公平和互动公平。[6]结果公平是指组织成员对分配结果的满意程度，这也是亚当斯公平理论侧重研究的问题。要达到结果公平，关键是组织要有严格规范的绩效评价体系，员工事先就充分了解对与自己有关的绩效评价的数量和质量标准，以及与这些标准对应的薪酬分配原则。达到结果公平的另外一个重要条件是程序公平，即组织成员参与过程控制的程度。如果组织成员能够参与与自己有关的绩效目标的制定，公平感就会大大提高。专家们提出了保证程序公平的六条标准，即一致性规则、避免偏见规则、准确性规则、可修正规则、代表性规则和道德与伦理规则。互动公平是指组织的信息传递以及管理者对员工反应的回应。它又分为人际公平和信息公平，前者指减少评价误差，容许员工对评价结果提出质疑等；信息公平是指员工是否了解与自己工作有关的信息，以及对评价结果及时全面的信息反馈。可见，互动公平也会影响结果的公平。组织公平感的效果是指公平感与员工行为之间的关系，包括三个方面，即组织公平对员工绩效、集体意识和员工个人价值的影响。根据组织公平感研究的这些成果，要在组织中建立一个相对公平的环境和氛围，首先，必须在组织公平的客观状态上下工夫，即制定和完善有关的规章制度；其次，要尽可能地完善结果公平、程序公平和互动公平，包括让员工了解并参与绩效指标的制定、绩效实施过程中管理者对其下属工作的指导和帮助以及在整个绩效实施过程中不断的绩效信息反馈，以提高组织成员的公平感受；最后是制定明确的绩效评定标准，同时对管理者或部门负责人加强正确进行绩效评价的培训和教育，尽可能地减少评价者误差。

3.2.2　强化理论

斯金纳（B. F. Skinner）是强化理论的主要代表人物。该理论的一个基本观点是，人的行为受到外部环境的影响和制约，对一种行为的肯定或否定的后果，在一定程度上会决定这种行为在今后是否会重复发生。当对一种行为进行肯定或奖励时，目的在于引导其重复发生，这种行为称为正强化。反之，当否定或惩罚一种行为，目的在于杜绝其重复发生，称为负强化。也就是说，外部环境要素可以改变一个人的行为。根据强化理论的观点，当人们因某种有效行为受到奖励时，他们重复这种行为的可能性就大大增加，行为与奖励之间的距离越短，则奖励的效果就最好。而当一种对组织有利的行为没有受到奖励或一种对组织不利的行为没有受到惩罚时，人们重复这种行为的可能性都非常小。

强化理论对于激励的意义主要表现在以下四个方面：

第一，对于组织来讲，建立一个完善的激励和约束机制非常重要。仅仅有正强化还不够，还要有负强化。正强化与负强化就如同激励和约束机制一样，是一个有机的整体，缺一不可。一方面，由于经过强化的行为趋向于重复发生，意味着科学的、正式的、合理的激励机制可以引导组织成员努力完成组织的目标；另一方面，通过负强化的警示作用，可以约束组织成员偏离组织目标的要求和行为，减少和降低风险。

第二，不同的强化对象采用不同的强化类型。根据马斯洛的需求层次理论，人的需求具有不同的层次，不仅如此，不同的专业、工种、年龄、管理层次，其需求也表现出不同的特点。对于管理者来讲，需要了解和把握员工所处的需求层次，然后满足这种需要以达到激励的目的。以研发人员和销售人员为例，研发人员主要从事的是脑力劳动，劳动的成果往往需要较长的时间才能见到成效，因此，对他们的激励主要是以长期激励为主，包括较大比例的基薪以及研发成果产业化后的提成等。而对于销售人员来讲，由于其成果很容易量化，且在短期内可以见效，因此主要以短期激励为主，包括较低比例的基薪和较大比例的提成等。再以管理人员和非管理人员为例，管理人员的工作是一种综合性的工作，涉及组织战略的制定、组织管理、资源配置等重大决策行为，责任重大，具有非程序化决策、工作难以量化等特点，而非管理人员的工作大多都属于程序化决策，责任相对较轻。因此，对管理人员的激励就比非管理人员复杂，激励的内容也较多，一般都有较高的福利待遇以及股权、期权等长期激励手段。如《华为基本准则》就明确规定：利用股权的安排，形成公司的中坚力量和保持对公司的有效控制，使公司可持续成长。对高级管理和资深专业人员与一般员工实行差别待遇，高级管理和资深专业人员除享受医疗保险外，还享受医疗保健等健康待遇。此外，年轻员工和老员工、主要在办公室工作的员工和主要在野外或建设工地工作的员工等，其激励的方式都有不同的特点。

第三，组织在做正强化时，不要一步到位，而要分阶段设立明确和具体的目标，每个阶段的目标完成后，再分别进行强化，这不仅有利于目标的实现，而且通过不断地激励可以增强信心。如果正强化一步到位，而不考虑长远的激励效应，可能会适得其反。目前很多企业对高层管理人员采取期权、股权激励，很大程度上就是基于这种考虑。因此，组织在做好事（激励）的时候要"悠着点"。西班牙17世纪的著名政论家、文学家和教会人士巴尔塔沙·葛拉西安在谈到如何推恩（做好事）时讲：推恩应该一次一点，但要经常。不要施恩太多，使人无法回报。给予太多等于不给，而是出售。不要使别人的感激耗尽。感恩而无法报答，他们便不再跟你来往……切记施恩的微妙所在：只有迫切想得到而又不贵的礼物才是接受者喜欢的。[7]无独有偶，15至16世纪意大利著名的政治家马基雅维利在其《君主论》一书中，也对如何做好事做了同样的表述，他说："恩惠应该是一点儿一点儿地赐予，以便老百姓能够更好的品尝恩惠的个中滋味。"[8]相反，在做"坏事"（如裁员）时，就要一步到位，比如裁员，事先应根据竞争环境和组织战略的要求，做出周密的计划，然后"一刀两断"，如果也"悠着点"，今天裁两人，明天裁两人，就会军心涣散，因为所有的人都在考虑："哪一天会轮到我"，而不会把时间和精力放在搞好本职工作上。因此，组织在做这一类的"坏事"时应该快刀斩乱麻。

第四，及时的反馈和及时强化。强化理论认为，及时的强化是非常重要的，无论是正强化还是负强化，最好的激励效果是在行为发生以后尽快强化。比如，当员工因表现出某种组织倡导的行为或取得组织期望的成绩而受到奖励时，他们最有可能在今后重复这些行为或成果，因为"人往高处走，水往低处流"，人总是希望看到自己在组织中的地位是稳固的，而且得到组织的奖励意味着自己人力资本的价值也得到了提升。

3.2.3　期望理论

对激励问题最全面的解释应数维克托·弗鲁姆（Victor Vroom）的期望理论了。[1]397它的核心组成部分已经成为激励心理学标准语言的一部分，并且成为主要基于其他理论的经验性研究的一个基本组成部分。[3]121期望理论的主要观点是，人们之所以能够努力从事某项工作并达成工作目标，是因为这些工作和目标会帮助他们达成自己的目标，满足自己某方面的需要。期望理论提出在进行激励时要处理好三方面的关系，即：努力工作与良好绩效的关系；良好绩效与奖励的关系；奖励与满足个人需要的关系。

（1）努力与绩效的关系。这一关系主要反映组织和个人目标的可实现性与人们努力的程度。如果经过努力，这些目标是可以实现的，那么人们的努力与最终的工作成效之间的关系就比较清晰和明确，这样促使人们努力工作就有了较为现实的基础。

（2）绩效与奖励的关系。第二层次的关系主要反映达到绩效目标后奖励的可实现性。也就是说，当组织成员经过努力达成工作目标后，自己原来所期望的奖励是否能够满足。如果能够满足，则努力工作的动力又会在原来的基础上大大增强。

（3）奖励与满足个人需要的关系。这一层次的关系主要组织成员因努力工作获得的奖励在满足个人需要方面的程度。如果满足的程度越高，则组织成员的努力程度也可能越高。这一点似乎可以从马斯洛的需求层次理论中找到共同点。

期望理论三个方面的关系是一个环环相扣的价值链，可以这样来表述它们之间的关系：只要努力工作就可能取得好的绩效；取得好的绩效就可以得到组织的奖励；得到的奖励又可以满足自己的需要。了解这三个方面的关系有助于使组织的激励机制更加科学和合理。首先，组织应当告诉员工明确的工作目标和岗位责任，以及应达到的相应的绩效水平，这样员工的工作就有了明确的方向；其次，员工清楚或了解与不同的绩效水平相对应的奖励政策，这也是实现组织公平的重要内容；再次，组织的奖励一定要及时兑现，如果不兑现，价值链就会中断，员工就可能不再努力工作，甚至会使其失去对组织的承诺和信心；最后，要注意协调组织期望和个人期望之间、期望概率和实际概率之间的关系。虽然要达到组织期望和个人期望的完全一致不太可能，但应尽可能使二者之间的差异减至最低程度。要做到这一点，就需要协调和处理好组织利益和员工利益之间的关系。此外，期望概率和实际概率之间，实际概率一般应大于平均的个人期望概率，并能够使大多数人受益。

3.2.4　成就需要理论

大卫·麦克莱兰（David McClelland）等提出的三种需要理论认为，在人的基本生理需要满足后，还有三种需要：

（1）权力需要。所谓权力需要，是指人们希望管理和控制他人而不被他人管理和控制的欲望。该理论认为，权力是取得管理成功的基本要素之一，具有高权力需要的人通常愿意承担责任，并喜欢有竞争性的工作。

（2）归属或情谊需要。按照这一理论的观点，人们具有希望被他人喜欢和承认的愿望，而且作为管理者，在很多时候把情谊看得比权力更为重要。这种需要与马斯洛的需求层次理论也颇为相似。

（3）成就需要。具有高成就需要的人，愿意从事具有挑战性的工作，并追求完成工作以后的成就感。他们通常都追求完美，喜欢独立完成工作，特别是那种成功与失败机会均等的工作，更能激发他们的工作热情和工作动力。目标过高或过低，都不能够使他们产生满足感。如果是依靠他人的帮助或是偶然的机会完成工作，也不会产生成就感。具有高成就感的人还需要有明确的、及时的关于自己工作成就的信息反馈，以便使他们知道自己的工作成就是否已得到组织和他人的承认。这样才能促使他们继续努力，不断地取得新的成就。

麦克莱兰对成就需要与工作绩效的关系进行了十分有说服力的推断。[1]393首先，高成就需要者在能够独立负责、可以获得信息反馈和中度冒险的工作环境中工作，可以得到高度的激励并取得优秀的业绩。其次，在大型组织中，高成就需要者并不一定就是一个优秀的管理者，同样，在这类组织中，优秀的管理者也并不一定就是高成就需要者。再次，归属需要和权力需要与管理的成功密切相关。最优秀的管理者是那些权力需要很高但归属需要很低的人。最后，员工可以通过训练来激发他们的成就需要。

成就需要理论对激励管理的意义表现在：首先，组织的激励系统是一个有机的整体，既要考虑外在的经济激励，还需要考虑通过设计不同的工作环境以提升组织成员高效率完成工作的非经济激励要素，如挑战性的工作等。其次，组织要善于发现那些具有成就感的员工，并给他们分派富有挑战性的工作，创造他们需要的工作环境，并给予自主处置工作的权利，如可以让这些员工独立负责临时性工作团队的工作。但也不要忘记，自主处置和独立负责并不是撒手不管，组织或管理者还需要了解和掌握事件的进展，这些员工也应知道随时报告工作进展情况对组织的意义和重要性。有效的双向沟通和理解在这个过程中是非常重要的。再次，具有成就感的员工希望得到组织的绩效反馈，因此组织的领导者和管理者应当定期或不定期的公布组织的业绩以及与这些员工有关的各种工作数据，以便使他们的成绩能够获得组织的认可，在可能的条件下，可以通过表扬、奖赏、加薪以及晋升等办法对他们的成就予以肯定。最后，要正确看待那些具有高权力归属感和成就感的员工，对权力的渴望并不是一件坏事，对成就的追求也是天经地义的事情，关键是如何引导和评价。在我国，由于长期以来人们得到的教育是要保持谦虚、谨慎的工作作风，或被要求要"默默无闻的做一辈子好事"，或将"只干不说"这一类的要求贴上组织文化的标签，优良的工作业绩得不到认可，人们的自信心受到伤害，因此人们不愿"出头"，开始变得"循规蹈矩"。由于稍稍表现出一点对组织现有规则的质疑、或表现出对权力的渴望、或对自己工作成绩的"溢于言表"等，便有可能被扣上"目无领导"、"骄傲"等帽子，因此人们工作的积极性和进取心逐渐被磨灭。更由于一些组织的领导和管理者担心或害怕下属超越自己，员工根本就不敢公开自己的职业发展目标，就是稍稍表现一点"我的地盘我做主"的意思，便有可能被认为是不听话、越权、甚至叛逆，因此员工开始失去工作的激情。这种情况如果不加以改变，对组织的伤害是非常大的。关于这一点，彼得·德鲁克早就指出：管理层不应该任命一个将才智看得比品德更重要的人，因为这是不成熟的表现。管理层也不应该提拔害怕其手下强过自己的人，因为这是一种软弱的表现。管理层绝不应该将对自己的工作没有高标准的人放到管理岗位上，因为这样做会造成人们轻视工作，轻视管理者的能力。[9]因此，正确看待和评价那些具有高成就感和高权力归属的员工，并在工作中正确地使用他们，是组织及其管理者的一项重要任务。

3.2.5 激励理论的评价

以上我们只是对一些主要的激励理论做了简要的介绍，还有其他一些理论，如目标设定理论、社会认知理论等由于篇幅所限未做介绍。我们要强调的是，这些理论之间的互补性很强，孤立地看待各个理论的做法是错误的。事实上许多理论观点都是相互补充的，只有将各种理论融会贯通，才会加深对如何激励个体的理解。比如，在期望理论与强化理论之间就存在这种互补的关系。期望理论认为，在努力工作、良好绩效、组织奖励之间存在内在联系，人们之所以能够努力从事某项工作并达成工作目标，就意味着自身的利益也能够得到满足。得到了满足，今后还要继续努力工作，以得到更多、更大的满足。在这一环节，组织的激励即正强化是关键要素，如果这种激励及时、得当，激励效果可能就好，员工今后工作的动力就大。反之，当建立在未来预期基础上的努力工作没有得到合理回报时，这种努力工作的动机就会大大削弱。其次，马斯洛的需求层次理论认为需要根据人所处的层次满足其需求，这时的激励效果最佳。这一理论与期望理论和强化理论可以形成一个综合的激励模式，比如，期望理论从努力与绩效关系的角度，讨论了人们对目标的可实现性与努力程度之间的关系。如果经过努力，这些目标是可以实现的，那么人们的努力与最终的工作成效之间的关系就比较清晰和明确，人们努力工作也就有了较为现实的基础。而成就理论则把能够独立负责、可以获得信息反馈和中度冒险的工作环境看做是达到高度激励并取得优秀业绩的基本要求。因此，实现这种"可实现性"并满足"中度冒险"的要求，激励的效果就好。

3.3　舒尔茨的人力资本投资理论

西奥多·W.舒尔茨是最早提出人力资本概念的经济学家。[10]他曾担任美国芝加哥大学经济系主任，1960年当选为美国经济学会会长。由于在人力资本及其他经济理论方面的杰出贡献，1979年和威廉·阿瑟·刘易斯一起获得诺贝尔经济学奖。

在其发表于《美国经济评论》1961年3月号的《人力资本投资》和发表于1968年3月号的《政治经济学杂志》关于高等教育的资源配置的论文中，舒尔茨对人力资本的概念作了准确的阐述。舒尔茨指出，所谓人力资本，就是指通过向自己投资所形成的以知识和技术为核心的创造经济价值的能力，由于这种能力已经成为人的一个部分，又因为它可以带来未来的满足或者收益，所以将其称为资本。他还明确指出，劳动者变成资本家并非传说中因为公司股份所有权扩散所致，而是由于他们获得具有经济价值的知识和技能的结果。他所讲的投资，实际上就是教育。在他关于人力资本的系列研究论文中，有关教育的论述占了很大比例，这些论述不仅对于国家的经济发展、而且对于企业的教育培训工作都有着十分重要的指导意义。下面就简要介绍舒尔茨人力资本理论的主要内容和贡献。[11]

3.3.1　传统经济理论的不足

传统经济理论未能解释清楚西方经济高速发展的一个重要原因就是因为没有研究人力资本的使用以及由此带来的物质资本的增值。舒尔茨指出，造成这一状况的主要原因在于人力投资的内容很少被纳入传统经济学的核心内容。其结果就是，由于没有认识到人类通过向自身投资可以增加社会财富和推动社会经济的发展，当然也就不能解释经济发展动力的本质因素。他指出，虽然人民获取有用的技术和知识是显而易见的事实，但是，关于这些技术和知识是资本的一种类型，关于这种资本实际上是周密投资的一种产物，关于这类资本的增长在西方社会里要比常规资本的增长迅速得多，以及关于这种增长很可能是西方经济制度的最出色的特征等等，这些事实却并不明显。虽然传统经济学意识到了获取有用的技术和知识可以创造价值的事实，但未意识到这些技术和知识是资本的一种类型、这种资本是投资的产物、这类资本的增长在西方社会里要比常规（非人）资本的增长迅速，以及关于这种增长很可能是西方经济制度最出色的特征等等。舒尔茨从人力资本的角度，系统的论证了人力投资对一国经济发展的重要性。他指出，人类的许多经济才能都是通过带有投资性质的活动逐步发展起来的。事实已经证明了这类人力方面的投资绝非微不足道，而恰恰相反，它们对于从根本上改变储蓄和资本形成总量的通常衡量方式具有重大的意义，而且还改变了工资、薪金以及相对于财产收入而言的靠劳动所挣得的收入之数量构成。

3.3.2 知识和技术是决定经济增长率的一个关键要素

舒尔茨认为，西方国家经济发展的根源在于人力资本的投资收益率高于物质资本的投资收益率，而原因就是因为培养国民具有经济价值的知识和技能的结果。从这一观点出发，他提出发展中国家的经济起飞，仅仅依靠追加资本来购置物质生产要素远远不够，必须注重物质资本和人力资本的协调，如果人的能力没有与物质资本保持齐头并进，经济增长就会受到限制。同时一国的人力资源水平对吸引外资也有较大影响，如果一个国家仅仅增加非人力资源而不注意增加人力资源，那么这个国家的资本吸收率也必然低下。

3.3.3 提出了适用于所有国家的经济发展模式

一个国家的经济发展模式应该以教育为基础，全面提高国民素质，培养创造经济利益的知识和技能，促进社会经济的全面发展。舒尔茨认为：第一，教育是人力资本的一种形式，主张把教育当做一种对人的投资，把教育所带来的成果当做一种资本。因为教育已经成为受教育者的一部分，所以也是人力资本。由于教育是人的不可分割的一部分，因为它既不能进行买卖，也不能当做财产来对待，但是，假如它能够提高一种有经济价值的生产性服务，它就成了一种资本。第二，教育的目的除了发展文化以外，还可能提高一个民族的工作能力以及管理各种事务的能力，而人的能力得以提高，又会增加国民收入。因此，教育所能带来的，应当是文化上的和经济上的双重效益。第三，他还从人口学的角度论证了终身教育的重要性。他指出，人口质量的改进在很大程度上是由教育促成的，而人口质量又是一种稀缺资源，要获得这种资源就必须付出成本。教育是其中重要的部分。此外，人类寿命的延长可能会降低它的折旧率，较早退休则会提高其折旧率。更重要的是，对高技术的需求发生变化会导致人力资本的老化与废弃，而这种需求方面的变化正是我们这种类型的经济增长之产物。要避免这种情况的发生，就需要提供一种可以减少这种人力资本老化程度的教育方式，在制订教育计划时，应着重从这方面寻求改进高等教育体制的途径和手段，设法以终身教育代替短期教育。第四，相对于非人力资本投资来说，教育投资的增长会使总的工资收入比全部财产收入增长的幅度更大，而财产收入分配造成的不平等要比个人领导收入分配的不平等严重得多，所以教育投资的增长会减少个人收入分配方面的不平等。舒尔茨认为这一假设的意义在于，教育投资是已经观察到的收入分配不平等趋向于减少的一部分重要缘由。第五，任何经济体系即使拥有土地和可进行再生产的物质资本，包括先进的生产技术，但如果人没有任何职业经验，没有受到任何的学校教育，没有经济信息等，那么经济生产肯定会悲剧性的大大下降。

3.3.4　论证了人力投资与企业家式的才能之间的关系

传统的观点将是否掌握土地视为使人贫穷或富贵的主要因素，舒尔茨反对这种观点，他认为人的能力和素质才是决定贫富的关键。而这种能力依赖于教育投资，教育投资能够极大地有助于经济繁荣和增加穷人的福利。由于教育带来了人口质量的提高，因此，人力资本投资有助于提高劳动生产率，也有助于提高企业家式的才能。

3.3.5　健康资本与健康投资

虽然健康资本的概念并不是舒尔茨最早提出的，但在舒尔茨的人力资本理论体系的框架结构中，健康资本和健康投资同样是一个重要的概念。健康资本包括两部分，一部分是先天的，一部分是后天提高教育投资等方式获得的。随着时间的流逝，健康资本的储备要逐渐贬值，而且越到生命的后期，贬值的速度就越快。人力资本的总投资就是指获得和维持这种资本所必须付出的成本，其中包括抚养子女、营养、衣服、住房、医疗保健和自我照管所需的费用。健康资本所提供的服务由"健康时间"后可以用来进行工作、消费以及闲暇活动的"无病时间"所组成。人力资本理论强调把每个人的健康状况都当做是一种资本的储备，即健康资本，并认为它要通过健康服务来发挥作用。

3.3.6 评价

第一，舒尔茨人力资本理论特别是关于教育提高人的能力和素质、物质资本和人力资本的协调发展、健康资本和健康投资等思想和观点，对组织建立激励机制具有重要的意义。比如，通过教育提高人的能力和素质，特别是终身教育延缓人力资本的老化，以应对高新技术的挑战。第二，组织在进行物质资本投资的同时，应同时加强对人力资本的投资。也就是说，在进口后购买先进的机器设备或技术装备的同时，必须要对员工进行培训，以便拥有一支能够正确使用和掌握这些设备和技术的员工队伍。第三，对于正确认识组织的教育培训工作具有正面意义。组织的教育培训绝不是当前的一种消费，而是对获取未来收益的投资。越来越多的研究也发现，多受一年大学正规教育的人未来的投资回报率要高于那些少受一年大学正规教育的人的未来投资的回报率。第四，有利于指导组织的总体薪酬体系设计和正确认识组织的福利政策，如对员工的健康投资，包括各种社会劳动保障和工作环境、工作条件的保障，各种补贴的发放及其作用等，这些都有利于提高员工的"无病时间"，进而保证在员工的有效工作时间内，最终达到效率的提高和效益的提升。

在谈及人力资本概念的时候，有必要对人力资源与人力资本做一个简要的区分。人力资源与人力资本两个概念既有相同点，又有不同点。相同点主要表现为二者都把人作为价值创造的主体，强调通过对组织中人的作用来实现资本的增值和组织的目标。不同点表现为：人力资本概念比人力资源概念更加强调具有知识和技能的"合适的人"在价值创造过程中的重要作用。从这个意义上讲，人力资源管理是使人成为"资本"的一项基础工作，因为资源本身并不能创造价值，只有通过人的创造性的工作，通过掌握特定知识和技能的人的加工，资源才能被有效的利用，资本也才能增值。

注释：

［1］斯蒂芬·P罗宾斯. 管理学［M］. 4版. 孙建敏，等，译. 北京：中国人民大学出版社，1997：388.

［2］迈克尔·T麦特森，约翰·M伊万舍维奇. 管理与组织行为经典文选［M］. 李国洁，王毅，李国隆，译. 北京：机械工业出版社社，2000：264.

［3］巴里·格哈特，萨拉·L瑞纳什. 薪酬管理——理论、证据与战略意义［M］. 朱舟，译. 上海：上海财经大学出版社，2005：52.

［4］Hackman J R, Oldham G R. Motivation through the design of work：Test of theory［J］. Organizational Behanvior and Human performance，1976，16：250－279.

［5］J S Adams. Toward an Understanding of Inequity［J］. Journal of Abnormal and Social Psychology，1963（67）：422－436.

［6］李晔，龙立荣. 组织公平感研究对人力资源管理的启示［J］. 外国经济与管理，2003（2）.

［7］巴尔塔沙·葛拉西安. 大智慧［M］. 辜坤，译. 西安：中国长安出版社，2004：255.

［8］马基雅维利. 君王论［M］. 徐继业，译. 北京：光明日报出版社，2001：61.

［9］彼得·德鲁克. 管理的实践［M］. 齐若兰，译. 北京：机械工业出版社，2006：133.

［10］雅克·菲兹－恩兹. 人力资本的投资回报［M］. 尤以丁，译. 上海：上海人民出版社，2003.

［11］西奥多·W舒尔茨. 论人力资本投资［M］. 吴珠华，等，译. 北京：北京经济学院出版社，1990.

第四章　观念创新：战略性人力资源管理的指导原则

要正确应对当今人力资源管理面临的挑战，首先必须在观念上进行创新，不同的人力资源管理观念，会带来不同的效果。而观念创新必须依据组织战略的要求。战略性人力资源管理观念创新的指导原则，就是按照组织战略的要求，将组织战略所包含和要求的人力资源要素（包括相关利益群体）进行分析、整合、配置，在此基础上建立起与竞争对手相比较的人力资源的竞争优势。这种创新要求组织不要拘泥于所谓公认的管理观念或管理模式，而是要根据组织的战略目标去努力需求最能反映和支持实现这目标的要素，然后将这些要素有机地结合起来，形成系统的管理思想和方法，并把这些思想和方法落实为每一个组织成员的目标和责任。只有这样，人力资源战略才能够支持组织的战略，人力资源的职能作用和地位才能够得到体现和彰显。

本章重点讲解以下问题：

（1）为什么组织的人力资源管理开发是有重点的？

（2）为什么说组织的领导者和管理者的首要任务是区分和识别高绩效员工？

（3）为什么说管理既是一门政治，又是一种感觉？

（4）规范管理与民主管理之间的关系。

（5）为什么要强调科学性和适配性的结合？

（6）为什么社会公平并不总是适用于组织公平？

（7）为什么要强调"德"与"能"孰重孰轻？

（8）为什么外来的"和尚"并不总是能够帮助企业转危为安？

（9）为什么文化只能描述，不能评价？

（10）如何认识和实施内部公平和外部公平？

专栏4-1　杰克·韦尔奇的用人观

　　杰克·韦尔奇在通用电气公司（GE）时，对人力资源的管理和开发给予了高度的重视，倾注了极大的热情。他说：在制造行业，我们力图体现出自己的差别；而对人来说，差别就是一切。在通用电气公司，有明文的和非正规的暗示性的人事检查，因为对人的高度注意，形成了通用电气公司的管理理念。为了做好对人的区分，他带领公司人员开发了一个称之为活力曲线的方法。每年都要求通用电气公司下属的每家公司都要为他们的高层管理人员分类排序，其基本构想就是强迫每个公司的领导都对他们领导的团队进行区分。他们必须做出如下的选择：在他们领导的公司中，他们认为哪些人是属于最好的20%，哪些人是属于中间的70%，哪些人是属于最差的10%。杰克·韦尔奇认为，作出这样的选择的确很难，而且可能会出现错误的判断等失误，但是能够造就一支全明星团队的可能性却会大大提高。这就是如何建立一个伟大组织的全部秘密。

　　杰克·韦尔奇把人分为A、B、C三类。A类是指那些激情满怀、勇于任事、思想开阔、富有远见的人。他们不仅自身充满活力，而且有能力带动自己周围的人。他们能提高企业的效率，同时还使企业经营充满情趣。A类员工具有"通用电气公司领导能力的四个E"：有很强的精力（Energy）；能够激励别人实现共同的目标（Energize）；有决断力（Edge），能够对是非问题做出坚决的回答和处理；能坚持不懈地实施（Execute），并实现他们的承诺。与这四个E相联系的还有一个P（激情，Passion），正是这个P，把A类员工和B类员工区分开来。

　　B类员工是公司的主体，也是业务经营成败的关键。公司投入了大量精力来提高他们的水平。C类员工是指那些不能胜任本职工作的人。他们不是激励别人，而是打击别人，导致目标不能完成。经理们如果不能对员工做这种区分，那么很快他们就会发现自己被划分到了C类。为了保证活力曲线的实施，公司还制定了奖励制度，包括提高工资、给予股票期权和职务晋升等方式。A 类员工得到的奖励是 B 类员工的两到三倍。B 类员工每年也会通过评比得到奖励。每年 A 类员工都会得到大量的股票期权，大约有 60% ~70% 的 B 类员工也会得到股票期权，C 类员工则什么都没有。正是由于这样的制度保证，GE 每年 A 类员工的流失率不到 1%。

（资料来源：杰克·韦尔奇、约翰·拜恩《杰克·韦尔奇自传》第 147~150 页，中信出版社，2001 年 10 月。）

4.1 人是组织最重要的核心竞争优势

关于人是组织最重要的核心竞争优势的观点，现在已经得到越来越多人的认可。

随着时代的发展和变革的加速，关于企业核心竞争优势的定义和内涵也在发生变化。传统的观点大多把技术一类的"硬件"视为核心竞争能力的关键要素，强调对技术的创新和占有，以便为企业建立竞争优势。而时至今日，越来越多的人则认识到，"人"才是企业获取竞争优势最重要的因素。正如本书第一章指出的那样，由于当今世界技术发展的日新月异，企业之间技术优势的差别日渐缩小，在这种情况下，提升企业竞争力的重要因素正在由传统的技术优势等"物"的要素向现代"人"的要素转变。企业和个人都不再可能凭借对技术的垄断为自己带来长期的可持续的竞争优势。企业中员工的职业道德、敬业精神、知识、能力和技能，以及建立在此基础上的知识管理的水平，正在成为企业重要的核心竞争力以及优势企业与劣势企业之间的重要差距。

要理解这些观点其实很简单。举例来讲，我们到银行存款，有哪家银行会说：请把钱存我们银行，因为我们的利率最高！一定不会出现这种情况，因为银行的利率都是一样的。同样，保险公司提供的赔付都相同，航空公司的飞机都相同，制造业拥有的设备也相同。但为什么银行与银行之间、保险公司与保险之间、生产相同产品的企业与企业之间的效率和效益又都不一样？关键的因素是人不一样，是人力资源管理的水平不一样，是企业的经营管理理念不一样。

当我们谈到战略性人力资源管理这个话题时，脑海里马上就会闪现这样一个理念，即企业的人力资源管理应当而且必须支持和服务于企业的战略目标。如果企业的人力资源管理能够充分调动员工的积极性，激励他们努力工作，一般来讲，个人绩效就有了重要的保证，如果企业中大多数员工的个人绩效都比较高，企业的绩效自然也就有了保障。正是因为这些原因，使得通过有效的人力资源管理和开发以谋求其竞争优势，成为企业普遍的共识。

4.2　一个贯穿始终的基本假定：人力资源管理如何支持公司经营目标

人力资源管理应当而且必须支持公司的经营目标，这是由组织的战略要求决定的。讨论这个问题之前，有必要先简要回顾一下组织的战略体系。在组织的战略体系中，大体存在两个或多个层次的战略，包括公司层、业务层（包括子公司或事业部）、职能层等。只生产一种产品或提供一种服务的企业，一般只有公司层和职能层两个层次的战略。而那些生产多种产品或提供多种服务的企业，则包括有上述三个层次的战略。这三个层次战略的目标、方向、相互关系是不相同的。公司层战略主要决定公司现在、将来的业务组合及开展这些业务要做的工作，它是建立在宗旨、使命和业务能力的基础之上的。业务层战略则强调在公司的某一项经营领域内应当如何进行竞争。在一个生产多种产品或提供多种服务的企业当中，每一个战略业务单元都有自己的经营战略，业务层战略的要点包括竞争战略的构成、竞争优势的确立、产品或服务质量的标准、向特定顾客提供的产品或服务、保持竞争优势的方法等。以上两个层次的战略都属于经营层面的战略。职能层战略主要关心的是如何支持公司层或业务层战略的问题。如财务部门的融资战略，人力资源部门的开发战略，市场营销部门的销售战略等。它服从于公司层或业务层的战略要求，属于管理层面的战略。这种关系决定了人力资源管理部门和其他职能部门应当而且必须支持公司的经营目标。

那么，人力资源管理应当如何支持公司的经营目标呢？如前所述，组织战略的制定是建立在与竞争对手相比较基础上的，战略性人力资源管理就是要根据组织战略的需要，由上至下的进行目标的分解，最终细分为部门、个人的目标。当这些目标完成后，组织就达到了自己的总体目标，同时也获得了与竞争对手比较的竞争优势。在目标的分解和执行过程中，人力资源管理的贡献在于，通过建立强有力的执行能力，合理的组织结构的匹配、员工具有的支持战略实施的知识和技能、团队、领导力、激励等方面的支持等。这些都是人力资源管理应当提供的专业支持。（参考本书第二章2.2.3）

人力资源管理应当服从并支持组织的经营目标，本来是一个不是问题的问题，之所以要将其作为观念创新的内容，主要基于以下原因：第一，对组织高层来讲，必须明确人才是企业的核心竞争优势的观念。毛泽东讲：政治路线确定以后，干部就是决定的因素。干部固然重要，人才同样重要。他们都是推动战略实现的基础。因此，当企业的战略制定以后，组织高层首先应当考虑到就是如何提供支持战略实现的人力资源保障。现在的企业并非都是真正把人力资源当做企业的核心竞争优势来看待的。大会小会上都讲人力资源如何如何重要，但一落实到行动上，就打了很多折扣。比如，一个营销策划可以花几十万或上百万，但一说到员工培训，就说资金紧张。这类的事情在现实中还真不少。要真正解决这个问题，首先必须在企业高层达成人力资源是企业核心竞争优势的共识。在企业战略制定、实施的过程中，充分考虑人力资源的支持。第二，对人力资源专业人员来讲，必须明确自身的定位和相关的知识、能力和技能的要求，把自己的注意力从原来的技术操作层面向战略层面转移，有效提升企业人力资源的数量和质量与企业目标的实现之间的桥梁和纽带的作用，真正实现人力资源对企业战略的贡献。

4.3　组织人力资源开发管理的重点：识别关键员工

毛泽东同志 1925 年发表的《中国社会各阶级的分析》一文，对于指导企业的人力资源管理工作，仍然具有重要的意义。在这篇文章中，毛泽东首先明确提出："谁是我们的敌人，谁是我们的朋友，这个问题是革命的首要问题。中国过去一切革命斗争成效甚少，其基本原因就是因为不能团结真正的朋友，以攻击真正的敌人。革命党是群众的向导，在革命中未有革命党领错了路而革命不失败的。我们的革命要有不领错路和一定成功的把握，不可不注意团结我们的真正的朋友，以攻击我们的真正的敌人。"正是在这一思想的指引下，中国革命一步一步地走向了成功。毛泽东的这一思想不仅适合战争年代，其原理同样适合现代企业管理和人力资源管理，只是在运用时需要对其中的用词改动一下，即："谁是高绩效员工，谁是低绩效员工，这个问题是搞好企业管理的首要问题。"因此，人力资源管理观念创新的一项重要内容是确立组织人力资源管理开发的重点，其目的是要解决关键员工的识别以及组织目标和个人目标的协调统一问题。

如同组织总是在最能够发挥自己优势的产业或行业中去寻求和把握发展的机会一样，在人力资源管理开发中，组织同样要考虑其重点和策略。而这种重点和策略是建立在组织掌握的资源和未来组织劳动力组成形式趋势基础之上的。这两个方面的因素不仅决定了组织人力资源开发管理的主要对象，同时也为组织中的员工指明了工作的目标和奋斗的方向。

4.3.1　关键员工识别的意义

对组织来讲，要确定人力资源管理开发的重点，必须要先进行两个"识别"，一是对高绩效员工的识别，二是核心竞争力的识别。任何一个组织拥有的人、财、物、信息、知识等资源都是有限的。如何在有限的资源条件下进行有效的人力资源管理和开发活动，就成为组织战略性人力资源管理的一项重要工作。根据"二/八原理",在组织中存在一个特殊的群体,他们人数不多,但却具有很高的创造价值的能力,能够为组织带来很高的回报,这部分人通常被视为组织的高绩效员工,他们构成了组织人力资源开发管理的重点。由于组织资源的有限性,决定了组织应当考虑如何让有限的资源发挥出最大的效益。正因如此,组织人力资源开发的重点开始由面向全体员工向主要面向高绩效员工转变,即重点关注那些为组织创造了最大价值的高绩效员工,将用于人力资源投入的 80% 向高绩效员工倾斜。对于企业来讲,首要任务就是要识别这些员工,然后通过制定有针对性的人力资源政策对他们进行支持。

在企业战略调整和组织变革的过程中,关注核心员工也是一个非常重要的原则。对于企业来讲,战略的制定固然重要,但战略的执行同样重要。在执行的过程中,会遇到多重障碍,其中就包括动力障碍和组织政治障碍。[1]动力障碍是指让组织成员认识到战略转变和变革的必要性,并指明如何利用有限的资源去实现这一转变。在这一过程中,人们不仅要认识到需要做什么,还必须以持久的和有效的方式将这种认识付诸行动。要解决动力障碍,最重要的是要找准关键人物。W·钱·金、勒妮·莫博涅在其《蓝海战略》一书中指出,要想使积极变革的力量在组织内部引发广泛的群众运动,就不能分散用力,而要把力量集中用在关键人物身上,即要寻找"中央瓶"。"中央瓶"包括两种人:一种是组织中具有关键影响力的人物,是组织中自然的领袖,他们受人尊重,有说服力,或是有能力开启伸向关键资源的通道。另一种人也是关键人物,但他们是阻塞伸向关键资源的通道。由于资源和时间的限制,企业不必在每个人身上下大工夫,而是应通过对"中央瓶"即关键人物的挖掘发挥作用,通过区分和识别不同绩效水平的员工,以有效带动其他成员,达成组织目标。同样,组织政治障碍也会影响变革和组织战略的执行和实施。这种障碍主要来自于组织中既有的利益集团。当战略调整或组织变革将导致原有利益的调整时,组织政治障碍就会产生。要解决组织政治障碍,领导者应当做三件事:借天使之力、让魔鬼闭嘴、有一个好的谋士。天使是指那些能够从战略转变中获益的人,魔鬼是指那些可能受到最多损失的人,而谋士指的是那些政治上内行而深受人们尊敬的知情人,事先就知道谁会反对你,谁会拥护你。在企业经营管理的过程中,要保证战略的实施和变革的顺利进行，首先必须分清谁是反对者，谁是拥护者。紧紧地抓住拥护者，孤立你的对手，达到不战而屈人之兵的目的。在专栏 4-1 中，杰克·韦尔奇正是通过对员工的区分，保证了核心员工的流失率控制在 1% 以下，从而为帮助通用电气公司走向成功奠定了坚实的基础。

在现实生活中，组织政治障碍是一个客观存在的事实。在本章案例中，山东德州皇明太阳能产业集团的董事长黄鸣在经历了长期的迷惑之后，终于在贯彻战略和消除组织政治障碍之间做出了选择。通用电气公司前首席执行官杰克·韦尔奇 2004 年在中国的一次演讲中所讲的一句话深深地影响了他，这就是：有三种人不能用，其中一种人是有能力、有业绩、有影响力，但是对企业不认同，这种人对企业伤害最大。杰克·韦尔奇曾描绘了四种不同的经理：第一种是既能够实现组织目标，又能够认同组织价值观的，这种人的前途自不必说。第二种是那些既没有实现组织目标，又不认同组织价值观的人，他们的前途与第一种恰恰相反。第三种是没有实现组织目标，但是能够认同组织价值观的人，对于他们，根据情况的不同，给几次机会，可能东山再起。第四种是那些能够完成组织目标，取得经营绩效，但却不认同公司价值观的人。他们是独裁者，是专制君主，是"土霸"似的经理。杰克·韦尔奇明确提出，在"无边界"行为成为公司价值观的情况下，绝对不能够容忍这类人的存在。[2]176 黄鸣的总结是，不指明方向，不坚定原则，甚至不痛下杀手，是对那些坚持创新坚持改革的员工不负责任。2004 年 9 月到 10 月，先后有 1000 名员工（包括几位高层）离开皇明太阳能产业集团公司，四分之一员工离任。而黄鸣并不惊慌，因为这次意料之中的动荡让他得到了一支"正规军"，让企业找回了执行力。结果是：2005 年，已经基本停滞了三年的皇明公司出现了将近 70% 的增长。

4.3.2　社会资源的市场配置和劳动力队伍的重新组合趋势

社会资源的市场配置和劳动力队伍的重新组合趋势也决定了组织必须重点关注高绩效员工。任何一个组织都具有自己的竞争优势或核心竞争力，并有针对性的将自己的资源进行重点配置，以支持这些优势。比如，当一个企业发现并识别出了自己的竞争优势在于设计、研发、市场推广而不在于生产和制造时，就会把资源向这些方面倾斜，同时在劳动力的配置上重点关注在设计、研发、市场推广方面有能力的员工。因此，今后企业的劳动力队伍构成会根据市场的变化和组织的战略要求，出现若干个层次的变化，这种层次类似于企业之间的战略联盟。在这种企业联盟中，既有核心层次的联盟关系，也有松散层次的联盟关系。今后的组织内部劳动力构成也会出现这种联盟形式。第一，组织内部会形成一个核心层，由组织的高层管理人员、部分中层管理人员以及技术创新者（包括研发、销售等重要环节）等组成，这部分人是组织绝大部分价值的创造者，是组织在任何时候都应该重点保护和激励的对象。第二，对于某些不能为组织带来更大效益但又比较重要，或一些日常性又不能外包的业务工作，比如一些重要的岗位或直接与顾客打交道的前台工作，将由一批外聘专家、顾问和临时性工作团队来完成，他们构成了一个比较松散的业务工作层，对这部分人员，组织只需要与他们签订短期或临时性工作合同，不用考虑全面的福利待遇，对变化较大且竞争激烈的一些工作岗位或人员需求甚至可以通过社会中介组织来解决，目前国内一些公司已开始进行这方面的工作。这些公司在需要员工时，不是自己招聘，而是与正规的劳动服务公司签订合同，由劳动服务公司进行招聘，被招聘人员作为劳动服务公司的员工，在接受招聘公司统一业务培训要求后进入公司工作。这些员工的薪资和相应的基本福利由招聘公司直接转给劳动服务公司，劳动服务公司再根据由招聘公司提供的员工绩效和工作表现支付薪资，招聘公司和这些员工之间并不发生直接的经济联系，从而减少了很多不必要的人工成本。也有的学者将其归类为网络结构，即企业将内部横向协调与协作的理念扩展到企业的界限之外，将企业的部分职能分包给其他独立的公司，从一个小型的总部组织协调这些公司的工作。这种网络结构的指导思想就是公司自己集中做自己最好的业务，而将其他业务外包给在那些专门领域有明显优势的公司，从而使公司可以用更少的资源做更多的事情。[3] 当然，在采用这种方式时，一定不能违背《劳动合同法》的相关要求。第三，出于扩大组织品牌优势的考虑，以及对于一些非自身专业优势但又很重要的业务，则可以通过外包的方式解决。企业与这些承接外包业务的公司之间只是纯粹的工作合同关系。在这三个层次中，第一个层次是最重要的，因此是组织资源的重点保护对象。

英国著名管理学家查尔斯·汉迪先生在其《工作与生活的未来》一书中，根据企业经营环境的变化，对组织中人员的来源进行了研究和分析，他的研究印证了我们以上的观点。汉迪先生以三叶草的三片叶子为例，提出了未来的组织将会向"三叶草"组织形式发展。[4]第一片叶子主要指专业核心人员。其组成包括具有相应资质的专业人士、技术人员、管理者等。他们的作用在于，了解组织的需要，具备组织需要的知识、能力和技能，忠诚而不失灵活，不可替代，是组织与其他组织相区别的标志。他们承担组织20%的核心业务，是组织中最忙碌的人。对这类人的管理显然就应该遵循"名利双全"的模式。名包括地位和头衔、被尊重而不是被要求、被当做合伙人而不是被看做下属；利则指待遇优厚，高薪工资高福利。

第二片叶子主要指外包团队。主要由独立专业人士和小公司，包括组织和个人等组成。他们的作用在于能够降低成本，增强组织灵活性。他们的工作特点是专业性强，承担组织80%的非核心业务。对他们的管理和第一片叶子不同，主要是根据结果而不是时间获得报酬，他们收取的是费用而不是工资（计件制），无所谓忠诚度。但如果能够发展紧密的合作伙伴关系，则对组织有积极意义。

第三片叶子是指弹性人力资源。这部分人主要由兼职人员、具备某种技能的临时工作人员等组成。他们的作用在于降低成本，增强组织的灵活性。其工作特点是完成组织正常工作时间以外的工作，忠诚工作和工作团队而不是组织。对他们的管理则是尊重其工作及生活方式的选择，将其视为组织的有机补充，给予培训及相关福利。

综上所述，对于组织的领导者来讲，区分和识别员工，是组织人力资源开发管理工作的需要。组织的领导者必须对此予以高度的重视。

4.3.3　面临的挑战

组织人力资源开发的重点由面向全体员工向主要面向高绩效员工转变的趋势，对于员工来讲是一个巨大的挑战。要正确应对这种挑战，员工就必须对社会资源的市场配置和劳动力队伍的重新组合趋势给予高度的重视和关注，了解掌握能够帮助组织提高竞争优势的能力和方法，通过不断的学习和实践，增强自己的胜任能力和价值创造能力，确立自己的不可替代性。当今世界，随着技术的进步日新月异以及技术优势的差距不断缩短，企业之间的差别和竞争优势越来越体现在员工的技能、敬业精神和才能等方面。任何组织和个人都难以依靠对某种技术的掌握为自身带来持久的竞争优势，组织的核心竞争优势正在逐渐地由技术等"硬件"因素向非技术性的"软件"因素转变。因此，人的能力开发正前所未有地与企业或公司的战略性商业需求紧密结合在一起。无论是组织和个人，要想获得成功，只有通过建立人力资源方面的优势来获得。因为当一切都自动化以后，就不再有人拥有成功地利用自动化带来的优势的技巧和经验。工作场所的胜任度越来越取决于有效率的沟通技巧、团队协作、判断思维、对变化的反应能力等与技术无关的技巧，而这一切都只能来自得到充分开发的劳动力。[5] 在这种情况下，员工是否具备组织现在和未来所需要的知识、能力和技能，就成为自身职业生涯发展最重要的基础条件。

4.4　管理是什么：管理是一门实践

科学规范的管理与创新之间的结合，是人力资源管理观念创新的第四项内容。它主要解决的问题是：科学与最优之间并不能画等号；在考虑科学性的同时，还必须考虑适配性原则；在要求员工遵守规矩的同时，还要能够具备灵活性和创新思维的能力。

首先，我们需要再次审视"管理是什么"这一主题。关于这个问题的谈论已经延续了几十年，再谈这个问题似乎有点多余，其实不然，本书谈论这一问题的目的在于为理解战略性人力资源管理的有关问题打下基础。

4.4.1　管理既是一门科学，也是一门艺术

管理首先是一门科学，因为管理学是一门跨学科的综合性科学，它融合了

社会科学领域的经济学、社会学、心理学、行为学、人类学、政治学、神经学以及自然科学领域的数学、统计学、信息技术、计算机等学科的知识和理论。这些理论构成了管理学的基础。管理学的基本理论来源于实践，又在实践中得到了验证，经过科学的总结、归纳、提炼，管理学得以丰富和提高，形成规律，然后又用于指导实践，因此能更加如实的反映管理工作中的实践和规律，从而具有科学性。讲到规律，国外商学院的培养模式和理念可以为我们提供思想的启迪。芝加哥大学商学院负责在职工商管理硕士（MBA）课程的副院长威廉·W. 科塞尔（William W. Kooser）在谈到如何评判工商管理硕士教育成功的标准时曾经总结了六个方面的原因，其中就强调要培养学生新的思维方式和发现、分析、解决问题的能力。因为未来的商业世界是未知的，工商管理硕士课程要为有经验的管理人员提供机会，学习技能，提高他们分析思维的能力、解决问题及制定决策的能力，帮助他们对今天的商业问题进行评判，帮助他们预测5年、10年甚至20年后将要遇到的问题。这里的预测其实就是建立在规律基础上的判断。[6] 在战略性人力资源管理中，这种科学性主要体现在三个方面：一是表现为人力资源管理的系统性、规范性和制度化表述方面。要达到这一目标，首先组织的人力资源专业人员必须具备较高的专业素质和综合的学科知识，其次是要求具备较强的执行能力和控制能力，最后是通过对人力资源的管理对组织战略提供支持。二是要善于利用各类学科的研究成果为人力资源管理实践服务。三是通过总结企业人力资源管理的规律，以指导企业的人力资源管理实践。

其次，管理是一种艺术。①管理之所以是艺术，因为管理的主体是人，而人是一个有思想、有性格、有不同的价值取向和不同生活方式的复杂的生物个体。要使组织的使命、宗旨、目标在这些不同的个体之间达成共识，就需要沟通，沟通本身就是一门艺术。管理沟通的目的要求组织中的各类人员在经营管理工作中能够灵活运用各种知识和技能来获得成功。特别是对管理者来讲，管理方法的艺术性非常重要。而且管理的层级越高，管理的艺术性要求也越高。在战略性人力资源管理中，艺术性主要体现在各级管理者要成为沟通的专家，随时了解组织中不同特点员工的想法和思想动态；善于灵活运用组织的激励和约束机制的行家里手，通过激励高绩效员工和鞭策绩效不佳的员工，完成组织的目标；善于发现绩效不佳的原因，找出解决的办法。②在战略性人力资源管理中，管理的艺术性还体现在思维方式的改变和灵活性要求。比如，神经学的研究成果认为，一个人的性格是很难改变的。而性格和一个人的优点和不足又是密切相关的。（参见专栏4-3）因此，当我们在评价和使用我们下属的时候，就不要求全责备，而要求大同，存小异。首先发挥其优势，而不是弥补缺陷。因为一个人的优势和不足总是相对的，即总是与其他的人相比较而存在的。当一个人把自身的优势发挥到极致的时候，就意味着他（她）已经战胜了竞争对手。管理的艺术性告诉我们，思维方式是非常重要的。

4.4.2 管理是一门政治，也是一种感觉

管理是科学，除了科学和艺术的内涵，管理还是一门政治。政治需要平衡，同样，管理也需要平衡。现实工作中，组织的某些决策在一定程度上是组织内部不同部门或不同利益群体之间妥协的结果，特别是在利益分配等重要问题上尤其如此。管理需要平衡的观点，同样受到中国传统文化的影响。中国的传统文化特别强调平等的观念，如《易传·象传》在解释第13卦"谦卦"时讲："地中有山，谦；君子以裒多益寡，称物平施。""裒"的意思是"取，拿走"。"称"的意思是"权衡，平衡"。"裒多益寡，称物平施"这8个字代表了《周易》的公平原则，意思就是要平等。老子讲："天之道，其犹张弓欤？高者抑之，下者举之，有馀者损之，不足者补之。天之道，损有馀而补不足。"（《道德经》七十七章）意思就是说，一个人、一个团体不要占了太多的利益而一毛不拔，那样是要遭报应的。都是同一个道理。

再来看儒家的观点。儒家社会理论的重点是要在人间建立和谐的社会秩序。什么是和谐？封建社会的和谐就是讲伦理，君臣、父子、夫妻、兄弟、朋友这"五伦"，各守其位，各谋其政，不能逾越。现代社会的和谐就是大家的利益都能够得到保障，彼此间没有太大的差别。现在政府下大力气要解决的"三农"问题，就是要解决城乡的差别。改革开放前30年城市得到了发展，现在农村也必须得到发展，否则就会出问题。同样，在企业的绩效考评中，如果一个部门、一个员工年年都是先进，可能就很难做到和谐。因此，风水轮流转，大家都有

份。很多企业的领导者和管理者很头疼这种事，觉得这是吃"大锅饭"。其实没有什么可以责备的。在任何一个组织当中，除了销售等为数不多的绩效完全可以量化的岗位外，大多数岗位的业绩水平都很难完全难量化。而且由于分工的缘故，每个人的工作结果都必须依赖于他人的协作。在这种情况下，很难说哪一个人的工作结果更重要。因此，"风水轮流转"就成为一种合适的选择。所以，绩效评价中的"风水轮流转"的现象，绝对不是可以用吃"大锅饭"就能够解释清楚的，而且也很难讲这究竟是我们文化中的精华还是糟粕？说了这么多，还是那句话，管理是政治，政治需要平衡，需要妥协。要取得妥协，就需要技巧，因此管理者需要有一定的政治头脑。在战略性人力资源管理中，这种平衡一方面表现为组织的全局观，凡事要考虑和照顾到大多数人都利益；另一方面，作为领导者和管理者，领导和管理的技巧很重要，尤其是平衡利害关系，这样组织才能够凝聚人心，具备达成其目标的基本条件。当然，管理是政治，也与组织中的人际关系和公司政治行为有关。也就是说，有的时候，组织的决策依据并不是科学合理的标准，而是相关利益群体和个人的利益平衡。组织中的每一个人都应当明白，正确处理人际关系对个人发展的重要性。从现阶段的分配原则来看，我们实行的是"各尽所能，按劳分配"的原则，但这一原则是我们现阶段追求的终极目标，要完全达到这个境界，还有很长的路要走。越来越多的证据显示，人际关系而不是能力和业绩水平在很大程度上影响着组织的人事决策，包括分配决策。因此，了解积极地、正面地政治技巧对于组织和个人的发展来讲都是一个重要的武器。

　　管理还是一种感觉或者是直觉，这是因为管理本身就是一种探索。事物总是在发展变化，当原有的规律不能反映这种变化时，管理就需要创新。在现实生活中，我们有的时候的确是在凭感觉做事，特别是在那些没有先例可循的情况下尤其如此，其实这就是某种意义上的创新。所谓"摸着石头过河"，讲的就是这个道理。企业做事也是如此，有的决策就是靠的直觉。这种直觉绝非盲目行动，而是基于自身的阅历、经验以及对所在产业、行业竞争态势的了解。在人力资源管理中，很多时候也需要这种直觉的判断。当原有的制度规范不能反映组织和员工的需求时，就需要对制度进行调整或改进。这种感觉主要体现在管理者对不同员工的识别判断等方面，特别是在对动机、态度、价值观、责任感、事业心等要素的判断方面，管理者的感觉是至关重要的。这种感觉也并不是完全主观的判断，而是来自于对组织人力资源管理实践的了解。就如同企业的决策者在拍板是否上一个项目时一样，很多时候决策的依据并不是一份份的报告或文件，而是建立在长期实践积累的感觉基础之上的。

管理是一门科学，但绝不可能成为一门精确的科学。正如德鲁克先生所说：我们虽然可以系统化地将管理者的工作进行分析和分类，使管理工作具备专业特点和科学性。管理一家企业绝非但凭直觉或天赋就能胜任，管理的要素和要求是可以进行分析的，是能够予以系统地组织的，是能够被任何具有正常天资的人所学会的。然而，最终检验管理的是企业的绩效。唯一能证明这一点的是成就而不是知识。因此，管理是一种实践而不是一门科学或一门专业，虽然它包含这两方面的因素。[7]8 管理的科学性体现的是规律，而管理实践的特点则是不断的总结规律。

4.4.3　管理与创新并不矛盾

在谈到管理时，有几个基本问题是非常重要的，首先，高效的组织是与科学、规范的管理联系在一起的。因为组织是一个复杂的、要求特定运转速度和运转质量的庞大的系统，客观上需要科学的规范和管理。而这种规范的管理在很大程度上是通过组织的规章制度来体现和落实的。其次，科学与最优之间并不能够画等号，这主要是指组织在进行工作、绩效、薪酬等体系设计时采用什么方法的问题。由于企业之间的特殊性，不存在一个适合所有企业的方法或系统。一些科学、前沿和流行的方法、技术，并不一定有普遍的适应性。企业在采用这些方法、技术前一定要考虑自身的实际情况，要注意科学性与适配性的结合，理论与实践的结合。最后，制度和创新永远是一对矛盾，组织需要制度来规范，同时也需要创新促发展。对于管理者和员工来讲，如何在适应中做到创新，既能适应和遵守规范，又能超越部门、职能、专业的界限随时出现在组织需要出现的地方，的确是应该引起我们重视的。在专栏 2 - 1 中，美国西南航空公司正是这样做的。比如，通过航班飞行人员和空中服务人员在清扫客舱以及给养补充方面所提供的协助，西南航空公司能够将乘客转机的时间保持在行业最低的 15 分钟。按照严格的组织规范，航班飞行人员并无清扫客舱和给养补充方面的职责，他们之所有能够这样做，关键在于公司的战略、文化和人力资源管理实践把公司和个人的目标紧密地结合在一起，并在此基础上通过公司员工的自觉行动达成目标。

4.5 社会公平并不等于与组织公平：公平是一种感觉

正确看待"公开、公平、公正"，是人力资源管理观念创新的第五项内容，它关心的是组织公平与社会公平的区别，要解决的问题是：世界上从来没有绝对的"公平"，千万不要把社会公平等同于组织公平。因此，领导者和管理者要当机立断，组织成员应调整心态。

4.5.1 组织公平是一个相对的概念

"公开、公平、公正"是我们一直努力奋斗、孜孜不倦追求的目标，并成为很多企业实行民主管理的标准。但任何事物都是相对的。"公开、公平、公正"与"民主管理"也同样如此。有的企业采用这种方式获得了成功，而一些采用"权威管理"的企业同样也获得了成功，关键还是企业的总体素质、基础和文化在起作用，一定要看具体环境和条件，千万不可盲从。正如"权威与自治是相对的东西"的论断一样，"公开、公平、公正"也只是一个相对的概念。在这个世界上并不存在绝对的公开、公平和公正，而且社会公平和民主原则并不总是适用于组织。民主管理也需要有一个认识过程和发展阶段，这个过程的基础就是"权威管理"。更重要的是，企业的公平、公正、民主，更多的是体现在过程上和程序上，而不体现在实质上。本书第一章 1.1.1 在讨论人力资源管理各职能间关系时所分析的那个案例，能够帮助我们理解这个问题。当从事财务出纳的张三的主管告诉他说，你也可以去竞聘财务管理岗位的时候，其实这位主管心里真实的想法是：我就给你这个机会，反正你都不行。为什么明明知道张三不行，仍然要他去竞聘？因为你给了他这个机会，他就没话可讲了。这就是过程公平或程序公平。反过来，如果不给他竞聘的机会，他就始终会认为他得到了不公平的待遇。

其实很多人心里都很清楚，企业的某些制度（如决策程序、薪酬体系等）不是必须要公开的，企业中的员工也不可能都能够受到公平的待遇。待遇本身是与工作或岗位价值以及任职者是否具备胜任能力紧密联系在一起的。比如，在实行以工作为基础的薪资制度下，一个人可能在某方面具有较强的能力，但如果这种能力与工作岗位本身关系不大，那么他（她）的薪资标准可能也就不高，因为企业给付薪资的依据是岗位胜任能力。如果该员工据此认为自己受到了不公平的待遇，那显然是一种误解。如果该员工希望得到与自己能力相对应的待遇，那么就只有两条路，要么培养和提高自己在现职岗位上的胜任能力，要么调换一个与自己能力适应的工作或者岗位。最后还要强调的是，由于公司政治的存在和人际关系的影响，员工的报酬在很大程度上也并不都是由其工作表现和工作业绩决定的，按劳分配、多劳多得还只是一种我们仍然在努力追求的目标。1997 年 3 月美国《华尔街周刊》发过这样一项报道：经理们仍然倾向于雇佣和提拔那些能够与之相处和谐的人，即那些聪明的、懂得政治的人。一项对 1880 名行政管理人员的调查表明：职场政治而非工作表现影响公司人事方面的决定。[8] 尽管这些现象被认为是商界最令人头疼的事情，但客观事实就是如此。企业本身就是一个复杂的社会系统，人际关系和公司政治就是这种复杂性的具体体现，对这些恼人的事情大可不必反映过度，而应随时保持和强调以一种复杂性的观点来看待我们身边已经发生或可能发生的事情。其次，员工的评价、加薪、晋升、培训、开发等个人职业发展，都需要征求和平衡各方面的意见，其中，上级和同事的意见往往会成为影响个人职业发展最重要的因素，这反映了人际关系对个人职业发展的影响。以上两个方面尤其应该引起那些技术出身或不善与人交往的职业人士的高度关注。

公平从来都是一个相对的概念。《易经》第 11 卦"泰卦"有一句著名的爻辞："无平不陂，无往不复。"意思是：这个世界上根本就没有绝对的平，所有的平其实都不平。任何一条道路都不可能绝对的笔直和平坦。这就是无平不陂。

世上也无一去不复返的路，有来就有往，有去就有回。早上出门上班或者出差，工作结束后还是得回家。这就是无往不复。自然界的道理是这样，管理的道理也是这样。拿员工来讲，可能都是好员工，但待遇却并不会完全相同。这是由于任何组织都面临着资源的限制。当组织在抉择时，必然要在员工的贡献和利益之间进行平衡。就像本节 4.4.2 中讲的那样，当"风水轮流转"的时候，也就意味着有的人该得到的荣誉但没有得到，不该得到荣誉的人却得到了。这公平吗？不公平。但这种不公平却有其合理性，尤其是在传统文化的影响下，人们往往习惯了接受这种结果。

我们国家过去几十年的宣传都是"工人阶级当家做主"，"干部是人民的公仆"，但很多时候都被片面的理解。当企业要改制，公仆要主人下岗时，人们都难以接受，为什么是主人下岗？传统的观念起了反作用。因此，不分具体情况的宣传和导向，只会给企业的人力资源管理等方面的工作带来消极的影响。

4.5.2　正确理解和处理"民主管理"与"权威管理"的关系

在"民主管理"与"权威管理"的问题上，需要注意和把握四个方面的问题：一是要认真把握二者之间的关系，二是要把握社会原则与组织原则的差别，三是要把握"公平"的标准，四是企业决策过程中对"权威管理"的要求。

第一，在企业的经营管理中，"权威管理"是非常必要的。没有"权威管理"，就没有"民主管理"。只有通过规范化的管理，使组织成员认识和了解组织期望的正确的行为准则和绩效标准，才能够上升到"民主管理"。因此，"权威管理"是"民主管理"的基础。企业不是慈善机构，而是一个讲求投入产出关系的经济实体，它关注的是效率和效益。而效率和效益是建立在企业内部相关的权力等级层次、责任、任务和目标基础之上的。由于权利等级层次、责任和任务及目标的不同，必然带来地位、报酬等方面的差异，从而形成了事实上的不平等。而且由于人与人之间的知识、能力和技能是不同的，这些方面的差异必然带来企业内部分工的差异，由于分工不同，必然会产生薪酬水平的差异。这本身就是一种公平或平等的安排。在人力资源管理中，这种关系主要是通过组织结构设计、岗位描述、任职资格和职务评价等制度环节来体现的。

　　第二，社会公平原则并不总是适用于组织，不能够把社会公平原则原封不动的套用到组织中，因为"那些公正、公平和公开的原则，那些支持大众信念的原则并不总是适用于组织行为。"[9]一个最好的例子就是，根据《中华人民共和国义务教育法》的规定，所有适龄儿童都有享受义务教育的权利，这是一个社会公平原则。但如果把这一原则应用于企业，认为所有员工都有得到类似工商管理硕士课程的培训和开发的权利，可能就会出问题。因为对于组织来讲，有限的资源条件决定了它所关注的主要对象是那些能够创造高效益的核心员工。

　　第三，现实的工作和生活经验告诉我们，每一个人都是根据自己所看到、听到或掌握的信息来判断自己是否受到了公平的待遇。因此，管理者需要认识到，员工是根据知觉而不是客观现实来做出反应。[10]361由于个人在组织中地位、权利、工作性质和范围等方面的不同，决定了每个人所看到、听到或掌握的信息，可能只是某一事件的一个部分，因此，这种判断的标准在很大程度上受到个人主观因素的影响。每一个人都有自己的关于公平的理解和要求，而企业的性质决定了企业的稳妥运行和可持续发展是建立在统一有序而非个人要求基础上的。企业要面对的是一个"相关利益群体"的利益，而不是某一个群体的利益；在企业内部，是对企业中的所有员工负责，而不是对某一个员工负责。这就决定了企业的决策和相关的制度规范要求。

　　第四，企业的决策管理需要"权威"与"民主"并重。随着市场竞争的日益加剧，企业必须具有极强和极快的应变能力，因此在很多情况下，企业决策的制定和实施需要权威而非民主，要通过不民主去促进和推动民主。当年业界普遍质疑惠普兼并康柏的作用时，时任首席执行官的卡莉·菲奥莉娜就指出，这宗合并的最大危险并不在于策略，而是在于执行。为保证执行的成功，就只有两条路选择：即"Adopt & Go"（要么执行，要么走人）。

　　在很多情况下，过多地考虑"公开、公平、公正"，反而会降低工作的效率。在专栏4-2中，中共江苏省宿迁市委书记仇和8年来一直以激进的手段推进改革，如果这些改革都要在"公开、公平、公正"的条件下进行，恐怕那些令人振奋的经济指标到现在也不能实现。当然，企业的管理与"公开、公平、公正"并不矛盾，二者之间存在非常密切的关系。企业仍然要尽可能地为员工创造一个"三公"的环境，但要注意相对性，要因地、因时、因人，特别是要注意对企业中的高绩效员工，他们才是"公开、公平、公正"的主要对象。企业的管理者要善于观察和引导员工的思想和行为，比如前面谈到的知觉问题，尽管管理者对员工的评估事实上是比较客观公正的，组织提供的薪酬在同行中也具有竞争性，但这些都不能与员工的知觉或感觉相提并论。因此，管理者的信息反馈、沟通、引导就显得尤为重要。而对员工来讲，也需要通过对公平观点的理解和认识，了解企业的运作，调整自己的心态和知觉，适应企业的要求。

以上观点同样得到了相关研究和文献的支持。我国著名社会学家费孝通先生在其《乡土中国》一书中，在论述社会分工和个人自由的关系时讲到：社会分工的结果每个人都不能"不求人"而生活。分工对于每个人都有利的，因为这是经济的基础，人可以以较少劳动得到较多收获；劳动是需要成本的，是痛苦的，人依靠分工，减轻了生活负担，增加了享受。享受固然是人所乐从的，但贪了这种便宜，每个人就不能自足了。不能独善其身，不能不管"闲事"，因为如果别人不好好地安于其位地做他所分的工作，就会影响自己的生活。这时，为了自己，不能不干涉人家了。同样的，自己如果不尽其分，也会影响人家，受着人家的干涉。这样就发生了权利和义务，从干涉别人一方面说是权力，从自己接受人家的干涉一方面说是义务。各人有维持各人的工作，维持各人可以互相监督的责任。没有人可以"任意"依自己高兴去做自己想做的事，而得遵守着大家同意分配的工作。可是这有什么保障呢？如果有人不遵守怎么办呢？这里发生共同授予的权力了。这种权力的基础是社会契约，是同意。社会分工愈复杂，这种权力也愈扩大。如果不愿意受这种权力的限制，只有回到"不求人"的境界里去做鲁滨孙，那才是真正的顶天立地。[11] 显然，现实世界里是没有鲁滨孙和鲁滨孙生活的环境的。这种建立在社会契约基础上的权力，在组织中的表现就是以制度为载体的权威。英国著名管理学家查尔斯·汉迪在谈到民主和自由时也指出：基于专家权利的、通过说服来施加影响力的方式，和当今时代所流行的"每个人都拥有一些基本权利"、"社会是一个契约体系"、"在任何情况下，每个人都有说'不'的权利"这些思想是一致的，和当前不断提高的教育标准，以及当代妇女社会地位的改变——不再被看做"女人"而是被看做和男人一样的"人",也是一致的。这会导致下属更倾向于那种宽松的管理模式,即减少对下属的控制,给他们更多拒绝影响的权利和自由。但是这种影响力模式显然不适合目前不断出现的大企业,不适合组织对大部分的经理人提出的任务要求,不管是在当今的还是未来的组织之中。[12]147其中很有意思的是有关"女人"的那句话,当它出自于一个强调公平、民主和男女平等的资本主义国家的著名管理学者的口中,不能不让我们深思。其实这句话和我们中国人讲的"妇女能顶半边天"是一个意思。它强调的不是男尊女卑,而是男女分工。《易传·象传》在解释第37卦"家人卦"时讲:"女正位乎内,男正位乎外。男女正,天地之大义也。…家道正。正家而天下定矣。"这句话讲的也是男女分工。男女平等并不一定要体现为男女都一样,男人干的事女人也要干,如果那样理解,就太狭隘了。由于生理特征、力量等诸多因素的差异,男人和女人比较少有差别的。不能要求女人一定要干适合男人做的工作。即使女人要干和男人一样的事情,那也是有差别的。就像田径比赛,男子是 110 米高栏,而女子则是低栏。如果要让女子跑高栏,才能显示平等,显然是不恰当的。田径比赛看重的就是力量和速度。所以在比赛中,男子的 110 米高栏显然比女子的低栏更吸引人,奖金的发放也有差异。这种事实上的不平等的确存在,但却是男女分工的必然结果。反之,男人也不能干女人擅长的工作,比如体操队平衡木,就是女人的项目,如果让男人去训练这个项目,一定不能表现出这个项目所要求的柔顺和优美。不仅商业社会需要分工,人与人之间也需要分工。只要存在分工,不平等的现象就存在。只要这种不平等那个控制在社会能够接受的范围内,那就是合理的。

由此可见,纯粹的民主是不存在的,因为它只能是隐士的津贴。

专栏 4 -2 最富争议的市委书记

中共江苏省宿迁市委书记仇和,8 年来一直强力推进改革。他的施政历程,交织着他的个性特点、现实的政治体制和中西方文化的影响。在他的 4 年任期中,搞了几项大规模的改革,这些改革无不贯穿"用人治推动法治,用不民主推动民主"的施政理念。2002 年，为了发展经济，招商引资，宿迁推行 1/3 干部离岗招商、1/3 干部轮岗创业，副处级干部的任务是 500 万元/年，完不成任务的干部，所在部门一把手免职。为了解决修路费用问题，发动"全民战争"修路，每个财政供养人员扣除工资总额 10%，每个农民出 8 个义务工，组成修路队，在高峰时，扣款达到 20%，甚至离退休人员的工资，也被扣除 10% 用作交通建设。3 年后的沭阳创造了一个奇迹：黑色路 424 千米、水泥路 156 千米、砂石路 1680 千米，分别是 1996 年年底的 9 倍、11 倍和 8.5 倍，一跃成为苏北交通最好的县，以致江苏省的一位省领导感慨：按常规方式，50 年也办不了。此外，他还强力推行小城镇建设，仇和当时决策进行大规模建设，更大的一个背景是基于经济测算：1997—1999 年，全国物价低迷，沭阳城每平方米建筑成本仅 400 多元，乡镇仅为 250 元。正是这一点，后来为他赢得了民心：沭阳城的房产价格现在涨到了 900 元/平方米，乡镇则涨到了 300 多元。强迫农民栽杨树等。现在杨树却成了他们最大的财产，宿迁现在办起了 2300 多家木材厂，一个产业已经形成。仇和主政沭阳 4 年零 20 天，到 2001 年，这个全省最贫困的县，国内生产总值增长 2.17 倍、财政收入增长 2.25 倍，在全省排名分别提升了 13 位和 6 位，职工平均工资、农民人均纯收入两项分别提升了 21 位和 9 位，GDP 增长率全省第二，位次提升幅度全省第一。2006 年 1 月 20 日，江苏省人大十届四次会议闭幕，47 岁的中共宿迁市委书记仇和以 541 张的高票，当选为江苏省人民政府副省长。

资料来源：根据《最富争议的市委书记》，《为什么是宿迁，为什么是仇和》，《南方周末》，2004 年 2 月 5 日；仲伟志"吕日周：必须保护仇和"，《经济观察报》2006 年 2 月 20 日等资料汇总。

4.6 "一分为二"还是"一分为三"：如何评价和使用自己的下属

人力资源管理观念创新的第六项内容是关于领导者和管理者应当如何评价和使用自己的下属，它主要关心的是如何调动员工的积极性，要解决的问题是：

人无完人，应当正确认识下属存在的问题；正确和错误可以兼具，"黑"与"白"之间有无数种"灰"。

4.6.1 人的"二重性"

大多数人都是具有两重性的。正式场合下人们往往字斟句酌，非正式场合则牢骚满腹；上班时不苟言笑，下班后则嬉笑怒骂；舞台上字腔正圆，卸装后则疲惫不堪，精神全无。如此种种，表明人们在不同的情景下，其状态也是不尽相同的。之所以会出现这种情况，大多都是基于竞争和自身职业发展或防范等目的所致。此外，公司文化也可能导致"二重性"。人的这种"二重性"还以另外一种形式表现出来，比如，一个优点特别突出的人，其缺点可能也特别突出。这种人在组织中并不少见，有的还是业务骨干。对他们的认识和评价，不仅关系到其积极性的发挥，更关系到组织的效率和他们对组织的贡献，因此必须慎重对待。中国有句成语，叫做"金无足赤，人无完人"，真正的纯金实际上是很少见的，现实社会中也没有十全十美的人。既然如此，理解和宽容可能是最重要的。只有在这个基础上，才能够把不同性格、不同爱好的人聚集起来，共同完成组织的目标。

4.6.2 评价和使用方式的差异

人既然有两重性，评价方式就应该因人而异，具体讲，就是不要"一分为二"，而要"一分为三"。这里讲的"一分为二"或"一分为三"不是哲学或辩证法的概念，而是涉及如何认识和评价员工的问题。由于文化对管理者的行为具有影响和制约作用，因此对组织来讲，管理者对下属的评价方式和标准就非常重要。当管理者用"一分为二"的观点评价下属时，通常的表达方式是："你有很多优点，但不要骄傲，你缺点也不少。"当下属听到第一句话"你有很多优点"时，还没来得及高兴，第二句话"但不要骄傲，你缺点也不少"又给对方当头一棒。这是典型的"一分为二"的表达方式和评价式语言。这种方式不仅不能取得好的效果，反而会适得其反。如果这种方式成为一种惯性思维，并以此为标准来分析和评价员工的时候，往往就会形成或产生"非此即彼"或"非黑即白"的印象。这就如同绩效考评中的"光环效应"和"角误差"一样，不仅会抹杀员工的业绩，而且会导致组织绩效管理系统的失效和员工的反感。

我们说文化对管理者的行为具有制约和影响，意思是说管理者说话做事，其行为方式应当符合中国文化的传统和特点。中国文化非常重视包容性，什么叫包容？包容就是"和"，就是"求大同，存小异"。这种包容性的内涵不是"一分为二"，而是"一分为三"。包容是中华文化的一个重要特征，儒、释、道三教合一就是一个典型的例子。在北京故宫博物院，藏有一幅明朝成化帝宪宗朱见深登基不久绘制的《一团和气图》，虽然该画是否是朱见深所做还有不同观点，但从朱见深所做该画的题跋看，他与此图的关系非常密切。《一团和气图》取自于历史上有名的"虎溪三笑"的故事，该图构思独特巧妙，粗看似一笑面弥勒盘腿而坐，细看却是三人合一，在佛的左耳处和右耳处，分别有一着道冠的老者面左侧坐和一戴方巾的儒士面右侧坐。此二人团膝相接，侧脸微笑相对，手各持经卷一端。中间是佛教中人，其手搭两人肩上，面部被遮，只露出光头，一手轻捻佛珠。史载这三人分别是慧远大师，道士陆修静和儒门之秀陶渊明，也有说是佛印、苏东坡与黄庭坚。朱见深所做该画的题跋中说，晋朝高僧慧远，居住庐山东林寺，三十余年，送客不过虎溪。一日，陶渊明与道士陆修静来访，临行时慧远相送，不知不觉间送过了虎溪，引起虎啸声声，三人相视大笑，世传为"虎溪三笑"。此画意在合三人为一体，"蔼一团之和气"，精妙绝伦。《一团和气图》虽然主要表现的是统治者对全国上下、朝廷内外安定团结的良苦用心与殷切期待，但同时也体现了中华文化包容和谐的核心价值观。再以佛教圣地少林寺为例，寺内千佛殿西侧是道教色彩浓厚的地藏殿，殿内南北两面供十大阎罗王神位，后壁绘制有浓厚儒教色彩的《二十四孝图》。钟楼前有嘉靖四十四年（1565年）明瘤之子朱载清所立的《混元三教九流图赞》碑，图的上部刻有《混元三教九流图》，画面分别是佛祖释迦牟尼、孔子、老子的合体像。从正面看，中间秃顶、须髯的是佛祖类人物，代表佛家（释）；左面是头挽高髻的老子侧面像，代表道家；右面则是头戴儒巾的孔子侧面像，代表儒家。三教圣人的五官均为共用，珠联璧合，天衣无缝，准确表达了三教一体的深刻含义。不论是《一团和气图》，还是《混元三教九流图》，其特点都是"一分为三"或

"三人合一"。正是因为中华文化的这种包容性，构成中华民族生存发展的基因，使得中华文明得以维持和延续了几千年。这种文化的基因对于我们今天从事管理工作仍然具有十分重要和现实的意义。

讨论应该"一分为二"还是"一分为三"来评价和使用下属这个问题，是基于这样一个假设：人的性格能不能够改变？如果人的性格能够改变，这个问题就很简单，我们每一个人都能够成为一个完美的人。但事实不是这样。专栏4-3中神经学的研究成果告诉我们，一个人在10几岁以后，要改变自己是非常困难的。既然如此，组织及其管理者就不应把有限的资源和精力放在改正下属的不足上面，而应该首先发挥他们的优势。关于这个问题，管理学大师彼得·德鲁克有很多精彩的论述。他指出：在改进弱点上，我们要尽可能少浪费精力。精力应该集中在具有较高能力和技能的领域。从根本不具有能力提高到中等偏下的水平所需的时间，要比从第一流的绩效提升到优秀所需的时间多得多。可是，大多数人、大多数教师和组织都试图集中全部精力让一无是处的人达到中等偏下的水平。我们应该集中所有的能量、资源和时间帮助一个能干的人成为最优秀的人。[13]148-149在论述卓有成效的管理者应该如何用人所长时，他明确指出，任何人都必定有很多缺点和短处，而缺点和短处几乎是不可能改变的。但是我们却可以设法使其不发生作用。管理者的任务，就是要充分运用每一个人的长处，共同完成任务。才干越高的人，其缺点也往往越多。为此，他提出了四个原则，一是不要将职位设计成只有上帝才能胜任，因为职位必须由人来担任，是人都可能犯错。卓有成效的管理者应当将自己管辖的职位设计得合情合理。二是职位的要求要严，而涵盖要广。三是先考虑某人能做什么，而不是先考虑职位的要求是什么。四是在用人之长的同时，必须容忍人之所短。[14]72-88综上所述，作为管理者，当发现我们的下属优点很突出，缺点也很突出时，应该怎么办？这时我们的思路就不会是：改正你的缺点，这样你就完美了。而是从"一分为三"的观念出发，这时通常的表达方式是：你有很多优点，但如果你能够将你的优势充分发挥出来，你会取得更大的进步。这种表达方式采用的是描述性语言，没有涉及对方的不足，给对方留足了面子。由于这种方式体现了上级的帮助和关心，因而更容易使下属接受建议。当我们能够这样考虑问题时，就可以理解"正确与错误可以兼具，黑白之间有无数种灰"的道理，就会关注一种标准的中间和模糊状态以及标准之间的过渡，同时也就意味着要包容自己身边的人。

专栏4-3　人的性格是可以改变的吗？

你有多少可以改变？如果你讨厌见生人，你会学会以打开僵局为乐吗？如果你不愿争论，你会变得喜欢舌战群雄吗？如果登台会让你出汗，你会欣然接受公开演讲的挑战吗？一句话，人可以培养新的才干吗？

许多经理与公司都认为答案是肯定的。他们怀着美好的愿望，告诉员工们，每个人的潜力都是一样的。他们鼓励员工们解放思想，努力学习新的行为方式。为了帮助员工们晋升得更快，他们送员工们上各种培训班，学习各种新的行为，比如善解人意，力排众议，建立关系网，创新以及战略性思维，等等。在他们眼里，一个员工最宝贵的优点之一，就是愿意通过学习和自律来改变自己。

可是世界上最优秀的经理们并不这么看。他们认为，人是不会改变的。不要为填补空缺而枉费心机。而应多多发挥现有优势，做到这一点已经不容易了。

他们认为一个人的才干，即他的精神"过滤器"，就是"现有优势"。无论"微笑学校"如何培训，都不可能把一个见到陌生人就紧张的人转变为见面就熟。一个人如果越生气就越语无伦次，那么，无论他怎么努力，都不可能在辩论中出类拔萃。一个决心与对手一决雌雄的人无论怎样理解双赢的价值，都不会喜爱这种结局的。

一个人的精神"过滤器"就像他的指纹一样持久而独特。这是一种激进的理论，与风行数十年的自力更生的神话格格不入。但近十年神经科学的进展却证实了这些优秀经理们信奉已久的观点。

1990年，美国国会与总统宣布90年代为大脑年代。他们授权拨款，资助各种学术会议，尽其所能地帮助科学界探索人脑的奥秘。这种支持加快了工业界、学术界及科研机构在这方面的进展。美国前国家精神卫生研究院院长刘易斯·L.贾德声称："神经科学进展神速。我们目前掌握的有关人脑的知识，有90%

是近十年获得的。"过去，我们只能通过病人的行为来了解人脑的活动，而现在，正电子发射层描术（PET）与核磁共振成像技术（MRI）可以真实地让科学家看到大脑是怎样工作的。在这些高科技手段的帮助下，我们在科学探索上迈进了一大步。我们看到，精神疾病与其他身体疾病一样是生理疾病。我们看到，为什么神经介质多巴胺（neurotransmitter dopamine）可以让我们冷静，而复合胺（serotonin）能使我们兴奋。我们看到，与常规想法相反，我们的记忆不是集中贮藏在大脑的某个地方，而是作为线索散落在大脑网络的每条干道和小胡同里。我们也了解了大脑是如何生长的。照这个速度，不出几年，我们的知识就会成倍激增。

比如，一个初生的婴儿脑中有 1000 亿个神经元（neuron），他的大脑细胞比银河系的星星还多。这些细胞在孩子的一生中有规律地再生与死亡。不过它们的数量基本不变。这些神经细胞不是思想，而是思想的原材料。孩子的思想存在于这些神经细胞之间，在这些细胞的相互联系中，在突触（synapses）中。在孩子最初的十五年中，突触之间如何连接决定了他的独特的心路历程。

从婴儿出生之日起，他的思想就开始积极而活跃地伸向外界。从大脑的中心开始，每一个神经元都向外发出成千上万的信号。它们试图与其他伙伴对话、交流，建立联系。想象一下，一个人同时与世界上 15 万人建立联系，你就会明白这个年轻生命的思想世界是多么宏伟、复杂和充满活力。

在孩子三岁时，成功联接的数目就已大得惊人了——在 1000 亿个神经元中，每个神经元各自建立了 15 万个突触的联接。

不过这太多了。他的大脑里塞满了五花八门的信息，负担未免太重。他必须用自己的方式对这些信息进行整理和理解。所以在后来的大约十年中，他的大脑开始整合它的突触联接网。牢固的连接得以增强，而薄弱的联接逐渐消亡。韦恩州立大学医学院的教授哈里·丘甘尼博士教授把这个筛选的过程比作一个公路体系："常走的路越走越宽，不走的路渐渐荒芜。"

科学家们仍在争论是什么原因使某些精神"公路"比其他"公路"用得更频繁。一些人认为孩子的遗传基因先天地决定他会选择哪些精神路径；另一些人则认为后天的养育会决定在达尔文式的筛选过程中不同路径的去留。这些观点并不互相排斥。不过无论是偏向先天遗传还是后天遗传影响，大家对筛选结果的看法基本相同。

当孩子十几岁时，他的突触联接只有三岁时的一半了。他的大脑已经开辟出一个与众不同的联接网络。这里有几条平坦宽阔的四车道高速公路，其联接牢固而通畅；也有拒绝一切信号出入的荒原。

如果他获得一条体谅的四车道高速路，他就会设身处地体会到周围人的所有情感。相反，如果他在体谅方面是一片荒原，他就会成为感情上的盲人，永远在错误的时间对错误的对象说错话。这不是因为他有恶意，而是因为他不能准确接收外界信息。同样，如果他获得一条争辩的"高速路"，他就会在激烈的辩论中，左右逢源，妙语连珠。而如果他在争辩方面是一片荒原，他会发现在辩论的关键时刻，他的大脑总会令他张口结舌。

这些精神路径就是他的"过滤器"。它们生成了使他不同于别人的贯穿始终的行为方式。它们告诉他，对什么信号该注意，什么可以不理睬。它们决定他在哪些领域会出类拔萃，在哪些领域会苦苦挣扎。它们制造了他所有的热情和冷漠。

这些路径的建造过程就是他的性格塑造过程。神经学告诉我们，一个人十几岁以后，要改变性格，是十分有限的。

当然这并不是说他不可以改变。他可以学习新技能和新知识。他可以改变他的价值观，他可以培养更强烈的自我意识和增强自我规范的能力。并且，如果他在处理争端方面是一片荒原，那么通过足够的训练，辅导和鼓励，他也许会在帮助下开辟一条小径，使得他至少能够应付争论。但是，就精神路径而言，无论怎样的培训，辅导和鼓励都不能将他的荒原变成通畅无阻的四车道高速路。

神经科学证明了优秀经理的直觉。一个人的"过滤器"及其所生成的贯穿始终的行为方式是持久的。在许多重要的方面他都是永远而神奇地与众不同。

你也是这样。当然，你的员工也都如此。

（资料来源：马库斯·白金汉，柯特·科夫曼《首先，打破一切常规》第 99 - 102 页，中国青年出版社，2002 年 5 月。）

4.6.3 确立原则

综上所述，当组织中有人因某方面的缺陷而招致责难时，这时对管理者来讲最重要的是做出冷静的判断。中国有句古话，叫"求大同，存小异"，组织中的每个人都是不同的，不同的性格特征、不同的爱好、不同的价值观、不同的知识结构和能力、技能水平，组织要做的工作就是把这些具有特定而又是组织需要的能力的人有机地组合起来，以达到组织的目标。专栏4-2中的中共江苏省宿迁市委书记仇和，曾因改革而被多次曝光，对他的评价也大相径庭，有人说他是酷吏，有人认他如青天；有人说他大搞政绩工程，有人认为他颠覆了传统经济发展的思路；有人怒斥他"简直是胡闹"，有人鼓励他"大胆地试"。针对这些不同的评价，仇和就曾提出这样的问题："中国的评判标准总是二元化，不是对，就是错，不是好人，就是坏人，有没有一个模糊点的?"仇和的提问反映了对人们惯常思维模式的质疑和挑战，这是应该引起组织的领导者和管理者注意的。其实中国的评判标准从来都不应该是二元化，正如前面分析的那样，"求大同，存小异"是中国人普遍遵守的人际交往原则，这种原则强调的是"同"而不是"异"。

4.7 "能"与"德"孰重孰轻：人以德为先

人力资源管理观念创新的第七项内容是人员的招聘和选择标准，即对组织成员的"能"与"德"的认识问题。它关心的是组织的用人标准，要解决的问题是：能力差一点可以容忍；知识可以积累，能力可以培养，技能可以训练，但如果缺乏职业道德和职业素养，能力再强也无济于事，反而会给组织带来更大的危害。

无论国外还是国内，无论是经济学家、管理学家，还是企业家，都有一个共同的基本观点和看法，这就是对人的品质和道德的重视。对任何组织来讲，个人品质都是最重要的。特别是对于领导者和管理者来讲，更是如此。在构成

"个人品质"的诸多要素中，正直是最重要的要素之一。一个正直的人首先是一个可以信赖的人，可以合作的人，给人以安全感；其次，正直的人往往胸怀宽广，注重人们的优点而不是缺点；最后，他们对"什么是正确的"、"什么是错误的"有清晰的认识，认可组织的文化和价值观。这种人可能能力不强，业绩水平也不是最高的，但具有较强的事业心和责任感。对于组织来讲，他们是不可或缺的重要成员。

4.7.1　我国的人才标准

在我国几千年封建社会中，在对人才的选拔上一直都很重视一个人的"德"。明代洪应明在《菜根谭》一书中对"德"与"才"之间的关系也作了非常精彩的描述，他讲：德者才之主，才者德之奴。有才无德，如家无主而奴用事矣，几何不魍魉猖狂。德者事业之基，未有基不固而栋宇坚久者。"德"与"才"的关系一目了然。

党和政府历来比较重视人才的培养和选拔。党的十六大以后，又出台了一系列的文件和政策，对新时期的人才提出了新的标准和要求。如《中共中央国务院关于进一步加强人才工作的决定》（下简称《决定》）就将"尊重劳动、尊重知识、尊重人才、尊重创造"作为新时期人才工作的指导思想。《决定》指出，新形势下的人才标准应当是："只要具有一定的知识或技能，能够进行创造性劳动，为推进社会主义物质文明、政治文明、精神文明建设，在建设中国特色社会主义伟大事业中作出积极贡献，都是党和国家需要的人才。要坚持德才兼备原则，把品德、知识、能力和业绩作为衡量人才的主要标准。"在这个标准中，品德是排在第一位的，其次才是知识、能力和业绩。

4.7.3　管理学家的人才标准

对于领导者和管理者来讲，"德"尤其重要。为了了解人们希望从领导人身上看到什么，著名的领导力研究学者詹姆斯·库泽斯和巴里·波斯纳带领调查人员在 20 年的时间里，对全世界范围内的几千名企业和政府机构的人员进行了调查，接受调查者对这个问题的回答有 225 种之多，最后经过分析概括成 20 种品质。[15]在这 20 种品质中，只有 4 种品质有超过 50% 的接受调查者选择，即：真诚、有前瞻性、有能力、有激情。其中，在 1987、1995 和 2002 年的三次调查中，全世界范围内不同国家的受调查者都将"真诚"列为第一位，而把能力列在第三位。为什么会这样？答案其实很简单，因为真诚是一个人价值观的体现，它代表诚实、讲道德、有原则、讲信誉，真诚能够集聚人心。真诚很重要，是因为在组织或团队中的每一个人都不想在原则问题上被蒙在鼓里，我们不喜欢被别人欺骗，我们希望大家都讲真话，更希望领导者能够分辨真伪。能够在真诚人的身边长期共事的人，往往也是真诚的。所谓"物以类聚，人以群分"就是这个道理。要做到真诚，就必须言行一致，是非分明，具有自信。没有自信的人是很难做到真诚的。

管理学大师彼得·德鲁克在其《管理的实践》一书中就明确提出了他对一个合格的管理者的评价标准。[7]133 德鲁克指出：管理层不应该任命一个将才智看得比品德更重要的人，因为这是不成熟的表现。管理层也不应该提拔害怕其手下强过自己的人，因为这是一种软弱的表现。管理层绝不应该将对自己的工作没有高标准的人放到管理岗位上，因为这样做会造成人们轻视工作，轻视管理者的能力。德鲁克认为，一个人可能知之不多，绩效不佳，缺乏判断能力和工作能力。然而，作为管理者，他不会损害企业的利益。但是，如果他缺乏正直的品质——无论他知识多么渊博，多么聪明，多么成功——他具有破坏作用。他破坏企业中最有价值的资源——企业员工。他败坏组织精神，损害企业的绩效。在德鲁克眼中，管理者最重要的一项工作就是建立组织精神，而这种精神需要品质作为基础。他认为，最终能证明管理者的真诚和认真的是毫不含糊地强调正直的品质，因为领导工作是通过品质才能得到贯彻实施的。他又说：一个组织如果有一位具有魄力但很腐败的管理者，恐怕这是最糟的事了。像这样的人，如果他自己单干，也许还可以；如果是在一个组织里，但是不让他管辖别人，也许他还能得到容忍；可是如果在组织中叫他当权，那就成事不足，败事有余了。我们必须注意一个人的缺点所在，这是攸关组织成败的问题。正直的品格本身并不一定能成就什么，但是一个人如果缺乏正直和诚实，则足以败事。所以人在这方面的缺点，不能仅视为绩效的限制。有这种缺点的人，没有资格做管理者。[14]88

4.7.4 企业的人才标准

对于企业来讲，掌握人才选拔的技术或定量标准固然重要，但非技术的定性标准也很重要，其重要性有时甚至超过前者，这个标准就是人的品德、诚信和可靠性。上述《决定》提出的人才标准，对企业各类人员的选拔和任用也具有非常现实和极为重要的意义。首先，企业要树立"德、才、绩"的用人标准。这一标准强调以"德"为先，以"才"扬"德"，以"绩"明"德"。以"德"为先一方面体现企业对顾客、股东、员工和社会等相关利益群体的承诺和企业公民必须具备的社会责任，另一方面又通过文化和规范，内化为企业每一个员工的职业道德和职业信誉。以"才"扬"德"表明了企业道德系统与员工能力、技能以及公信力之间的辩证关系。一个具备了良好品德修养和职业信誉的人，其能力和技能的应用才可能得到同事和组织的赞许，甚至有时业绩标准稍差，仍然能够得到组织的认可。以"绩"明"德"则表明了企业的经济性质特征，即一个有"德"之人必须同时也是有"才"之人，即能够具备一定的创造经济价值的能力。其次，正确认识并处理好"德"与"才"的关系，避免"德高才低"和"才高德低"的情况，始终是企业面对的一个重大课题。

每一个企业都有自己对于"德"和"才"的不同看法和标准。我们会发现，这些生产不同产品、提供不同服务项目的企业，在用人的标准上是惊人的一致。杰克·韦尔奇曾描绘了四种不同的经理：第一种是既能够实现组织目标，又能够认同组织价值观的，这种人的前途自不必说。第二种是那些既没有实现组织目标，又不认同组织价值观的人，他们的前途与第一种恰恰相反。第三种是没有实现组织目标，但是能够认同组织价值观的人，对于他们，根据情况的不同，给几次机会，可能东山再起。第四种是那些能够完成组织目标，取得经营绩效，但却不认同公司价值观的人。他们是独裁者，是专制君主，是"土霸"似的经理。杰克·韦尔奇明确提出，在"无边界"行为成为公司价值观的情况下，绝对不能够容忍这类人的存在。[2]176华为公司总裁任正非在其著名的《华为的冬天》一文中也讲到了干部提拔和任用的原则：我们提拔干部时，首先不能讲技能，要先讲品德，品德就是敬业精神、献身精神、责任心和使命感。远大公司的用人标准也是坚持"德才兼备"的政策，具体表述为：有德有才，破格重用。升迁迅速，发展空间直至总裁。有德低才，培养使用。品德出众的人只要勤学苦干，最终会成为人才。有才低德，教育使用。品德不高者只要诚心受教育，可能会成为人才。有才无德，坚决不用。无德者，才能越高越糟糕。[16]

以上这些标准的核心都反映的是对"德"与"才"的判断问题。我们认为，以上四种类型的人在企业都存在，他们的特征不同，企业的关注也应有所差别。德才兼备者就数量来讲属于少数，主要由企业的负责人和核心员工构成，他们具有很高的道德修养以及很强的创新精神和创造能力，能够随时适应环境变化和组织的变革，是构成企业核心竞争力的关键要素，因此应该成为企业重点关注的对象。德大于才的人的业绩虽然可能不是最高或最好的，其创造性和创新精神可能比前者稍弱，但由于有较好的个人修养和人际关系，因此仍然成为企业追捧的对象。在"圣人"难求时，这部分人最有可能成为企业管理团队特别是高层管理团队的人选。才大于德者的能力很强，也具有很强的创新精神，但在个人品德、修养和诚信力等方面可能存在一定缺陷，难以获得企业的充分信任。对于这部分人来讲，企业应将重点放在发挥其优势上，通过严格的道德规范和纪律约束，对其进行限制，使他们的行为模式从总体上符合企业和社会的要求。而对企业的大部分人来讲，他们的"德"和"才"处于一个中间层次，他们一方面具有一定的道德规范水平，另一方面也具备了胜任本职工作的知识和能力，在上级的领导下开展工作，是企业高绩效员工的得力助手。关于这方面的详细内容，请参见本系列丛书第二部《技术性人力资源管理：系统设计及实务操作》第七章关于"不同绩效员工的识别与管理"的相关内容。

明白"德"比"才"重要还不够，还必须了解为什么。我们认为，"德"比"才"重要，主要基于以下四个方面的考虑：第一，一个人如果能力很强，但没有职业道德、职业操守、职业信誉，他的能力和他可能给组织带来的损失成正比。这方面的例子有很多。第二，现代商业社会分工的趋势是越来越细，专业化程度越来越高，这样，每个人所做的工作都只是组织整体工作的一个很小的部分，工作的组合化特点非常明显，组合化意味着对人的依赖程度大大降低，同时个人也很容易被其他人取代。第三，技术的发展，带来自动化程度的提高，这又大大降低了工作质量对人的依赖。第四，除了少数工作外，现在绝大多数的工作都已经程序化，按部就班完成就可以了。正式基于以上四个方面的考量，我们讲，"德"的确比"才"更重要。

4.7.5　公司政治行为的影响

与"德"关系密切的另外一个因素是公司政治行为的影响。公司政治又称组织政治、职场政治、办公室政治。它主要是指在一个组织内不同利益系统和价值系统的竞争，公司内各种人际关系的总和，以及公司内部各种潜规则的综合体现。公司政治行为是一种客观存在，它与组织的价值观有非常密切的关系。积极向上的价值观会产生积极的公司政治行为，激励和促进组织成员努力工作以实现组织的目标；消极的公司政治则会影响组织成员的心态并进而影响其工作动机和工作效果。从某种角度讲，组织的领导人往往是公司政治的始作俑者，领导人的价值观往往是决定公司政治行为性质的主要因素，因此，领导人都应当认识到，组织成员为达到自己的职业目标，会想方设法地通过权术或政治手腕的使用，以追逐权力，并在此基础上获得影响或左右别人的能力。这是在任何一个组织中都存在的比较普遍的现象。专家们指出，权力是对他人的影响，尽管权力斗争有损于组织效率，但是这种斗争仍是群体间不可避免的一种行为。一个群体迟早会试图通过多种行为来获得对其他群体的权利。[17]106如果引导得当，这种影响和左右的企图可以取得一个好的效果，反之则会导致组织中人员的钩心斗角和混乱的状况。组织的领导者对此要能够准确的识别，并在此基础上建立其一套能够为组织中大多数人所能共同遵守的、并为组织带来良好效果的价值观和行为规范。

4.8　组织设计：战略与结构

人力资源管理观念创新的第八项内容是关于组织设计的问题。在很多人力资源管理的专著或教材中，并没有组织结构的内容，这大概是因为学科和专业分类的缘故，一般都把组织设计归在《管理学》序列中。我们认为，人力资源管理和组织设计密切相关，不同的组织结构，人力资源管理的实践也不相同。因此，要做好人力资源管理，必须懂得组织设计。组织结构的效率，不仅取决于组织结构与环境、战略的适应性，而且还取决于建立在此基础上的人与岗位的匹配性。这也是本书关心组织设计的一个重要原因。

组织结构是组织最核心的部分之一，设计组织结构的目的是要建立一种能够使人们为实现组织目标而在一起最佳地工作并履行职责的正规体制。这其中包含了三个方面的含义：一是组织结构与组织目标之间的关系，即结构是服从目标的，目标发生了变化，组织结构也要随之调整。这是一个最基本的原则。二是组织结构要能够保证组织内的人们能够和谐有效的工作，并对那些努力工作并取得优良绩效的员工进行奖励，对经过帮助但仍然不能完成任务的低绩效员工进行约束和惩戒。三是组织结构是一种资源的配置方式。不同的结构，资源（包括人力资源）配置的方式也是不尽相同的。这三个方面都与人力资源管理的职能密切相关，而且企业的劳动人事制度改革，大多都是从组织结构设计开始的。但在传统的人事管理中，基本上没有考虑组织结构及其设计的作用，没有认识到组织结构不仅影响资源的配置、人员的安排和使用，而且还影响由此产生的效率和效益。在现今大量的人力资源管理教科书中，也很少有组织结构设计方面的内容。在企业的实践中，很多企业也并没有对这一问题予以重视。

4.8.1　管理者为什么要关心组织的结构

管理者应当关心组织结构的理由有很多：第一是组织结构应当反映环境和战略的要求。在影响企业的众多环境要素中，市场和顾客的需求是最重要的要素之一。作为管理者的首要任务就是要随时准确地识别这种变化，并在分析市场和顾客需求的基础上进行决策。当市场和用户的需求发生了变化，组织的结构就必须适应这种变化。比如，现在很多企业设立的大客户事业部，就是根据客户的购买量和价值贡献而做出的结构调整。第二是组织结构是一种资源配置方式，是战略实施的重要保障。组织战略是在环境分析基础上制定的，当战略制定后，需要按照战略的要求考虑采用不同的组织形式，以便将战略进行分解并落实到相关的责任主体，为绩效考评和完成绩效目标提供依据。管理者要根据企业发展不同阶段、企业产品的特点以及客户需求的不同随时调整自身的组织形态。因此，每当遇到环境变化和组织战略进行调整后，管理者首先就要审视现有组织结构是否能够支持和保证组织战略的实现。第三是管理的需要。管理者面对着众多的管理对象，而组织中的各个部分和个体在实现组织目标过程中的权利、责任、目标是不一样的，要使这些不同的部分能够发挥合力，就必须通过某种形式或采用某种方法把其有机的组织起来。此外，当企业的经营环境发生变化，组织的结构必然会随之进行调整。当结构发生变化后，原有的岗位也就要进行调整，建立在原来基础上的一套人力资源管理职能也就失去了作用，必须建立其一套能够适应企业经营战略要求的新的结构体系，并在这个新的体系结构上重新设计人力资源管理的职能。第四是授权的需要。管理者受自身知识、能力、技能、时间和精力的限制，不可能也没有必要对组织中的每一件事情都亲自去控制和管理。通过结构设计，将特定的权利下放给结构中的特定部分和特定个体，能够有效的延伸管理和控制的范围，提高组织的效率。第五是专业化分工协作的需要。不论是职能制、事业部制还是矩阵结构，专业化分工都是重要的组成部分。通过组织结构和与之相关的流程设计，能够实现专业化分工优势与企业价值链的完美结合，使整体的优势大于各个个体的优势。专栏4-3国美组织结构的调整，就是基于以上因素的考虑。第六是个人职业生涯发展的需要。对于管理者来讲，要在组织结构设计的基础上，将组织的战略目标量化和细分到每个具体的岗位上去，然后根据岗位要求制定人员招聘、培训和开发方案，让员工能够发挥自己的优势，为员工的职业发展奠定基础。作为员工来讲，则可以根据组织结构所具有的基本特征和自身特点选择适合自己的工作单位。

专栏4-3 国美组织架构重组12个大区缩减一半

继国美电器收购大中，实行国美、永乐、大中等多品牌战略布局全国市场后，国美刚完成了组织架构的"大手术"，12个大区缩减为6个大区，并把经营权、日常管理权下放到大区。

近日，国美电器品牌总监何阳青告诉记者，国美电器的经营连锁体系，由原来的12大区调整为6大区，分别是东北大区、华北大区、华南大区、华东大区、上海大区和西部大区，其中去年7月才独立出来的北京大区撤销，北京国美和新收购的大中电器并入华北大区，由国美集团副总裁牟贵先担任总经理，而由上海永乐、上海国美组成的上海大区依然单独设立。

据了解，此次距上次国美组织架构的调整还不到半年。去年8月，国美称要实施精细化管理，将7个大区重新划分为12个大区，北京、上海等地独立成为大区。国美此次调整的重点是对大区下放权力，大区拥有业务经营权、日常管理权，可以根据区域内的消费市场情况，制定独立的促销发展措施。此前，在总部、大区、分公司、门店四级管理体制中，大区更多只是协调作用。"国美总部将在战略规划、授权、指导监督上发挥作用，权力下放后，大区内的部门结构和经营团队会相应增加。"何阳青表示。国美方面称，此次调整的核心，在于以客户需求为导向，更好地服务终端和一线消费者。同时，国美总部依然把持着集中采购的权力，大单采购、集中采购由总部负责，集中采购之外，各大区可以自主选择采购的商品种类和数量。另外，国美此番撤销了战略规划部门，"这不代表国美放弃战略规划研究，"何阳青表示，该部门的研究职能将转入总部各个中心，国美电器的战略主要由决策委员会和管理中心制定。

专家认为，大区是总部职能的延伸，国美在收购大中后，形成了多品牌联合的新局面。为了适应家电连锁新的竞争格局，国美此次强化大区的管理职能，主要是为了更迅速地获取终端销售市场的情况。国美现在拥有近1200家门店，有效地掌握终端市场消费需求，可以为其获取更大的渠道话语权。目前，国美在市场规模、门店数量方面优势明显，其门店数是苏宁电器的两倍左右。

（资料来源：《IT 经理世界》，《经理世界网》2008 年 1 月 14 日。个别文字有改动。）

4.8.2　不同的组织结构反映不同的人力资源管理模式

组织结构会影响和左右组织的人力资源管理模式。比如，在职能制结构下，人力资源管理一般具有以下特点：严格的工作分析和任职资格以适应职能制结构的专业化和效率；按照工作分析结果招聘和选择人员，由于强调专业化，因此工作都尽可能进行分解，并不强调创造性；在培训上大多依赖不脱产的在岗技能培训，特别是同一职能块或部门岗位内部经验的交流和积累；绩效管理上主要看重结果，但对要求技巧的管理性岗位和要求技术水平的研发性岗位，则有不同的特点；在薪酬上，绩效工资的比重较大，比较强调内部一致性；在职业发展方面，晋升通道比较狭窄，主要实行内部晋升。而在事业部制中，则具有不同的特点，比如在任职资格方面，强调对市场和客户的反映，提倡冒险和创新精神，因此对工作说明书和任职资格的要求比较宽泛，不太注重专业职能的限制，员工具有多种技能，能处理多种问题；人员的招聘选择着重不拘一格的思维方式、创新精神和合作态度；注重强化员工间的沟通合作关系，对员工协作和对团队精神的培训投入了大量精力；绩效管理方面，为了维护创新和冒险精神，可能更倾向于对部门和公司整体绩效的评价，以鼓励各个人敢于承担风险；薪酬方面，为鼓励创新，需要不断招募具有新思想、新观念的人进入企业，因此薪酬系统更倾向于外部的公平性或具有竞争性的薪酬水平；建立具有相对独立的支持系统和决策权利的跨职能工作小组，完成超职能范围的工作任务并提供较为宽广的职业通道。正是因为有这些不同，组织结构及设计原则才成为企业人力资源管理应高度关注的问题。

4.8.3　执行力与组织结构

表面上看，组织结构和执行力似乎毫不相关，实际上，二者之间的关系非常密切。前些年，人们的注意力集中在执行力上，认为企业战略没有取得好的效果是执行力不够。一时间，"一流的战略，二流的执行，三流的结果"，"二流

的战略，一流的执行，一流的结果"之类的说法很有市场。因此，提升执行力
一度成为企业上上下下都在研究和关注的重要工作。但当组织成员都致力于努
力提高执行力时，似乎也并没有取得预期理想的结果，甚至出现"一流的战略，
一流的执行，三流的结果"。出现这种情况有多种原因，其中，忽视组织结构的
设计和安排是一个重要的因素。如前所述，组织结构是一种资源配置方式，它
反映了组织成员的职权范围和组织对其成员创新能力的支持力度。在以专业化
分工为基础的职能制结构下，看重的是"应做什么？"强调的是规范，即在工作
职责范围内做事，不要去管其他不该你管的事情；而在以差异化为基础的事业
部制结构下，看重的则是"能做什么？"强调的是创新，不仅要做好本职工作，
还要能够具有创新思维，去做那些组织随时需要你做的事情。比如，大客户部
的设立是为了响应和解决市场和消费者的需求，在这种组织形态下工作的员工，
不会受到太多规章制度的束缚，只要是市场和客户的需求，都会尽量想办法解
决和满足。而在职能制结构中，人们只关心自己"分内的事"，如果关心其他的
事而影响了自己的工作，最终会使自己的绩效受到影响。在这两种不同的资源
配置方式下，人们的执行力显然存在差别。专栏 4-3 中国美电器的组织结构调
整，将经营权和管理权下放到大区，就是更好的贯彻以客户需求为导向、更好
地服务终端和一线消费者的战略目标。而在原来大区只起协调作用的情况下，
大区显然缺乏关心和解决服务终端的动力。资源配置决定了人们工作的方向和
动力。

4.9　工作分析是人力资源管理的基础

　　人力资源管理观念创新的第九项内容是强调工作分析的职能对人力资源管
理的影响。之所以将其作为观念创新的内容，一个重要原因就是有不少企业对
于此项工作并未予以高度重视，没有意识到工作分析对于人力资源管理所发挥
的基础性作用。要解决这个问题，必须转变观念，深刻认识工作分析的重要性。
它要解决的问题是，将工作分析的信息用于人力资源管理的实践，同时强调战

略性人力资源管理的一个核心内容，即人力资源管理各职能应有效的结合在一起，形成系统的人力资源管理战略，以体现人力资源管理实践对组织战略的支持。

工作分析是人力资源管理和企业管理的基础。关于这个问题，在本系列丛书的第二部《技术性人力资源管理：系统设计及实务操作》第二章已经作了详细的分析。简单地讲，主要表现为以下几个方面：

一是将工作分析用于人员的招聘和选拔。工作分析可以为选拔和任用合格人员提供标准。通过工作分析可以得到两个结果：岗位描述或工作说明书；任职资格。前者是对某一岗位要做的工作或完成的任务的描述，后者是要完成此项工作或任务必须具备的资格或条件。然后企业以此为依据，制定人员招聘的原则和政策，并将这些原则和政策具体化为有关的标准，通过信息的发布和测试方法的选择，对应聘人员进行筛选，通过面试、笔试、人格测试、试用期等方法录用企业所需的合格人员。

二是将工作分析用于培训和开发。工作分析所提出的岗位描述和任职资格主要包括两个部分：第一个部分是知识、能力和技能等要求；第二个部分是价值观、动机、态度等要求。第一个部分比较直观具体，并且也比较容易判断，第二个部分则比较主观且难以把握。在实际工作中，要想找到这两方面都完全符合要求的人员是比较困难的。而且一个人的能力往往需要经过一段时间的检验才能得到证实。因此，在员工录用后，很可能会出现实际能力与岗位要求之间不匹配的问题。在这种情况下，就可以将工作分析信息用于培训和开发等职业生涯规划，通过识别工作任务，识别人、岗差距，明确工作程序和效率的关系，以及职业生涯规划的设计来解决能力与岗位的匹配问题。如果发现员工某方面的技能与岗位要求有差距，可以按照工作分析的结果，通过有目的的培训开发使其达到岗位的要求。如果仍然不能适应，可以考虑转岗的方式解决。如果发现员工具有发展潜力，则可以根据企业的需要和员工个人的意愿，在管理者继承计划中进行重点培养，如可以通过轮岗，使员工具备不同岗位的要求，为今后的发展奠定基础。

三是将工作分析用于绩效评估，工作分析的结果不仅为招聘、选择、培训、开发创造条件，而且还为绩效管理提供依据。工作分析所得到的职位描述，一方面要明确任职者应该完成的任务或达到的目标，另一方面要将职位描述细化或量化为任职者的考评指标体系，即把工作分析的结果与绩效管理实践联系起来。当员工和生产经营单位完成了规定的目标后，就意味着组织总体经营目标的完成，企业也就获得了与竞争相比较的竞争优势，最终达到绩效管理的战略一致性要求。其次，以工作分析为基础的绩效考评指标体系反映的是企业和员工之间权利、责任和义务的一种契约关系，如果企业的绩效指标和绩效考评方法没有体现或反映工作分析的结果，即员工的考评指标与其岗位工作职责没有或缺乏实质性的联系，而企业又采用"末位淘汰制"一类的考评方法时，就可能激化员工与企业之间的关系甚至出现员工与企业对簿公堂的情况。近年来类似事件频繁地发生，反映出企业在人力资源管理的基础工作方面缺乏细致和专业化的工作，以及缺乏法律等更深层面的系统思考能力。

四是将工作分析用于薪酬设计，区分出不同岗位的相似性和差异性是进行工作分析的一个重要目的，通过这种区分，发现不同岗位对企业内价值贡献的程度大小，然后按照这种衡量标准，综合考虑其他相关因素，决定不同岗位薪酬的支付标准和水平。本书第一章在分析传统人事管理与现代人力资源管理的异同时，曾对财务部门的财务分析岗位和财务出纳岗位做了详细的分析，由于面临的环境、决策的性质、脑力劳动的强度等方面的差异，财务分析岗位对企业的重要性和价值贡献可能就大于财务出纳岗位。这种区分主要是通过职位评价来获得的，而职位评价的基础就是工作分析。因此，工作分析是实现企业公平报酬的先决条件。企业的管理者和人力资源专业人员应当对这个问题予以高度的关注。

五是将工作分析用于制定组织规范和惩戒标准，以及其他人力资源管理实践。

以上关于工作分析的作用不仅对人力资源专业人员来讲非常重要，而且对组织的管理者特别是部门的直接主管同样很重要，必须要了解和掌握。因为无论是招聘、选择、培训、开发，还是绩效、薪酬、职业生涯规划，这些人力资源管理职能的应用都不是人力资源部门能够单独完成的，而是在业务部门主管的直接参与下开展的。主管最了解自己的部门需要完成什么任务，以及要完成这些任务需要员工具备什么样的知识、能力和技能要求，因此能够提出有效的人员聘用意见和建议；由于他们与员工一起工作，因此对每一位员工的表现、业绩都了如指掌，因而能够作出正确的判断，并能够根据所在部门的工作任务提出有针对性的培训和开发目标以及相应的绩效和薪酬标准。因此，通过人力资源专业人员和部门主管的共同协作，他们能够从一开始就建立起一整套规范的标准和制度，使员工了解自己的工作职责和工作范围，使管理者明确工作的目标。当组织内部的所有人员都能够各尽其职、各负其责，组织竞争优势的建立也就有了保障。

4.10　团队成员配置的标准是什么

人力资源管理观念创新的第十项内容是团队成员的配置，它首先要颠覆这样一个传统的观念：高凝聚力的团队是一个好团队。现实告诉我们，一个高凝聚力的团队可能并不总是带来好的绩效，团队成员选择应基于整体合力和效率。有的时候，团队成员中有不同意见是非常重要的。尤其对于上级领导者来讲，这是至关重要的。

4.10.1　什么叫"坚果岛效应"

团队成员配置的标准是什么？"美女＋帅哥"等于最佳组合吗？要解决这个问题，首先让我们来讨论一个案例。《哈佛商业评论》2001年5月号曾经发表了一篇保罗·F.利维的文章，题目是："坚果岛效应"：当优秀团队误入歧途。[18]文章一开始就讲到：这是一支每个经理人心目中理想的团队——他们任劳任怨，无偿加班数千小时，他们的工资并不高，但即使是这样，他们还能够用自己的钱为公司购买备用的零件。这支团队几乎不需要监管，自己就能作出人员调配的安排，在工作中互相帮助，共同提高工作水平。尽管有预算的限制，运营过程中也困难重重，他们还是能创造性地改进工作方法。他们对公司的事业充满责任心并富有团队精神。按理说，这是一个非常好的团队，但这个团队的勤奋工作最终却导致公司的经营遭受了灾难性的失败，即污水处理厂将30亿加仑的污水排入港口。为了让排出的污水看起来被净化过，他们还干了更糟的事，比如在未处理的污水中加入氯，使港口已经很糟糕的水质更加恶化。

为什么一个如此优秀的团队表现得如此之坏，而且没有意识到是他们自己在搞垮他们的事业？作者将这种现象称之为"坚果岛效应"。文章作者认为，每一个发生"坚果岛效应"的地方，都存在一对矛盾，矛盾的双方一个是有奉献精神、有凝聚力的团队，另一个是漠不关心的高级管理层。矛盾分为五个阶段，矛盾的双方都遵循一定的行为方式。"坚果岛效应"的各个实例中，五个步骤发生的顺序都不尽相同，但大体症状是相似的。管理层和污水处理厂团队之间的关系在不理解与不信任中慢慢地瓦解，直至最终彻底破裂。

"坚果岛效应"可以分为五个阶段：

最初阶段，一个工作团队的思想统一、责任心强，却陷于孤立，无论在实际工作中，还是在思想上都与外界缺乏联系。管理层与团队隔着几个行政级别，无法了解团队的实际情况。而且，管理层只关心那些容易引起关注的事，而将深层次的、更重要的问题留给团队自己解决。这是"坚果岛效应"的关键：这些任务恰恰是公众或客户难以看到的。由于拥有很大的自治权，团队的成员很善于管理自己，形成了独特的团队文化，并引以为傲。

第二阶段，高级管理层开始把这种团队的自我完善当成理所当然，当团队成员向他们求助或对可能发生的问题发出警告时他们不理不睬。管理层的冷漠助长了团队成员的不满，使隔阂进一步加深，使团队成员觉得自己是一群被遗忘的英雄。

第三个阶段，团队成员产生全世界都与我们作对的想法。为了避开管理层的监督，他们会掩饰问题或将大事化小，而不愿向管理层求助。

第四阶段，发生冲突。因为外界没有为团队的工作设立规范，团队就自己制定规范，并认为遵循这些规范就能很好地完成任务。但事实上他们制定的这些规范只是在降低工作标准。这样，环境恶化后工作水准的下降就被掩饰起来了。

第五阶段，团队与高级管理层会一起掩盖问题、粉饰太平。团队的成员认为只有自己才知道如何将工作干好。他们不再听取外界的批评意见，而管理层也认为，没有新闻就是好新闻，继续忽视团队和他们的工作，直到一个外部突发事件使问题无法回避，或者一场危机迫使团队向外界寻求帮助警醒管理层，或者管理层迫于外界压力解散团队终止他们的工作。即使在这时，团队的成员也不一定能认清他们面临困难的程度，并认识到他们越努力可能越会使问题变得难以收拾。就管理层来讲，他们也不一定能搞清在这种螺旋上升的怪圈中自己所扮演的角色。

4.10.2　"坚果岛效应"是怎么发生的

文章作者指出，坚果岛效应是一种破坏性的组织形态：一个高度一致的很有责任感的团队与总想置身事外的管理层产生矛盾。矛盾冲突会逐步升级，共有五个阶段：

第一阶段，管理层关注显而易见的表面问题，而将深层的问题留给团队，并给团队很大的自主权。团队内部形成了一套严格的工作准则，排斥外界的监督，他们变得很善于管理自己，并高度自我认同。

第二阶段，高级管理层把团队的这种自我完善的机制当做理所当然，并在团队对可能发生的问题提出警告或求助时不理不睬，当问题真正发生时，团队就会感觉被管理层抛弃了，从而对管理层不满。

第三阶段，团队觉得自己是一群被世界遗忘的人，从而变得愈发团结。为了避开管理层的监督，他们开始巧妙地掩饰问题，不承认问题的存在，也不向外界寻求帮助。同样，管理层也把团队的沉默当做是万事大吉。

第四阶段，管理层有责任帮助团队扩大视野，了解外界的新做法，但他们没有这样做。结果是团队开始制定自己的规则，并认为这些规则有助于他们做好工作，但事实上这些规则往往掩盖了他们工作中的严重问题。

第五阶段，无论管理层还是团队都在自欺欺人，而且很顽固。团队成员甚至不接受外界善意的批评和帮助。而管理层则认为没有消息就是好消息，继续忽视团队成员和他们的职责。管理层和团队都想避开对方，直到某种外部事件打破这种僵局。

很显然，导致出现问题的是两个因素：一是漠不关心的上级管理层；二是貌似团结的污水处理厂的团队。上级管理层的漠不关心固然是重要原因，但污水处理厂团队的成员配置也是一个重要的原因。这里暂不对管理层的作用进行评价，先把注意力集中到本文要讨论的主题，即团队成员的配置。在这篇文章中，我们可以看出这个污水处理厂的人员配置是有问题的，最突出的就是用人的原则。污水处理厂的团队由3个人领导，主要负责人是军人出身，他们雇佣的人大都与他们秉性相投：勤奋、愿意默默无闻地工作，为能在公共事业部门得到一份有保障的工作感到庆幸。由于这种用人原则，污水处理厂形成了一个内部高度一致的团队，团队成员由共同的事业和相同的价值观联系在一起。与此同时，把那些有不同意见即所谓的"刺头"排挤出去，而这些"刺头"有可能对团队标准操作程序提出质疑，并提醒管理层工厂的情况正在恶化。这是污水处理厂团队最严重的问题。由于团队这种极强的自我意识，使他们往往意识不到自己在做什么，以及应该怎么做。最终导致与管理层一起掩盖问题、粉饰太平，导致污染事故的发生。

4.10.3 团队成员的配置标准

从"坚果岛效应"可以看出，一个高凝聚力的团队可能并不总是能够带来高的效率和效益。那么应该如何配置团队成员呢？我们的观点是，第一，"美女＋帅哥"不一定就是最佳组合，最好的人不一定是最合适的人。第二，团队人员搭配应取长补短，体现梯次结构，包括多样性和包容性。所谓多样性，是指团队成员来自于不同的业务单元，有不同的秉性，甚至不同的价值标准（只要不违背组织的价值标准就可以）；所谓包容性是指，团队成员特别是团队负责人要能够相互包容。第三，为了避免团队成员过于亲密和保持"求同存异"的状态，团队成员应每隔一段时间进行轮岗。轮岗的范围和频率以不影响工作为前提。第四，上级管理层要切实负起责任，进行有效的监督，同时为组织制定严格的绩效标准，并定期检查落实。为了防止管理层走形式，要把管理层与其所管辖的业务单元的效益挂钩，以促使他们认真履行职责。第五，为保证信息的有效流动，团队成员中要保留一些所谓的"刺头"，只要这些人能够完成本职工作，取得绩效，就应维护其利益。

4.11　培训并非万能：培训主要解决观念问题

人力资源管理观念创新的第十一项内容是关于对培训的认识，这里所指的培训更多是指管理培训。它关心的是培训的功能，要解决的问题是：培训并不是万能的，培训效果受到多种因素的影响。尤其是管理培训，主要解决的是观念问题，有的人称之为"洗脑"。观念正确了，加上正确技术方法的使用，才能够取得好的效果。

4.11.1　注重培训评估

培训是人力资源管理的一项重要职能，并与其他人力资源管理职能有机地结合在一起，为人力资源管理实践奠定坚实基础。培训的作用在于能够随时根据环境的变化和组织战略的要求，为员工提供源源不断的能量补充，以保证其能力和技能能够有效的支持组织的经营管理目标。但培训并不是万能的，有很多问题也不是通过培训就能够解决的。通常意义上讲，培训尤其是管理培训，主要是解决观念问题，因此，不可能期望听一堂课就能够解决企业的实际问题。企业的具体问题要通过详细的调查研究和培训需求评估，才能够提出有针对性的解决方案。培训需求评估要解决的问题是确定：为什么要培训，即首先要搞清楚是否有培训的需求，或者存在的问题是否能够通过培训解决。之所以要关注这个问题，是因为培训并不是灵丹妙药，培训本身并不能解决所有的问题。有的问题不是培训能够解决的，在员工工作绩效标准本身就不清晰或不合理、或者在企业的激励机制存在较大问题的情况下，要想通过培训解决工作效率低下的问题，就不可能取得任何积极的结果。即使是那些明确属于员工技能不足而导致的问题，也不是都能通过培训予以解决的。因为有的人可能根本就不具备所在岗位的任职资格和条件。这时解决问题的办法不是培训，而是换岗或轮岗。只有明确了存在的问题是可以通过培训解决的，才考虑培训的具体方案或办法。在专栏 4－4 中，麦德托尼克公司的培训就明确了培训的目标，即利用科学有效的手段提高销售人员的技能以及让顾客迅速了解和掌握安装心脏起搏器等设备的操作技能。正是由于这些举措，该公司产品的竞争力得到了不断的提升。

//专栏 4－4// 麦德托尼克的培训需求评估

对于麦德托尼克公司来讲，培训主要是应对公司面临的两个挑战，包括如何利用科学有效的手段提高销售人员的技能以及让顾客迅速了解和掌握安装心脏起搏器等设备的操作技能。该公司成立于 1949 年，有员工 1.2 万人，是一家专门从事医疗技术开发和销售的公司。公司在提供解决心血管疾病、神经性疾病、糖尿病等慢性病方面的医学技术方面处于世界领先地位。1957 年该公司发明了世界第一个外置心脏起搏器。该公司生产的心脏起搏器占到全世界总量的 50% 左右。1960 年开发了第一个长效的内置心脏起搏系统。该公司同时还生产心脏瓣膜、血管成形术导管等医疗产品。每年大约有 250 万病人从公司的技术和产品中受益。该公司被《财经》杂志评为美国最好的 100 家公司之一。随着竞争的加剧，公司面临着两个挑战，一是如何通过高绩效工作系统进行竞争？二是公司扩大市场占有率和促进销售的要点是什么？为了解决公司面临的挑战，公司明确了提高销售人员的技能要求和让顾客迅速了解和掌握操作技能两个方面的培训要点。公司的销售人员不仅要销售产品，而且要懂得如何使用这些产品，并通过技术营销教会医生如何使用这些产品。为了政策公司目标的实现，公司提高了培训支持手段及培训方法等人力资源管理实践方面的支持，如为销售人员配备便于展示的有光盘播放器的多媒体电脑和交互式程序、加强对销售人员使用这种多媒体电脑和交互式程序的培训以及进一步开发新的多媒体产品以用于市场营销和培训。

（资料来源：雷蒙德·诺伊等：《人力资源管理：赢得竞争优势》第三版，第 260 页，中国人民大学出版社，2001 年 4 月。个别文字有改动。）

4.11.2　企业发展不同阶段培训的目标

如果把企业发展的生命周期划分为创业、成长、成熟和衰退四个阶段的话，那么每个阶段培训的目的都是不一样的。创业阶段的培训特点主要表现在：由于面临生存的压力，因此没有时间进行系统和正规的培训，企业招聘的往往都是具备工作经验的人。对于那些缺乏工作经验的新员工来讲，主要是通过老员工的传、帮、带来解决其技能缺陷。这时培训的要求和目标可以采取确定工作目标、建立工作说明、制定工作记录和工作指导书等形式实现和完成。成长阶段的培训特点是：由于这一阶段人力资源管理的瓶颈制约作用越来越突出，对管理人员的培养成为企业经营管理工作的一项重要内容，人力资源管理最重要的任务之一就是保证足够的人力资源数量和质量，以帮助企业实现经营管理目标。对于员工来讲，由于有了更多的发展机会和发展空间，员工参与培训的积极性一般都很高。更多的提升机会、对新的技术和新的管理方法的强烈追求等，导致企业在培训上会投入更多的时间和精力。这时培训会针对企业的实际需要，通过展示机会、明确责任和挑战性、建立科学合理的培训开发、绩效和薪酬等一系列人力资源管理制度，为员工的全面发展提供条件。成熟阶段的培训特点则主要表现在两个方面：首先是建立学习型组织，总结提炼企业成功的经验和失败的教训，随着企业逐渐走向成熟，知识管理的重要性也日益突出，无论是对于员工还是企业，要想总结出成功的经验或失败的教训，并使经验得到分享，都必须在一种善于沟通、学习的氛围中才能实现。当企业的员工能够将自己的独门绝招或提高生产效率的方法传授给其他员工，并进而提高了大部分员工创造价值的能力时，这就是一个成功的学习形组织的典范。而要达到这个境界，需要在企业内部创造一种知识创造和知识分享的文化氛围。其次，成熟期企业最大的威胁就是骄傲自满和故步自封，因此这一阶段的企业往往非常注重对创新的倡导，在培训方面，一项重要工作就是为适应创新和变革对新技术的需求而开展的新技能培训。无论是在成长阶段还是成熟阶段，持续的改革和创新成为企业发展的重要保障。为了提高企业的竞争能力，企业总是要不断的适应变化，并适时的进行变革和创新。这种变革和创新既包括观念方面，也包括引进新的技术、生产新的产品或提供新的服务。

4.12　外来的和尚真的好念经吗：内部培养干部更重要

人力资源管理观念创新的第十二项内容是关于企业干部队伍即接班人主要从哪里来的问题，它关心是：人才是外聘为主还是内部培养为主？要解决的问题是：企业接班人应当以内部培养为主，只有那些企业内部难以培养和发掘的人才，才在外部招聘。

4.12.1　外部资源并不总是能够帮助企业取得成功

很多企业之所以不愿意自己培养接班人的原因是人才培养的时间长，投入高、风险大，因而把外部招聘看做是解决其领导人和管理者来源的主要路径。但在实践中，外聘高管并都不是挽救企业命运的灵丹妙药，很多的研究都证明了这一事实。鲍里斯·格鲁斯伯格、阿希什·南达、尼廷·诺里亚等的研究证明，一名高管的业绩既取决于他的个人能力，也取决于他所工作的组织的能力。外聘明星高管更像流星，而非恒星。他们并不总是能够帮助企业取得成功。[19]从 1998 年开始，他们开始跟踪美国企业的高管明星，包括《财富》100 强公司的首席执行官，首席软件开发师，王牌投资银行家，以及广告、咨询和公司法律界的行家里手。这些人具有两个特点：一是业绩卓著，二是享有很高的明星级待遇。通过几年的观察，他们发现这些明星在离开自己成名的公司后，业绩开始下降，因此他们开始怀疑，明星高管的业绩是否可以轻易地复制到其他公司。为了分析这些明星们在较长一个时期的表现，他们决定将明星级股票分析师作为研究的重点。他们选取了 1052 名明星级分析师，这些人在 1988—1996 年间供职于 78 家美国投资银行，并在这 9 年中的任何年份，被《机构投资者》（Institutional Investor）杂志列入该行业最佳人物之一，其年收入在 200 万 ~ 500 万美元之间。

他们的研究结果发现，当公司聘用了这些明星后，通常会发生三件事：

首先，该明星的业绩会大幅度下滑。有 46% 的研究分析师在跳槽后的第一年表现欠佳。业绩平均下滑 20%。甚至在 5 年后都不能恢复到原来的水平。36% 的分析师会在 3 年内离开，29% 会在接下来的 2 年内离开。而且他们更换工作的频率和离职的可能性往往成正比。为什么会出现这种情况？是这些人的智力下降了吗？是这些人的工作经验丧失了吗？都不是。研究发现，一名高管的业绩既取决于他的个人能力，也取决于他所在组织的能力，比原来公司的系统和流程。同时，由于在适应新公司的文化、氛围、人际关系、工作方式方面面临挑战和考验，导致了这些明星极分析师的业绩下滑。

其次，是该明星所在的团队业绩下降。因为新来的明星的薪酬高于老员工，而且由于资源都向明星倾斜，其他员工不在同一起点，处于竞争劣势。并且外聘高管使公司内部人员失去了发展的机会，即使他们的能力丝毫不亚于这些外聘人员。最终，明星的到来会导致其他员工士气低落，并失去工作的动力。

最后，公司的股价受损。研究发现，这些投资银行每次宣布自己聘任了一为明星，股票价格平均跌落了 0.74%，投资者平均损失了 2400 万美元。这是因为大多数明星是在其事业巅峰时离开原来机构的，进入新公司后，业绩自然下滑；投资者往往将招募一个明星解读为大规模招聘的信号，由于支付的薪酬过高，市场预见到了公司未来所有的招聘行为对工资支出的影响，导致股价下跌。这项研究还发现，在过去的 20 年中，美国一些金融机构设法通过从竞争对手那里挖走最优秀的股票分析师，以便进入美国的投资银行业，但没有一家机构取得了多大进展，而且大多数都在损失了上百万美元后打了退堂股。

不仅是这项研究说明了外聘高管的昙花一现，其他很多的研究也证明了内部人员培养和提拔的意义和作用。美国《财富》杂志 1997 年 11 月 14 日公布的一项对美国工商管理硕士学生所做的调查显示，当他们对一家公司进行评价的时候，"内部晋升"政策是他们首要考虑的因素，即企业内部的高级职位是由内部晋升上来的人来填补而不是由外部招聘的人来填补的。[20]当一个企业的晋升政策主要是由"内部晋升"时，它传递给应聘者和组织成员的信息就是只要努力工作就有回报。国外的公司一般都比较注重干部选拔的内部培养。如在宝洁公司 165 年的历史上就一直延续使用"内部提拔"的方式，通过教育、在职培训、轮岗、工作任命等方法来从内部培养人才，而不是"购买"人才。柯达公司也强调领导人要从内部寻找，这样不仅可以发挥人力资源管理潜力，而且在生产第一线就造就了一个人才库。著名商业畅销书作者吉姆·科林斯在其《从优秀到卓越》一书中，通过对11家实现从优秀到卓越跨越的公司的观察，在这11家公司中，有10家公司的首席执行官是从内部提拔的。通用电气公司董事长和首席执行官的选拔程序也是从内部逐层选拔的。很多的研究和调查都显示出这种发展的趋势。事实证明，仅仅依靠外部资源是难以帮助企业取得长期成功的。正如上述研究所指出的：在现实的商业社会里，唯一可行的战略就是招募优秀人才，培养他们，并尽可能多地留住他们。想成为人才大战的赢家，首先要做的不是聘请明星，而是培养明星。

4.12.2　什么是公司的核心竞争力

关于核心竞争力的讨论早已不是什么新鲜的事情了。但到底什么才是核心竞争力，并不是每个企业、每个人都了解得十分清楚。从以上的讨论可以清楚地看到，那些明星们之所以能够取得高的业绩，很重要的原因是有公司的支持。也就是说，我们以往所听到的"个人帮助公司取得了成功"只是一个方面，另一方面，公司也同样帮助个人获得成功。而且从某种意义上讲，后者的作用可能更大。因为公司所具有的资源是构成公司核心竞争力的另一源泉。

人、技术或二者的结合并不总是能够带来核心竞争力，还包括公司的整体素质。因此，构成公司核心竞争力的因素大致应当包括三个方面：人、技术、组织的总体素质。首先，人及所具有的创新思维和创新能力，是构成公司核心竞争力的重要因素。尽管有很多人都意识到了人的重要性，并把人作为公司核心竞争力的重要因素，但他们往往把人与公司分割开来，认为是人帮助公司获得了成功，忽略了公司为员工自我价值实现所提供的资源和政策支持。其次是技术，尽管技术的变化日新月异，通过对某项技术的占有构成市场进入障碍的传统竞争手段已不再像过去那样有效，但技术的不断创新和发展，反映了企业强烈的生存动机和成长希望，并促使企业不断做大做强。从这个意义上讲，技术也是构成公司核心竞争力的一个要素。另外，公司在技术开发上的投入，也是公司帮助个人成功的一个明证。最后是组织的整体素质，包括愿景和战略、资源和能力、文化和价值观、工作氛围和人际关系、团队合作精神和领导力等要素。这些要素是以往大多数讨论核心竞争力的内容时没有能够予以重视的。首先，愿景和战略反映公司的商业模式和赢利能力，一个能够使人感到强烈冲动和倾情投入的创意，是公司获得成功的关键，也是促成人才加盟的重要条件。资源是保证愿景实现的物质条件和精神基础。这里所讲的资源包括物质资源，如技术、设备、厂房等硬件设施，人力资源、信息资源、财务资源，以及公司的系统和流程等要素。其中，系统和流程是企业非常重要的资源，它通常以制度的形式存在并发挥作用，经过总结和提炼的系统和流程，往往能够决定资源使用的效率。能力是指整合、配置和使用这些资源的水平。判断能力的高低和优劣有两个标准：第一是使有限的资源发挥最大的效益，这是公司整体素质中最重要的因素之一。第二是在与竞争对手资源相等的情况下找到相对优势并战胜对手，就如同"田忌赛马"，是企业智慧的最高体现。现在很多企业尽管掌握有资源，但效率和效益不高，一个重要的原因就是缺乏整合和利用的能力。文化和价值观反映一个公司精神层面的核心要求和期望，它告诉组织成员是与非、好与坏、对与错的标准，以及什么该做，什么不该做；倡导什么，反对什么，它规定企业中做人做事的基本原则和行为方式。工作氛围和人际关系反映企业凝聚力的高低和与相关利益群体的亲密程度。盖洛普公司的"Q12"详细的解读了什么是良好的工作氛围，并实证指出了良好的工作氛围与公司成长的关系。相关利益群体是指那些影响企业成长的要素，包括股东、消费者、员工、政府、社会相关机构及社区。只有与这些利益群体保持良好关系的企业才有可能在成长的道路上走得更远。团队合作和领导力说明企业在日益变化的商业世界中如何通过个人专业能力的影响及良好的沟通和合作，达到人与人、部门与部门、企业与市场之间的"无缝"连接，以使企业能够随时对市场和消费者的需求作出反映。它追求的是"市场和有购买力的客户是企业唯一的利润来源"这一企业经营管理的最高境界。万科集团董事长王石在讨论企业综合素质与企业核心竞争力时就曾指出，一个企业要想生存下去并且生存得好，首先要选择一个产品，这是毫无疑问的，而这个产品一定要在行业站住脚，这个行业也一定要有持续的发展力，这是一个最基本的条件。接下来就要考虑如何形成自己的核心竞争力，这就意味着要非常清楚企业的存在价值，企业和政府的关系，和股东的关系，和员工的关系，和消费者的关系，只有均衡地发展这些关系，核心竞争力才能最终形成。如果一个企业只注重某一方面的发展，其核心竞争力自然无从谈起。[21]这段话从一个成功的企业家的角度和一个成功的企业的层面解读了企业成长的关键和命脉。

以上两个方面的讨论至少给我们两点启示：一是从企业的角度，在关注核心员工的同时，还要关注企业的制度和文化等综合素质的建设，因为后者才是培养核心员工的机制和土壤。二是从个体的角度，当个人在面临新的选择和猎头公司的诱惑时，要考虑清楚，自己成功最重要的条件是什么？是个人的能力，还是公司给自己提供和创造的舞台，考虑清楚以后再作决定。

4.12.3　企业接班人培养的系统安排和制度设计

首先，既然外聘高管不能完全解决企业遇到的问题，那么通过人力资源管理的系统安排和制度设计就成为企业接班人培养的重要工作。所谓系统安排，就是指首先从新员工的招聘环节入手，从价值观、技能、团队合作和牺牲奉献精神等方面进行严格挑选，如在丰田公司的全面招聘计划中，就实行以价值观为基础的招聘，这种招聘方式保证了新员工与公司核心价值理念的吻合及对不断完善产品品质所需的技能的要求。其次，对员工进行系统的有关产品、服务、销售等技术能力培训和沟通、协调、组织、处理冲突和突发事件等管理技能的培训。这种培训一方面能够使新员工迅速具备胜任能力，同时也能够从中发现那些既具有技术才能有具备管理"潜能"的人才，为企业接班人队伍储备人才。再次是对员工进行全面的绩效评价和激励。全面、科学、系统的绩效评价，能够为人才的选择和界定提供客观的标准，绩效评价的重点是帮助企业发现那些不仅能够持续改善自身技能，同时还能够帮助同事共同提升团队绩效的员工。同时通过激励不断引导其发挥自身的潜力。最后是指导和实践。当有了合适的接班人培养对象后，企业的领导人和管理者的参与将起到非常重要的作用，对于那些具备潜力的培养对象，可以采取言传身教、师傅带徒弟、轮岗等方式进行业务和领导技能的指导，使其能够迅速具备一个合格的管理者应当掌握的本领。所谓制度设计，就是要将以上及有关接班人培养的事项和要求通过制度形式进行规范，形成企业的规章制度。鉴于接班人培养对企业发展的重要意义，尤其重要的是要将接班人培养与领导者和管理人员的绩效挂钩，以保证他们不走过场。例如华为公司的《华为基本准则》第六十二条就规定：人力资源管理不只是人力资源管理部门的工作，而且是全体管理者的职责。各部门管理者有责任记录、指导、支持、激励与合理评价下属人员的工作，负有帮助下属人员成长的责任。下属人员才干的发挥与对优秀人才的举荐，是决定管理者的升迁与人事待遇的重要因素。可以想象，当培养下属的责任和结果与管理人员的绩效、薪酬和晋升联系在一起的时候，他们的注意力和资源分配自然就会向这方面倾斜。正是因为有了这些制度安排，奠定了华为公司高速成长的人力资源基础。

4.13　公司的人事决策只取决于能力和业绩吗

人力资源管理观念创新的第十三项内容是组织政治与人际关系对职业发展的影响。它要回答的问题是：组织中人员晋升的依据是什么？真的是"学好数理化，走遍天下都不怕"吗？我们的答案是，凭个人能力和工作表现还不足以获得稳定的职业发展，还必须注意公司政治和人际关系的影响。个人能力和表现只是决定你职业发展的要素之一，关键是你是否能够确信你的成绩会得到认可。

严格来讲，组织政治的内容属于组织行为学的范畴，本书之所以要讨论这个问题，是基于一个简单的原因，即任何可能影响员工工作动机、工作态度、工作绩效的因素都应该是人力资源管理关注的对象。如果一个组织消极的政治行为太多，人际关系太复杂，势必会影响组织成员的工作动机和工作态度，最终影响组织成员的绩效。（关于这个问题的详细内容，请参见本系列丛书第三部《中国人职业生涯规划必修课：人际关系、组织政治、职场规则》）

4.13.1 公司政治和人际关系的内涵

公司政治，又称组织政治、职场政治、办公室政治，它主要是指在一个组织内不同利益系统和家长系统的竞争，各种人际关系的总和，及各种潜规则的综合体现。公司政治行为是一种客观存在，它与组织的文化和价值观有非常密切的关系。积极向上的价值观会产生积极的公司政治行为，激励和促进组织成员努力工作以实现组织的目标；消极的公司政治则会影响组织成员的心态并进而影响其工作动机和工作效果。从某种角度讲，领导人的价值观往往是决定公司政治行为性质的重要因素。因此，组织的领导人都应当认识到，组织成员为达到自己的职业目标，会想方设法地通过权术或政治手腕的使用，以追逐权力，并在此基础上获得影响或左右别人的能力。这是在任何一个组织中都存在的比较普遍的现象。有研究指出，权力是对他人的影响，尽管权力斗争有损于组织效率，但是这种斗争仍是群体间不可避免的一种行为。一个群体迟早会试图通过多种行为来获得对其他群体的权力。[21]106 如果引导得当，这种影响和左右的企图可以取得一个好的效果，反之则会导致组织中人员的钩心斗角和混乱的状况。组织的领导者对此要能够准确的识别，并在此基础上建立其一套能够为组织中大多数人所能共同遵守的、并为组织带来良好效果的价值观和行为规范。

人际关系反映的是组织中的人们建立在非正式关系基础之上的彼此互相依赖、帮助和交往，并以此获得安全感、所需资源或权利的一种社会关系。这种解释强调的是一种非正式的关系，因为从本质上讲，人际关系涉及的是人类的复杂的思维和行为方式，虽然可以提出若干关于人际关系的技能标准，如良好的沟通能力、化解和正确处理冲突的能力等，但由于人与人之间在人际关系标准和理解方面的差异，很难用一个统一的标准对其进行具体的评价。如果两个人的标准迥然不同，再怎么沟通都无济于事。而且从某种意义上讲，最重要的人际关系往往是建立在具有共同兴趣、爱好的非正式组织中。因此，对人际关系的关注，需要从正式和非正式的角度两个层面来看待和认识。在中国人的工作和生活圈子中，存在着非常复杂的人际关系网络，因此人际关系也是一个出现频率非常高的词汇。但在实践中，对人际关系的认识还存在一些不正确或不准确的观点，比如将人际关系与"攻关"或公共关系联系在一起，或将其仅仅看做是一种拉关系的手段。此外，人际关系一词在很多场合和环境中都以"人情"代替。我们经常说某人"你的关系很广"，或"别人都买你的账"等，就是指的这个意思。

4.13.2　产生公司政治的原因

之所以存在公司政治，主要是因为以下几个方面的原因：一是个人因素。人的性格特性会影响个人的职业发展，同时也与公司政治行为有关。比如，自我监控能力较强的人一般对社会线索比较敏感，并表现出较强的社会从众倾向，比自我监控较差的人更擅长政治手腕的运用。二是组织因素。对任何一个组织来讲，所拥有的资源都是有限的。无论是组织还是个人，要获得成功，在很大程度上取决于组织和个人所占有资源的程度。由于资源的有限性，一部分人或某些部门获得的利益，往往意味着是以另外一部分人或部门利益的牺牲为代价的。这种因资源的竞争所导致的人们达到目的的手段及所引起的人与人之间关系的变化，是公司政治产生的一个重要原因。三是社会因素。主要指中国传统文化的影响。相互猜忌是公司政治产生的另一个重要原因。中国的传统文化尤其是儒家思想强调秩序和等级观念，这种等级和秩序观念所包含的不可预知性是当今公司政治产生的社会文化和心理背景。孔子在《论语·泰伯》中讲："民可使由之，不可使知之。"意思是说，对老百姓而言，只要让他们按照国君的话做就行了，没有必要让他们知道为什么要这样做。这种文化传统在今天也很有市场，很多企业的正常活动都被人为地蒙上了一层神秘的色彩，直接的结果就是导致上下级之间、同级之间的相互猜忌。比如在企业中，你被要求做很多事情，但至于为什么要这样，却不告诉你，全凭你的猜测。如果你的领悟能力高，就可能找到正确的方法并完成任务，反之则会功败垂成。

4.13.3　要走好职业生涯这条路，必须要"两条腿"

中国人有句俗语，叫做："学好数理化，走遍天下都不怕。"这句话在几十年前可能还有市场，但在今天，如果还相信这句话，可能就要碰壁或者失败了。

人有两条腿，靠着两条腿，人类得以不断的前行，成就了世间一个又一个奇迹。干事业也要有"两条腿"：一是专业技能，二是群众关系和政治上的成熟。只有二者的结合，才有可能获得成功。但在现实中，我们看到的却是大多数的职业人士都将他们关注的重点放在技术或专业方面，往往忽略了人际关系和职场政治对工作和职业发展的影响，这不能不说是一个缺陷。企业是什么？企业是一个开放的社会和技术系统。所谓技术系统，是指企业的机器、设备、厂房等有形的资产构成的运转秩序和运转效率。所谓社会系统，是指企业中人与人之间的关系。在以人构成的社会系统中，有一套人与人之间打交道的规则。这些规则在很大程度上影响和左右组织成员的动机，并进而影响企业技术系统的运转秩序和运转效率。所以，技术和专长固然重要，但这只是"一条腿"，技术和专业的优势只是一个权力"源"，我们还需要另外"一条腿"，即对由各种形形色色的人所构成的组织复杂性的认识，以及应对和处理复杂人际关系的能力，这是职业人士成功的另外一个权力"源"。特别是对于领导者和管理者以及那些希望以后成为领导者和管理者的人来讲，只有具备了"两条腿走路"的能力，眼观六路，耳听八方，才能在错综复杂的组织环境中游刃有余，并获得生存和发展的空间。对于组织来讲，人际关系意味着对组织成员和组织目标的共同关注，因此，组织应当而且必须强调"两条腿走路"的重要性，即在关注人际关系的同时关注组织的总体目标，并在二者之间取得平衡。

4.14 绩效管理的核心：正确的绩效界定和导向

人力资源管理观念创新的第十四项内容是绩效管理，它关心的是绩效考核、绩效评估和绩效管理的区别，以及绩效的界定和绩效的导向，它要解决四个问题：绩效考核、绩效评估和绩效管理的区别；绩效管理最理想的境界；组织战略和绩效导向的关系；绩效界定和绩效考核的关系。

4.14.1 绩效考核、绩效评估和绩效管理

绩效考核、绩效评估和绩效管理是一个相同的概念吗？如果不是，那它们

之间的差别在哪里呢？弄清楚这个问题，对于企业的人力资源管理具有十分重要的意义。

严格来讲，绩效考核、绩效评估和绩效管理三者之间存在明显的区别。

所谓绩效考核，是指在一个既定的时期里考察和评价组织各业务经营单位和员工业绩的一种正式制度。它关心的是"是什么"的问题。传统的绩效考核主要看重结果，而不太关注过程。一般来讲，绩效考核有以下特点：一是时间集中，如月、季度、年中、年末的绩效评估，都集中于某一个时点进行；二是传统的绩效评估着重具体事实即部门和个人绩效指标完成情况的评价；三是绩效考核是一种事后评估，即主要是对已经成为事实的那些事件的评价。

绩效评估主要是指对员工的工作动机、态度、能力、行为和技能的评价。也就是说，除了对员工的工作业绩考核结果进行评价以外，还要对"为什么"作出解释。它的特点是，要找出行为和事件背后的原因。它既要对优良绩效进行总结和表彰，也要对不良绩效提出改进意见。

绩效管理是指组织为确保各业务经营单位和员工的工作活动和工作产出能够实现组织目标保持一致的过程。它要解决的是"应该是什么"的问题。绩效管理的特点主要表现在三个方面：一是系统性，一个有效的和完整的绩效管理系统包括绩效导向、绩效系统设计、绩效评估方法选择、绩效评估、绩效信息反馈、绩效系统的调整和改进等内容。二是战略性，与绩效考核不同，绩效管理是一套体系和战略管理方法，通过这套体系和方法，最终达成组织战略信息的传递和落实。三是注重绩效改进，即强调组织及其领导者和管理者的一项重要责任是指导和帮助员工不断改进和增强技能以创造更多更好的价值。因此，在组织的绩效管理系统中，领导者和管理者指导和帮助员工的能力和水平应成为其重要的绩效指标。

以上解释已经充分说明了三者之间的区别。总的来讲，绩效考核关心的是"是什么"，绩效评估关心的是"为什么"，而绩效管理关心的是"应该是什么"三个概念中，绩效管理是一个范围更大的概念，它包括了绩效考核和绩效评估这两项内容。与这两项内容不同的是，绩效管理更加强调"导向"，即组织战略对绩效管理的影响。

4.14.2 绩效管理的最理想的结果应该是什么

绩效管理最理想的结果应该是什么？这是一个看似简单，但并不容易回答的问题。其实这个问题很容易回答：绩效管理的最终目的绝对不是为考核而考核，绩效管理最理想的结果是"人人过关"。

为什么说绩效管理最理想的结果就是"人人过关"？其实道理很简单，因为任何组织进行绩效管理的初衷和最终目的，无非就是要达成组织战略所规定的各项目标，而这又是建立在每个组织成员完成自己的目标基础之上的。本书图2-3"基于组织战略的绩效管理系统"告诉我们，当组织的绩效计划制订好以后，将会在组织各个层面进行分解，由公司层分解到部门、班组，最后分解每个具体的岗位。到一个年度计划的结束，如果个人完成目标，则意味着部门完成目标；所有的部门完成目标，也就意味着公司完成了目标。因此，绩效管理的重点是保证人人"达标"，而绝不是单单为了考核和奖惩提供依据。如果一个人没有完成目标，影响了公司的绩效，你扣他（她）的工资或者奖金又有什么用呢？因为他（她）的行为已经给公司造成了难以挽回的损失，已经使经销商、消费者的感情受到了伤害。显然，这不是绩效管理要追求的目的。绩效管理要追求的最终目的就是人人都在规定的时间内保质保量甚至超额完成工作任务。

要保证实现绩效的"人人过关"，最重要的一项工作就是要做好绩效实施过程中的绩效改善和过程管理。由于企业是一个开放的系统，随时会受到外部环境变化的影响，在这种情况下，企业的战略就必须随时调整，战略一经调整，部门和个人的目标也就应随之发生变化。这时，各级领导者和管理者的重要任务就是随时随地根据变化和调整后的组织目标对所属部门、下属是否按时、按质、按量完成工作目标进行跟踪和监督。一经发现偏离目标，则立即进行绩效干预，以纠正偏差，回归正轨。其次，必须提高各级领导者和管理者的领导能力和管理能力，改变只"管"而不指导的官僚作风。最后，如果发生人员不称职的情况，需要立即启动企业的培训、招聘等系统予以支持，保障任职者与岗位目标的匹配。

4.14.3　组织战略和绩效导向的关系

绩效管理是人力资源管理的一个重要职能，它必须支持组织的战略目标。在战略性人力资源管理系统中，这种支持主要是通过建立绩效管理体系，铺设传递组织战略信息的渠道，并通过信息的传递，使组织的战略要求达及各业务单位和个人来实现的。

在战略性人力资源管理系统中，绩效导向属于战略性要求，事关员工工作的努力方向。所谓绩效导向，是指组织对其成员工作努力的方向和应当达到的绩效标准的预期。在专栏4-5中，联合邮包服务公司（UPS）的宗旨和使命就表明了这种预期，即"在邮运业中办理最快捷的运送"。在这个宗旨中，最核心的要素是时间。时间不仅体现了邮运业工作的特点和公司的绩效导向，更重要的是通过对时间的强调，表达了对顾客利益的关注，而这正是公司利润的主要来源。在这一导向下，联合邮包服务公司的工程师们对送货司机如何在最短的时间内完成高质量的工作做了大量研究，并在此基础上总结和提炼出了严格的工作流程分析和标准，通过培训，使每天每个司机比竞争对手多运送50件包裹，从而为公司带来了巨大的竞争优势。

对于组织来说，正确的绩效导向源于两个方面：一是对存在问题的正确判断，它是决定组织绩效的基础。正确地绩效导向对于组织来说非常重要，因为组织衡量什么，员工就关注什么，它表明了组织对员工工作努力方向的期望。如果这种期望产生误差，就会导致错误的结果。二是组织对利润来源的认识。一些组织常常对财务指标非常关心，但他们忽略了财务指标是一个滞后指标，并不能够反映组织的整体绩效水平。过分的追求财务指标，可能会破坏组织生存的基础，损害组织的长期利益。

专栏4-5　美国联合邮包服务公司（UPS）送货司机的工作

美国联合邮包服务公司共有15万名员工，平均每天将900万个包裹送到美国各地和180个国家。为了实现公司"在邮运业中办理最快捷的运送"的宗旨，公司的管理层建立了一个高效的管理系统，其中一项重要的工作就是建立严格的工作分析，并在此基础上对员工进行系统培训，使他们能够高效率地从事工作。

以下是联合邮包服务公司对送货司机的工作信息收集、标准、程序以及效果：

1. 信息收集

联合邮包服务公司的工程师首先是对每一位司机的工作流程即行驶路线都进行了时间研究，并对每种送货、暂停和取货活动都设立了标准。工程师们详细地对以下情况进行了记录和研究：行驶路线和时间、红灯停留时间、通行行驶时间、按门铃、穿过院子、上楼梯、中间休息喝咖啡、上厕所等的时间。然后将这些数据输入计算机中，从而得到每个司机每天工作的详细时间标准。

2. 制定标准

为了实现"在邮运业中办理最快捷的运送"的宗旨，根据竞争对手的状况，公司制定了每个送货司机每天运送130件包裹的工作标准。

3. 工作程序

为了达到130件包裹的目标，公司为送货司机们制定了严格的工作程序并要求司机们严格遵守：

步骤1：当送货卡车接近目的地时，松开安全带，按喇叭，关发动机，拉起紧急制动，把变速器推到1挡上，为送货完毕的启动离开做好准备。

步骤2：司机从驾驶室出来，右臂夹着文件夹，左手拿着包裹，右手拿着车钥匙。看一眼包裹上的地址并记住，然后以每秒钟3英尺（1英尺＝0.3048米）的速度快步走到顾客的门前，先敲一下门以免浪费时间找门铃。

步骤3：送货完毕后，司机们在回到卡车上的途中完成登录工作。

4. 效果

联合邮包服务公司通过严格的工作流程分析和标准，以及对司机进行培训，为公司带来了巨大的竞争优势。其竞争对手联邦捷运公司（Federal Express）平均每人每天只取送80件包裹，而联合邮包服务公司却是130件，即联合邮包服务公司公司每天每个司机比竞争对手多运送50件包裹。由于在提高效率方面的不懈努力，使 UPS 被公认为是世界上效率最高的公司之一。虽然未上市，但人们普遍认为它是一家获利丰厚的公司。

（资料来源：史蒂芬·罗宾斯《管理学》第四版，第 23 页，中国人民大学出版社，1997 年 4 月。）

4.14.4　绩效界定和考核的关系

确定了正确的绩效导向后，下一个环节就是要将建立在此基础上的组织战略进行分解，通过工作分析，将组织的目标落实到每一位组织成员，即界定每个组织成员的绩效标准。企业在绩效考核时最容易出的一个问题就是考核的事件不清晰、不明确、不具体、难以操作。要解决这个问题，关键是要做好绩效的界定。所谓绩效界定，是指在工作分析的基础上，通过职位描述和任职资格，将组织的目标分解落实到每一个岗位并形成标准的过程。其中最重要的环节是把岗位职责量化或细化为可量化的具体指标。比如，一个销售总监的岗位职责中可能有关于"保持销售团队的团结和稳定"的要求，在制定考核指标时，就需要把这个定性的描述量化为定量指标和行为指标，如与销售人员沟通协调的时间和效果、对下属评价的科学性和合理性、销售人员和核心销售员工流失率等指标，并分别赋予不同的权重，这样才能使考核具备可操作性。其次，准确的绩效界定并形成工作标准还取决于组织结构设计、业务流程分析、工作规范要求以及部门主管的作用。特别是工作分析，不仅根据组织期望的绩效标准提出了岗位任职者应完成的工作和任职的资格要求，而且还规定了应达到的绩效水平，从而达到绩效界定的目的。

4.15　薪酬战略的关键：付酬的对象和支付形式

人力资源管理观念创新的第十五项内容是薪酬的支付形式，它关心的是薪酬的构成和支付方式，它需要解决四个问题：企业一定要了解和掌握自己的人工总成本；确定支付的重点对象比具体的支付形式更重要；薪酬的搭配比支付的数量更有效；如何实施内部公平和外部公平。

4.15.1　为什么要了解人工总成本

　　传统的薪酬概念主要指的就是单纯的工资和奖金，因此其人工成本的概念也就很简单。现代的薪酬概念不仅指员工从企业取得的各种现金收入，还包括各种福利、服务部分，具体包括三部分：以工资、薪水、奖金、佣金和红利等形式支付的直接货币报酬；以各种间接货币形式支付的福利，如保险、休假等；以及社会交往、工作多样性和重要性、工作条件以及发展机会等现代意义的报酬要素，这一部分更强调基于现代社会人的需求相对应的激励因素。而所有这些都是需要企业投入的。因此，基于现代薪酬的人工成本的范围就大大扩展。了解薪酬构成和人工成本的意义在于，首先，科学合理的薪酬体系有助于提升组织的竞争力。在各类报酬要素中，除了薪酬、福利等传统的工资概念以外，社会交往、工作多样性和重要性、工作条件、发展机会等要素不仅能够增加员工的满意度，而且有助于提升组织的竞争力。盖洛普公司的"Q12"也充分证明了这一点。其次，了解现代薪酬的内涵能够使企业了解对员工的总体投入水平，即有一个明确的人工总成本的概念，同时让员工清楚自己在企业得到的所有报酬，这在很大程度上会影响员工的离职行为或企业留人的成功与否。专栏4-6是20世纪90年代初中国人事科学研究院所做的有关外资企业和国有企业人事费用的一项调查，该调查显示，当时外企的人工费用远低于国有企业，但却有大量国有企业的人跳槽到外资企业。主要的原因就在于，企业和员工都不了解薪酬的总体概念和所包含的内容。跳槽的人到了外资企业，虽然拿到手的现金很多，但很多原来在国有企业不花钱就可以得到的，现在都得自己花钱购买。另一方面，企业在员工身上投入很大，员工却不认账。虽然此次调查的目的是想说明外资企业的薪酬的针对性和科学性，但换一个角度看，那些医疗保险、住房分配、退休保障、福利待遇正是今天现代企业吸引和留住核心员工的重要内容。这个案例告诉我们，企业应当非常清楚的了解和掌握对员工的总体投入水平，并把员工在企业获得的所有回报都明确地传达给每个组织成员。这样员工在做出留职或离职决定时，就会考虑机会成本，在决策时就会非常谨慎。最后，了解人工总成本有利于企业的人事决策，如加薪或减薪。在企业的产品或服务不具备差异化的情况下，当企业通过分析发现自身的产品或服务中所包含的人工成本比竞争对手低时，就可以通过加薪以激励员工，同时吸引人才加盟。反之，如果发现在产品或服务中人工成本的比例已经超过竞争对手，那么就应当控制人工成本在产品或服务中的比例，以维持自身的竞争优势。

专栏4-6　国企、外企的人工成本比较

根据中国人事科学研究院人事诊断中心甄源泰1992年做的一项全国范围的调查显示，外资企业所以给人高薪的印象，关键在于薪酬管理比较科学。这次接受调查的企业涉及2000家，共5万名员工。当时外企的工资水平对国有企业的冲击非常大。但调查表明，外企花在员工身上的人事总费用，人均仅320元（含外来务工青年的工资），而国有企业花在员工身上的人事总费用，人均高达550元。从总体看，国有企业的投入高得多，但这些投入大部分都表现为医疗保险、住房分配、退休保障、福利待遇等，此外还有各种各样的体制性浪费。最后真正作为现金发放到员工手上的就只有100多元。而外企的320元基本是都是现金。外企给人高薪的印象，关键在于其科学的管理，了解员工的心理需求。当时条件下，国有企业员工的工资一般都只有几十元，突然给你高于原来近10倍的工资，你不想走都不可能。因为在那个年代，人们还主要考虑的是满足基本的生理方面的需求。

（资料来源：人力资本登上历史舞台，《人力资源开发与管理》，2003年第4期）

4.15.2　支付方式的差异

企业的管理实践证明，薪酬福利仍然是最重要的激励因素和手段，员工对薪酬满意度不高虽然并不一定会导致员工离职，但对工作绩效肯定有负面影响。企业如果需要招聘稀缺的人力资源，如果没有具有竞争力的薪酬，也是难以达到目的的。随着商业竞争的日益加剧，越来越多的企业把有效的薪酬系统与其

竞争优势有机地结合起来。因为作为最重要的激励要素，员工的薪酬满意度一直是一个非常重要的指标。当员工把薪酬视为公司对自己工作付出的回报和对自己所做贡献的尊重，并据此作为自己职业选择的重要依据时，没有哪个企业会不关注员工对薪酬的评价。但是，员工的薪酬满意度并不意味着就一定是高薪，有效的激励系统是一个包括经济的和非经济的等各种激励要素的结合体。

有的时候，支付的数量并不是最重要的，各种薪酬的搭配才是最重要的。也就是说，同等数量的薪酬可以采用不同的组合方式来支付，这主要是强调薪酬的灵活性和针对性的问题。首先，应当建立一个全新的总体薪酬体系的概念，不仅强调直接的现金形式，而且还应有其他非现金的形式。其次，对不同的人也有不同的支付方式，比如，从专业来讲，研发人员的薪酬大体上是一种固定工资高而活动工资（或绩效工资）低的组合方式，而销售人员则相反，绩效工资比例很高，固定工资比例很低。同样，从年龄结构上也可以有不同的组合，年龄大的员工更关注退休后的保障，年纪轻的员工则更看重现金收入的比例。因此，前者的薪酬组合中现金相对较少，退休后的福利较多，而后者则相反。最后，既然现代薪酬理念强调经济的和非经济的激励，那么企业在建立完善薪酬体系时，就应该从这两个方面着手。

4.15.3　如何解决内部一致性和外部一致性的矛盾

内部一致性和外部一致性是薪酬设计的两个重要原则，但在实践中，并没有统一或绝对的实施标准。企业是实行内部公平还是外部公平，在很大程度上取决于行业性质、企业战略、企业发展阶段以及职能要求等因素的影响。首先，组织战略在一定程度上决定了这种选择。比如，在一个实行差异化战略和以技术领先的企业中，薪酬的外部公平可能是首要的考虑因素，因为要保持差异化和技术领先水平，必须保证有一支了解当今技术发展趋势和掌握最新技术技能的技术人才队伍。而要获取和保持这个队伍，就必须主要按照市场薪酬水平而不是主要按照内部公平原则决定其薪酬待遇。而在实行以低成本战略的组织中，可能更多的岗位薪酬要按照内部公平的原则来确定，因为低成本战略本身就限制了组织的招聘成本等人力资源管理方面的投资。

其次，是实行内部公平还是实行外部公平，还取决于特定环境条件下制约组织发展的主要因素。大家都知道，内部公平是建立在工作分析和职位评价基础上的，而外部公平则反映了市场薪酬水平对人才的吸引和对企业薪酬系统的制约。由于缺乏进行选择的依据，企业常常为在内部公平还是外部公平之间进行选择而举棋不定，伤透脑筋。那么应如何解决这一问题呢？下面就以工作评价的结果如何与工资结构相联系为题，对如何解决内部公平和外部公平的矛盾做一说明。

A 企业是一个主要从事家具制造的专业性公司，在产品的研发、生产和销售三个环节上，由于生产环节实现了一定程度的机械化和自动化作业，产品的质量能够得到保障，因此研发和销售是最重要的两个环节。目前市场上的情况是：优秀的研发总监人才很少，待遇要也很高。而销售人才相对较多，薪酬水平也相对较低。A 公司目前存在两个主要问题，首先，在研发方面缺乏高素质的研发团队，研发创新还有待加强，但总的讲能够应付目前局面。在销售方面，虽然每年都有增长，但距公司的要求和战略目标仍有较大差距，大量的库存占压了公司的资金，公司领导一直为此伤透脑筋，希望通过薪酬制度改革，调动其积极性，为实行公司的战略目标奠定基础。现 A 公司正在进行劳动人事制度改革，其中需要对营销总监和研发总监两个职位进行职位评价，以期获得较为公正的薪酬水平，解决当前公司面临的最紧迫的问题。但问题在于采用什么标准进行评价。如果按照内部一致性原则，两个人的薪酬水平都应该相同，应向两人支付相同的工资；如果按照外部竞争性要求，目前的行情是研发类人才比市场营销类人才紧俏，前者的市场薪酬水平要高于后者，应向研发部经理支付市场水平的薪酬。这时内部公平和外部公平的矛盾表现在，按照内部一致性原则确定的薪酬水平可能导致研发总监的价值没有得到应有的承认，按照外部公平原则确定的薪酬水平则可能使销售总监感到不公平。结果是，无论采用哪种方法，都会产生激励不到位的问题。

解决这一问题的关键在于什么是制约企业的"瓶颈"，而不是单纯地在内部公平和外部公平中作出选择。从以上可以看出，A 企业面临的"瓶颈"是销售而不是研发，因此，解决问题的思路也应从销售环节入手。根据战略性人力资源管理的要求，人力资源战略应当支持组织的经营目标，因此在二者薪酬的投入上应向销售总监倾斜。尽管市场销售总监的市场薪酬水平低于研发总监，但也应向其支付高于市场平均水平的工资，同时根据公司对研发环节的期望，向研发总监支付与市场平均水平相等的工资。这样，就能够解决内部公平和外部公平的矛盾。

最后，采用内部公平还是外部公平还与组织的发展阶段密切相关。内部公平和外部公平的运用并不是绝对的，在企业发展的不同阶段，这两种原则的运用始终是随着企业的需要而不断变化。一般来讲，在创业和成长阶段，企业往往需要大批管理和技术人才的加盟，因此，薪酬的外部公平就成为企业薪酬政策的主要手段。在进入成熟期后，企业的各方面都进入了比较稳定的时期，企业的知名度、品牌和商誉等无形资产已经形成，特别是企业的人力资源管理水平有了很大提高，培训、开发、有效的职业发展空间、良好的工作氛围等都成为吸引人才加盟和留住人才的重要手段，这时内部公平开始逐渐取代外部公平，成为制定企业薪酬政策主要的依据。

4.16　重视有组织的员工职业规划

重视有组织的员工职业生涯规划，是人力资源管理观念创新的第十六项内容。它关心的问题是，企业必须改革歧视性的薪酬政策，让"当官"的和"当兵"的能够根据自己的贡献获得相应的报酬；管理人员和技术人员根据各自的贡献获得发展，千万不要从优秀的技术专家中选拔和培养不合格的管理者。

4.16.1　什么是有组织的员工职业生涯规划

员工职业生涯规划是人力资源开发中非常重要的一项工作。职业生涯规划包括两个层面的内容：一是个人对自己未来的工作和职业所做的选择或者安排。二是从组织的角度，为建立和保持其人力资源竞争优势而对员工进行有组织的职业生涯规划的一整套措施、制度和政策的安排。

从职业规划的发展历史看，早期的职业发展主要针对的是员工个人，随着企业间竞争的加剧，竞争的源泉逐渐由财力和物力资源的竞争向人力资源的竞争转变，有组织的职业开发活动和发展规划成为主流，并成为战略性人力资源管理的重要内容。正是基于此，有组织的员工职业生涯规划成为组织人力资源管理的重要职能。有组织的员工职业规划的意义主要表现在两方面，一是它能够帮助员工在组织中找到正确的位置，充分发挥自身的优势，帮助组织实现自己的目标。另外，有效的员工职业规划是组织激励员工的重要方式，它不仅能够增强员工的使命感和责任感，还能够提高员工对组织的承诺。因此，有组织的员工职业规划是一个系统的工程。但遗憾的是，在不少企业和其他组织中，这项工作并未得到足够的重视。其原因主要有四个方面，首先，不少企业还没有建立起完善的人力资源管理体系，更谈不上有组织的职业规划；其次，人们对职业生涯规划的认识和理解还存在误区，如把职业生涯规划界定在组织晋升这一非常狭窄的领域。在传统职业生涯的概念中，特别强调在组织中管理层级的升迁，并将其作为判断个人成功的唯一标准。再次，在不少组织中缺少具有相关专业知识和工作经验的专业人员，因而难以对这项工作的开展提供支持。最后，专业教育滞后，在各类人力资源管理的教科书中，对这一问题的系统论述或介绍的也并不多。这些都导致了员工职业生涯规划工作未能得到很好的开展。

4.16.2 为员工提供多种职业发展路径

组织可以通过构建现代的职业发展路径，以解决员工的职业发展问题和歧视性薪酬政策带来的消极影响。现代的职业发展路径的一个重要特点是重视员工的兴趣、爱好、专业水平，并将此与组织的发展有机地结合起来，具体表现为跨专业和跨职能的螺旋形发展模式。与传统的职业发展路径相比，现代职业发展路径在继续关注管理者和接班人培养的同时，更加注重员工岗位的胜任能力的培养，同时根据各自的工作性质和特点，为员工提供更加丰富化的工作内容，在此基础上培养和提高员工的工作满意度。

现代的职业发展路径主要包括以下形式：一是轮岗，即所谓的横向职业发展路径。这种方式主要是指通过工作或岗位轮换，考察员工能力、发现员工特长、培养不同工作岗位上的工作经验的一种方法。通过向员工提供横向职业发展路径的选择，可以更进一步地解决人岗匹配和员工工作满意度的问题。其次是双（多）重职业发展途径，是指为员工提供管理发展路径和技术（专业）发展路径两项选择。管理路径即指企业管理人员的继承计划或接班人的培养制度，特别是对于那些既具备管理才能、又具备技术背景的员工，企业要给予更多的关注，根据组织和个人双方的选择决定他们的职业发展路径。技术（专业）发展路径主要是为那些技术出众而不愿从事管理工作、或技术优秀但不具备管理背景、或具备管理背景但企业暂时没有空缺职位的员工设计的。在这种职业发展模式中，员工可以根据自己的能力、兴趣、爱好以及组织所能提供的机会，选择适合自己的职业发展路径。比如，对于那些只关心技术不愿管理他人的人，着重培养其在技术方面的发展潜力。其中，根据技术人员专业水平的高低，还可以进行技术人员职业阶梯系列的设计。双（多）重职业发展途径强调专业技术知识和管理技能同等重要，不同职位的人员应通过利用他们的专业知识和技术为组织做出贡献，并得到应有的报酬作为其职业生涯成功的标准，而不必一定要成为管理者。最后是员工绩效能力评估及提升，即根据组织发展需要对员工的能力和技能进行评估，提出改进和提升其价值创造能力的方法和途径。当员工感觉到在组织中能够有效提升其价值创造能力，无疑会增强其个人职业发展的信息，从而提高对组织的承诺。除此之外，晋升、各种类型的职业发展研讨会、快车道计划、职业兴趣测验、评价中心等，都属于现代职业发展路径的内容。关于这方面更为详尽的内容，请参见本系列丛书第三部《中国人职业生涯规划必修课：人际关系、组织政治、职场规则》第一章。

4.17　企业文化：只能描述和适应，不能选择和评价

关于企业文化的讨论是人力资源管理观念创新的第十七项内容，它关心的问题是：文化和价值观与人力资源管理有什么关系？组织成员能否选择组织的

文化和价值观？要回答的问题是：文化和价值观影响和左右人们的态度和行为方式，影响组织成员的职业发展，因此应当成为组织人力资源管理的重要内容；其次，文化在很大程度上是一种感觉，只能描述和适应，既不能选择，也不能评价。

4.17.1　文化是一种感觉

文化首先是一种知觉或者感觉，这种知觉和感觉存在于组织中而不是个人中。在主流文化具有很强影响力的情况下，组织中具有不同背景或不同等级的人，都试图以相似的语言来描绘组织的文化，这表明了文化对组织中所有人的共同影响。其次，组织文化是一个描述性语言而不是评价性语言，它与组织成员如何看待组织有关，而无论他们是否喜欢他们的组织。[10]184 由于文化不是一朝一夕形成的，因此表现出相对稳定和长期性的特征。正因如此，文化成为影响员工职业生涯发展的重要因素。对于组织成员来讲，要想改变组织的文化是非常困难的，更重要的是了解和适应而不是改变它。组织中的个体要在一个组织中生存并获得较好的职业发展的机会，必须尽可能准确地识别组织文化的特征，然后与自我价值观进行比较，在此基础上再进行选择。由于文化会影响甚至制约管理者的决策选择，因此员工在决定自己的职业生涯规划方面的问题时，必须考虑组织文化和价值观的影响。一般来说，员工个人的职业发展与组织文化和价值的认同之间是一种正相关的关系，也就是说，你对组织文化和价值观的态度将决定你的前途。要想有一个好的发展机会，首先要做的一件事就是调整自己的价值观，适应组织的文化，而不是相反。比如，一个思想活跃、具有创新思维、敢想敢干的员工，如果他或她所在的组织对冲突的宽容度、风险承受度小，强调严格的管理和控制，他可能就很难有一个好的发展机会。在这种情况下，不能够说组织的文化不好（评价），只能说这个组织的文化是这样要求组织成员的（描述）。最后，组织文化可能有正式的文本或描述，但大量是非正式存在的形式，比如约定俗成的原则和规范等。在这种情况下，文化就只能够通过感觉去体会和把握。还有一个较为普遍的事实是，在一些组织中，尽管有正式的文化和价值观要求，但实践中的行为规范又是另外一套。要在这一类组织中生存和发展，就更需要认真地去体会和把握其真实的文化内涵。

4.17.2 文化的类型及适应性

专家和学者们对文化的分类有各种不同的版本，从企业的角度观察，大致有以下五种类型可供参考，[7]8 每一种文化在组织、领袖、决策、人际关系、管理五个方面表现出不同的特点。

4.17.2.1 权力文化

权力文化又称之为"强人文化"或"一个人说了算"的文化。基本特征包括：

组织特征：很多创业阶段的企业以及一个人说了算的私营或家族企业都具有这种类型的文化特点。

领袖特征：在这种企业中有一个得到组织大多数成员共同拥戴的领袖，这个领袖一般是该企业的创始人，喜欢独往独来，掌握有重要资源，大权独揽，是"X"理论的信仰者，具有敏锐的商业直觉和判断能力。

决策特征：创始人个人或创始人中的少数几个人成为权力的核心，他们在组织中具有绝对的影响力，在决策上具有"独断专行"的特点，尤其强调执行。当有员工对工作的合理性或"为什么要这样做"提出质疑时，通常的回答就是：不要问那么多，照着做就是了。

人际关系特征：具有这种文化类型的企业，关键组织成员之间的关系具有典型的"亲缘"特征，强调成员间的志同道合、沟通协作和艰苦奋斗；领导人和管理者主要是以工作为导向，而不是以人为导向，即关注的重点是"事"而不是"人"。

管理特征：主要依靠领袖与各关键岗位的重要人物之间的个人联系，特别是处于创业阶段的企业，基本上没有正式的章程、规则、程序和制度。没有授权，很少反馈，信息的流动主要是单向的，即从上至下，很少有自下而上的信息流动和传递。

4.17.2.2 角色文化

角色文化又可以称之为"官僚文化"或"过程文化"。其基本特征是：

组织特征：大多数处于成长期或成熟期的企业以及党政机关和事业单位都具有这种文化特征。如制造业（如钢铁生产、原材料开采等）、服务业（如银行业、快餐业等）等。特别是对于成长期的企业来讲，要迅速完成从"游击队"到"正规军"的转变，最重要的手段和方法就是严格的规范。关于这个问题，请参见4.12.2的内容。

领袖特征：与权力文化不同，个人权力并不来自于创始人自身具有的资源或权力，而主要是来自于组织正式授予的职位和职权，原来的个人权威被正式的职权取代。即使是创始人，在很多方面也逐步受到组织规则的约束。在较大程度上受"X"理论的影响。

决策特征：有正式的决策程序，如层级制度、民主集中制原则等，具有典型的官僚组织特点。当然，作为组织的"一把手"，董事长和总经理仍然具有绝对重要的影响力。

人际关系特征：成员之间的关系主要依照部门和岗位职责而定；个人的个性张扬或创新思维一般都被认为是不需要的或不能够容忍的。

管理特征：主要依靠正式的章程、规则、程序和制度，有严格的等级。认为正确的过程必然得到正确的结果。由于强调各自的角色扮演，因此有规范的工作职责和完成目标的描述，按照规则办事和完成岗位目标是最基本的要求。很少有授权，主要表现为单向反馈。因此，很多具有这种文化类型的企业大多表现为以工作为导向，对工作的关注超过对人的关注。

4.17.2.3 任务文化

任务文化又称为"团队文化"或"活力文化"。其基本特征是：

组织特征：适合对环境和市场保持高度灵活性的组织，如矩阵结构、临时性工作团队、工作小组、网络组织等。

领袖特征：具有这种文化特征的组织，其组织领导人的影响力主要源自个人突出的专业技术能力、掌握关键资源的能力以及极强的协调沟通的能力。在这种文化中，"Y"理论具有较大的影响。

决策特征：由于团队成员往往来自不同的业务部门，特别是在临时性团队中，每个人都凭借自己的专业能力成为自己专业领域内的权威，因此很少有正式的命令，主要依靠民主决策或团队决策。

人际关系特征：尊重权威，个人因其专业能力而得到团队成员的尊敬，每个人也能够从其他成员那里学习到新的知识和技能，因此一些原来不同部门的人往往能够从纯粹的同事关系在成为朋友关系。

管理特征：强调灵活性和组织资源的整合，以及强调个人和团队目标的统一。虽然也有一些正式的规则，但一切均以市场和消费者的需求为出发点，有较广泛的授权，信息呈现双向反馈。很少有职能制结构的那种部门和专业之间的信息交流和沟通障碍。

4.17.2.4　创新文化

创新文化又称为"不拘一格"文化。其基本特征是：

组织特征：强调"动"成长的组织。既包括国际商业机器公司（IBM）这样的巨型企业，也包括小型公司。灵活性和适应能力是这类公司不断追求的目标。

领袖特征：不拘一格，不满现状，勇于挑战，除非能够在一个组织中不断获得承认或晋升，否则很难在一个组织中长期逗留。对环境变化极其敏感，重视个人及组织与外部环境的协调。

决策特征：简化的决策程序，当机立断。某些方面有时有点类似于成长阶段的企业。

人际关系特征：组织成员有较强的适应变化的思维和能力，彼此间的信息交流频繁而有效。是"Y"理论的信仰者。

管理特征：强调"动"成长，容许犯错和失败，但不容许犯同样的错误，并以此作为员工激励的重要依据。

4.17.2.5　个人文化

个人文化又称为"独立人格文化"，其基本特征包括：

组织特征：比较松散的组织，如大学、研究院（所）、某些民间组织、文学家、摄影师、画家、书法家、导演、演员、律师、会计师等，其中很多都属于自由职业。在这些机构中，组织成员主要单独从事工作。尽管大学从表面上看也具有比较严格的规范，如学科和专业设置、科研和教学安排、职称晋升和薪酬待遇等，但由于这一职业具有很强的灵活性，教师们在完成本职工作的情况下，还可以兼职从事其他领域的工作，因此教师和学校的联系也比较松散。

领袖特征：具有任务文化的某些特征，影响力主要来自于自身的专业能力，如科研能力或教学能力等。

决策特征：由于是个人文化占主导地位，因此在决策上大多表现出自行决策，自己负责。

人际关系特征：成员间的依赖关系非常薄弱，偶尔有成员间的合作关系。如高校教师，只要完成每年的科研和教学任务，大量的时间可以自己支配。与其他类型组织中的人相比，高校教师和学校的联系显然要来讲要松散很多。此外，一些可以单位的研究人员也具有这种特征。

管理特征：有关的个人绩效指标非常明确和具体，个人职业发展有明确的等级阶梯，如大学的讲师、副教授、教授等。同时，组织成员的管理相对简单，以自我管理为主。

当然，这些类型的划分也不是绝对的，之所以要做出这些划分，目的在于当需要对企业的文化特征进行区分时能够提供一些可供参考的标准，以便人们进行判断。其次，随着社会的发展和进步，人们的价值观越来越呈现出多元化的特征和趋势，在这种情况下，文化的多元性也就成为一种必然。因此，更普遍的情况是，一个企业的文化会更多地表现出某一种文化的特征，而同时又带有其他文化的特点。比如，一个具有强人文化特征的企业，其领导人可能是以"人"为导向的，对下属也是非常关心的。在信息传递上，领导人和员工之间呈现双向的流动和沟通。又比如，同样处于创业阶段的高科技企业与制造业、服务业相比，情况也可能完全不同。

4.17.3　组织、文化和管理

在企业的经营管理实践中，文化对组织及其管理具有重要的影响，有时甚至制约管理者的决策选择，因此了解组织的文化类型，充分考虑组织文化和价值观的影响，对于组织及其成员的发展就具有十分重要的意义。以上讨论的五种不同的文化类型，对组织成员的要求也是不一样的。第一，企业应当将文化及其内涵明白无误地告诉所有组织成员，（假定企业已有系统的文化建设）以便使其能够按照企业文化所倡导的方向和目标努力工作。第二，文化必须"落地"才能够具有生命力。也就是说，组织的文化和价值观必须以制度的形式告知所有组织成员，遵守和违背这些核心价值观的结果是什么。文化才能够成为组织成员的行为规范。换言之，观念文化如果不能够转化为制度文化，就不可能有相应的行为文化。第三，慎重对待"家"文化。现在有不少企业提倡"家"文化或"亲情文化"，希望在组织中营造"家"的氛围，以此提升组织的凝聚力。但倡导这种文化的企业一定要注意与其相对应的制度安排。比如，在企业遇到困难和问题时，就不能够首先"裁员"，拿员工开刀；在薪酬制度上管理者和非管理者之间发差别不能够拉得太大，等等。否则，这种文化就不会得到组织成员的认同，"家"文化就没有存在的基础。第四，从员工的角度来讲，由于员工个人的职业发展与组织文化和价值的认同之间大多呈现一种正相关的关系，也就是说，一个人对组织文化和价值观的态度将决定他（她）在这个组织的前途。因此，要想有一个好的发展机会，首先要做的一件事就是调整自己的价值观，适应组织的文化，而不是相反。比如，一个思想活跃、具有创新思维、敢想敢干的员工，如果他或她所在的组织对冲突的宽容度、风险承受度小，强调严格的管理和控制，他可能就很难有一个好的发展机会。再比如，当一个组织的文化是建立在对员工不信任基础之上时，就意味着该组织的管理模式可能倾向于专制的、集权的而非民主的，该员工的任何创新思维可能都不会得到鼓励，当然也不会容忍他对组织的任何批评。在这种情况下，如果该员工选择继续在组织中工作，就必须适应组织文化的要求，这意味着他可能必须调整甚至舍弃自己的思想、观点、看法。如果该员工不愿放弃自己的主张或见解，那就只有两条路可以选择：要么离职，要么在既定的文化氛围下永远做一个默默无闻的人。正如德鲁克先生所讲的："组织必须拥有价值观。可是，人也需要拥有价值观。要在组织中发挥作用，我们的价值观必须与组织的价值观保持一致。我们与组织的价值观不必完全一样，但是，必须足够地接近，这样才能和谐相处。否则，我们不仅会遭受挫折，而且也不会创造出优异的成绩。"[14]157

4.18　人力资源管理的近期目标和最高境界

人力资源管理观念创新的第十八项内容是企业发展不同阶段人力资源管理的目标和任务。它所关心和要解决的问题是：企业是一个生命有机体，每一个阶段有不同的目标和任务，既不能够急于求成，也不应该无所作为。而是应当循序渐进，从"无为"向"有为"渐进发展。

"无为"和"有为"是中国哲学的两个重要概念。在我国几千年的文明历史长河中，有两个朝代是为国人所耳熟能详和津津乐道的，这就是汉朝和唐朝。汉、唐两代，中国的政治、经济、文化都达到了其鼎盛时期，"文景之治"、"开元之治"、"贞观之治"成为政治家、经济学家和史学家们研究的重点。汉、唐两代之所以能够取得如此的成就有多种原因，与其前期的统治者信奉和采用道家"无为而治"的思想是分不开的。但这种"无为而治"并非自由放任，而是"无为"之中有"有为"。如汉代统治者为了恢复经济，发展生产，就提出了"休养生息"、"轻徭薄赋"等施政方针，并由此促进了社会经济的发展。这种"无为"和"有为"的思想在企业的经营管理中同样具有重要的指导意义，特别是对人力资源管理而言，更主要是强调从基础工作做起，强调在企业管理中制度和规范的重要性。企业是一个有机的生命体，它有自身的发展阶段，在不同的阶段，企业经营管理的内容、目标是不一样的。特别是对于中国的中、小型民营企业来讲，如何进行包括人力资源管理在内的企业管理。下面我们就从"无为"与"有为"的角度，根据企业的生命周期来看制度和规范管理的重要性及其二者之间关系的转变。

4.18.1　创业阶段的人力资源管理

在企业的创业阶段，管理和规范主要还处于是一种"无为"或"无序"的状态，这是因为创业者都不知道企业未来的发展是否能够如愿，他们最大的压力是企业和个人的生存，他们主要的精力、时间、资源都用于融资、开拓市场、销售产品、回收资金、归还贷款等方面。在这一阶段，企业的创业者们还在摸索成功的方法和途径，没有时间和精力考虑一系列人力资源管理开发的规范问题。比如，可能不会考虑组织结构的设计和人员的分工，有什么事就做什么事，用一句话来形容，就是"眉毛胡子一把抓"；也没有时间和精力考虑组织成员的培训、绩效考核、激励等问题，如组织成员的薪水可能都一样，上班也没有严格的时间规定等。这时企业经营管理和人力资源管理的特点是一种典型的"无为"，表现形式就是没有完善的管理体系和规章制度。这时的企业还处于试验和寻求成功含义的过程，一旦明确了什么是成功，才会通过规章制度和政策来保证今后能够取得同样的成功。[22]

4.18.2 成长阶段的人力资源管理

在成长阶段，企业管理开始从"无为"向"有为"转变。企业的成长既包括质的提高，也包括量的变化。前者如技术的成熟，后者如市场份额和销售额的扩大、客户的增加等。由于这种变化，企业开始关注战略和执行的问题。第一，处于成长阶段的企业已经逐渐摸索到了成功的经验和方法，并在此基础上形成了日益明晰的战略轮廓和发展方向。为了保证战略的成功实施，企业开始重视通过严格规范来达到有效执行的目的。这时，企业分工和授权的重要性开始得到重视，企业需要通过组织结构的设计来体现这种要求。第二，随着市场的扩大，企业开始大规模的招聘员工，包括招聘职业经理人。创业阶段大家不分彼此的"一人多岗"开始由具有专业水平的职业经理人和员工分别完成。为使员工能够尽快适应企业的需要，工作分析、招聘、选择、培训、开发等一系列的要求提上了工作日程，其重要性日益突出。第三，为了保证企业目标的实现，管理者开始考虑员工的绩效管理和激励问题。第四，为了应付企业组织机构的扩大对人力资源量和质的要求，领导者开始考虑管理者的培养和选拔。所有以上这些内容都表明，规范管理已成为企业可持续发展的重要保证。这时企业经营管理的特点就是"有为"，表现形式就是开始制定一整套的规章制度，制度的硬性约束成为企业成长阶段的重要工作。

4.18.3 成熟阶段的人力资源管理

企业进入成熟阶段后，由于有了规范的管理基础，企业从刚开始创业时主要依靠个别人的个人智慧开始向依靠团队智慧转变，从"头痛医头，脚痛医脚"的无序管理向关注价值链管理、系统管理的有序管理转变。人们经过成长阶段制度硬性约束的历练和熏陶，已经非常熟练的能够根据企业固定的程序和方法做事。这时企业的创业者和管理者开始逐渐的脱离日常的管理和控制工作，开始考虑和总结企业未来的战略规划和发展方向问题，其中包括对企业过去成功经验和失败教训的总结。在总结的过程中，以前一些模糊的认识和概念逐渐开始明晰，人们发现企业之所以有今天的辉煌，是因为大家从创业之初共同遵守了某些重要而基本的原则。通过总结和回顾，企业的领导者和管理者们意识到这些原则与企业的成败关系密切，必须让每一个员工特别是新员工都能够知晓并得到传承，于是开始将这些原则进行提炼和加工，再赋予其时代的内涵，于是便有了企业价值观、宗旨、使命等文化层面的内容。这些内容通过员工手册等形式发至每个员工，告诉员工在企业中做事和最人的道理及原则，这就构成了企业文化的软性约束。因此在成熟阶段，文化的软性约束帮助企业达到"无为"的管理境界。

4.18.4 衰退阶段的人力资源管理

衰退阶段既意味着企业破产消亡，也可能是某种产品或服务的市场份额逐渐减少，需要从新开始，这时企业便又开始了新一轮的轮回，要适应新的市场、新的客户，要重新考虑新的产品，这时又回到"有为"的状态。

4.18.5 启示

将"无为"与"有为"的关系运用于企业的人力资源管理，可以反映人力资源管理的指导思想和基本原则在不同阶段的要求和特点，即在企业的成长和成熟阶段，要加强管理，包括硬性的制度约束和软性的文化约束两个方面。这一观念的创新之处体现在：创新必须建立在事物发展的客观规律的基础之上。

任何违背规律的创新，最终都会走向失败。从以上企业发展阶段的描述中可以看到，成熟期的企业"无为"而治的状态可能是最完美和最让创业者们羡慕的，因为它标志着企业人力资源管理水平达到了最高的境界。但我们同样可以从中领悟到，要达到这种境界，必须先经过成长阶段的痛苦历练，也就是说，严格的、规定的制度约束和管理是进入成熟企业必须爬过的一道坎。如果企图超越这个阶段，可能就会适得其反。因此，掌握并利用规律性是非常重要的。"无为"与"不管"是企业追求的最高境界和终极目标，"有为"与"管"则是企业现阶段应大力开展的重要工作。只有有了制度的规范约束的基础，才可能有未来畅所欲言、个性张扬的人本管理。孔子讲："吾十有五而志于学，三十而立，四十而不惑，五十而知天命，六十而耳顺，七十而从心所欲，不逾矩。"为什么能够不逾矩，就是因为他从小就开始学习，了解规矩。中国企业的市场化进程才刚刚开始，普遍没有接受过彻底的制度和规范的环境熏陶，国民的综合素质和知识还有待于进一步提高，大多数企业尚处在逐渐成长的阶段，企业员工的知识、能力和技能还需要进一步加强，企业当前甚至很长一个时期的首要工作还是制度的规范完善。如果只是片面的接受当今现代的管理思想，不考虑自身的实际，一味地强调"人本管理"，就可能走入误区。

在以上讨论的四个阶段中，处于成长阶段的企业面临的人力资源管理的压力最大。这一压力主要考验的是企业的主要创业者或"一把手"。如前所述，成长阶段的企业开始引入职业经理人和建立一整套的规章制度和管理规范，这时最容易出现创业者之间、创业者和职业经理人之间的矛盾。在一些企业中，创业者们往往以功臣自居，常常与企业的战略、与职业经理人之间发生矛盾。能否正确处理这种矛盾，不仅体现企业最高领导者的管理水平，更重要的是事关企业的发展。在［本章案例］中，山东德州皇明太阳能产业集团公司的董事长黄鸣当初就面临着这样的考验。从专栏中可以看到，处于成长阶段企业的特征在皇明都有体现。黄鸣长期犹豫不决的结果是公司停滞不前，幸运的是，他最终辨明了方向，痛下"杀手"，清理掉包括创业元老在内的千名员工，保证了企业战略的贯彻落实。以前黄鸣考虑是会失去什么，而现在他考虑的则是得到了什么，他得到的是一支"正规军"，企业也因此找回了执行力。

4.19　建立学习型组织，培养学习型员工

人力资源管理观念创新的第十九项内容是关于建立学习型组织的问题，它关心和要解决的问题是：随着知识经济时代的到来，技术已不再成为企业竞争力的唯一源泉，能够与时俱进的员工和倡导并建立学习型的组织，才能够在激烈的竞争中立于不败之地。企业必须在其组织内部培养鼓励学习、知识交流、知识使用、创新的工作氛围，这不仅能够激励员工，而且能够吸引人才的加盟。

4.19.1　学习型组织的兴起

随着科学技术的日新月异和竞争的加剧，任何组织、任何个人都不再可能凭借对某项技术的占有为自身带来持续的竞争优势。企业要取得持续的竞争优势，单单依靠对技术的了解和掌握是远远不够的，还必须通过建立学习型组织，培养学习型员工，以及建立和谐融洽的工作关系来增强竞争能力。这其中所涉及的一个重要问题就是组织应如何开展和实施知识管理。知识管理的核心在于创新，包括观念、思路、工具和手段等方面。其中，观念和思路是核心和基础。企业要获得可持续的发展和竞争优势，必须时刻保持创新的欲望和动力。而要维持这种欲望和动力，一个关键的要素就是在组织内部努力创造一个有助于创新的环境和氛围，这是知识管理观念和思路创新的重要内容。这种氛围不仅包括对传播工具等硬件设施的建立和完善，更重要的是倡导和建立一种基于全体员工的创新的文化和价值观。需要强调的是，要改变知识管理只是高科技企业的事情的观念，任何类型的组织都存在知识管理的问题。因为只要是组织，就必定存在效率和效益的问题，而知识的创造、使用以及管理，与效率和效益的提升具有十分密切的关系。

4.19.2　学习型"十字架"

建立学习型组织，培养学习型员工，需要从以下几个方面做起：首先，组

织的领导者和管理者应在组织中倡导和培育学习的氛围。学习不外乎两个方面，即从书本上学和从实践中学。张维迎教授曾就如何读书谈过这样的观点：如果把读书当做提高个人人力资本和组织竞争力的手段，甚或人生价值的提升，就要读一点经典的东西。人类对科学知识的追求是基于一个简单的信念：托起五彩缤纷千变万化世界的只是几条简单的逻辑。经典作家用他们的天赋智慧和毕生的精力寻找这些逻辑，为我们写出被称为"经典"的传世之作。我们必须承认，人类的真知灼见总是盘桓在个别智叟的头脑里，流淌在少数经典作品中。[23]因此读书要读经典，这样既可节约时间，又可真正学到原汁原味的东西。二是从实践和经验中学习，学习型组织的含义很广，但其中一个核心的内容是建立学习型十字架。十字架的纵轴表示企业的自我学习，即总结企业自身成功的经验和失败的教训，横轴表示企业的外部学习，即通过行业竞争对手成功经验和失败教训的总结，吸取经验，少走弯路。这种学习过程的行为主体既可以是个人，也可以是部门和整个组织。无论是哪种形式，最后都应在组织内部对学习的成果进行沟通和交流，以便让所有组织成员都能了解和掌握，在此基础上提升组织的竞争优势。

4.19.3 学习型组织与知识管理

建立学习型组织，培养学习型员工，需要在组织内部引入并加强知识管理。如前所述，组织学习有两种类型，即组织学习和个人学习，这两种学习的成果构成知识的主要部分，即组织知识和个人知识。知识管理的核心就是对这两种知识进行有效的管理，并发挥其应有的作用。无论是个人知识还是组织知识，又表现为两种形式，即显性知识和隐性知识，其中尤其是对隐性知识的管理非常重要，组织的重要工作之一就是要尽可能地把这些隐性知识转变为显性知识，以便让组织成员都能够掌握和应用。要达成这一目标，就需要进行经营管理工作的创新，即组织在做好日常经营管理的同时，将工作的重点向知识管理转移，给予这项工作更多的政策和资源支持。

第一，知识管理的成功，在很大程度上取决于一套正式规范的流程或程序，这本身也是组织知识管理的内容。这套程序的起点是倡导并建立学习型组织，在组织内部营造一种学习的氛围。这是知识管理最重要的基础性工作之一。第二，对个人和组织成功要素的经验进行总结和提炼，这一步骤目的在于发掘和提炼那些能够提高个人和组织效率和效益的重要的隐性知识，并通过信息转化，使之成为组织成员能够接受的显性知识。第三，知识的传播和使用。在这一过程中，要避免对 IT 技术的过分依赖，而要把更多的注意力放在人与人之间的沟通和交流上。第四，评价和奖励。组织要建立相应的激励机制，对那些在知识的创造和传播的组织成员进行表彰和奖励。第五，与知识产权保护有关的制度管理规范。

注释：

[1] W 钱·金，勒妮莫博涅. 蓝海战略 [M]. 吉宓，译. 北京：商务印书馆，2005：164 - 184.

[2] 杰克·韦尔奇，约翰·拜恩. 杰克·韦尔奇自传 [M]. 曹彦博，译. 北京：中信出版社，2001：176.

[3] 理查德·达夫特，多罗西·马西克. 管理学原理 [M]. 高增安，译. 北京：机械工业出版社，2005：150.

[4] 查尔斯·汉迪. 工作与生活的未来 [M]. 方海萍，等，译. 北京：中国人民大学出版社，2006：57 - 66.

[5] 托马斯·G 格特里奇，赞迪·B 莱博维茨，简·E 肖尔. 有组织的职业生涯开发 [M]. 李元明，吕峰，译. 天津：南开大学出版社，2001：186.

[6] 《经济观察报》2004 年 9 月 27 日，电子版。

[7] 彼得·德鲁克. 管理的实践 [M]. 齐若兰，译. 北京：机械工业出版社，2006：8.

[8] 威廉·萨蒙，罗斯玛丽·萨蒙. 职场政治规则 [M]. 蔡坚，译. 北京：中央编译出版社，2004：1.

[9] 理查德·瑞提，史蒂夫·利维. 公司政治 [M]. 6 版. 侯东灼，等，译. 北京：中信出版社，2003：6.

[10] 斯蒂芬·P 罗宾斯. 管理学 [M]. 4 版. 孙建敏，等，译. 北京：中国人民大学出版社，1997：361.

[11] 费孝通. 乡土中国 [M]. 北京：人民出版社，2008.

[12] 查尔斯·汉迪. 组织的概念 [M]. 周旭华，译. 北京：中国人民大学出版社，

2006：147.

[13] 彼得·德鲁克. 21 世纪管理的挑战 [M]. 朱雁斌，译. 北京：机械工业出版社，2006：148－149.

[14] 彼得·德鲁克. 卓有成效的管理者 [M]. 许是祥，译. 北京：机械工业出版社，2005：72－88.

[15] 詹姆斯·库泽斯，巴里·波斯纳. 领导力 [M]. 3 版. 李丽林，杨振东，译. 北京：电子工业出版社，2004：28.

[16] 华西都市报，2006－04－30.

[17] 理查德·M 霍杰茨. 现代工作中的人际关系 [M]. 8 版. 谢铮，郭锐，译. 北京：中信出版社，2005：106.

[18] 孙震，赵新洁，译. 文化与变革 [M]. 北京：中国人民大学出版社，2004.

[19] 鲍里斯·格鲁斯伯格，阿希什·南达，尼廷·诺里亚. 外聘明星：恒星还是流星 [J]. 商业评论，2006 (4).

[20] S Branch. Mbas Are Hot Again And They Know It [J]. Fortune, 1997, 14：155－157.

[21] 原野，秋彤. 万科 19 年持续成长之谜 [J]. 中外管理，2003 (3).

[22] 依查克·爱迪思. 企业生命周期 [M]. 赵睿，等，译. 北京：中国社会科学出版社，1997：32.

[23] 约翰·科特. 总经理 [M]. 李晓梅，赵玉华，译. 北京：华夏出版社，1997.

本章案例
如何消除组织政治障碍

2004 年，一个叫杰克·韦尔奇的老头儿来到中国，从北京到上海，接受着中国企业家们的敬意和怀疑。那时候，在山东德州，一个叫黄鸣的中年人看着电视里的这位通用电气公司前首席执行官，心神突然一震。"我知道自己该怎么做了。"黄鸣说。

2004 年 9 月到 10 月，先后有 1000 名员工（包括几位高层）离开山东德州皇明太阳能产业集团公司。四分之一员工离任，然而董事长黄鸣并不惊慌。"早就想好了，有了准备。"

黄鸣及其现任属下均称，2005 年，已经基本停滞了三年的皇明公司出现了将近70%的增长。显然，他们以此来证明那次动荡的价值。来自那次动荡中出走的皇明高层的说法则是，皇明事实上失去了一个把企业迅速做大的机会——它本来可以成为一个销售额过百亿的大公司。后者的假想已经无法得到证实，但是它涉及了动荡的实质：对于企业的发展战略，公司里出现了两种声音，且不可调和。黄鸣说，之前的几年里，他一直处在痛苦中。之后，他变轻松了。创业10年，清理掉包括创业元老在内的千名员工，创始人的勇气来自哪里？他为了什么？

对于公司那几年的情况，黄鸣认为就是路线斗争。按照皇明公司品牌总监王久伟及其同事的说法更具体："就是好用和好卖之间的争论。"

这种争论本来并不存在。从1996年到1999年，作为一个新兴行业的开创者，皇明的销售额连年翻番增长，然后，这种速度慢下来，因为在皇明身后，紧跟上来数千家追随者。于是，价格战在这个行业里开始了。在一些已经离开皇明的前高管看来，这是一个绝好的机会：以皇明的实力，正可以趁势展开大规模的低价销售迅速占领市场。他们不明白，在一个产品高度同质化的行业里，除了低价销售，还有什么更好的发展策略。

"这样的市场我宁肯不要。"黄鸣说。在他看来，降低价格就意味着降低产品的品质，包括性能、寿命、配件、服务。他不能接受："这是在跟行业为敌。"但对于皇明的营销部门和经销商，竞争对手带来的销售压力日渐增大："咱们2000块的产品人家1000块做出来了，规格一样，怎么干呢？"

时任华东大区经理的王久伟回忆，当时的销售压力确实非常大。但不打价格战是前提，他只有想办法说服消费者。他采取了"对比问答法"，向每一位消费者提出诸如"你是想买一台隔夜能用的热水器还是不能隔夜的"等问题，以此来彰显皇明的与众不同。王久伟说，他看到很多同事每天也在忙，但不见成效。"员工和经销商原来都是艰苦创业，但是现在有了一定的收入，大家就不想操心了。遇到打击，自信心首先消磨了，没有自信再去突破。趋利没有信心，避害嘛，害又不太严重，小富即安。"黄鸣对当时弥漫在团队内的这种气氛非常痛恨。

1999年以来，黄鸣一直在想如何改变公司的现状。他先后引进了几十个职业经理人，其中有皇明公司现任总裁范建厚。绩效考核等改革方案早就开始实行，但效果很差。"干部照本宣科，说和做两张皮，执行不下去。"这种情况让黄鸣苦恼不已。

范建厚来自台湾一家著名食品企业，是黄鸣所说的坚定的改革派。"最痛苦的是范总。我把人家请过来搞改革，又给他设置了很多障碍，虽然我不是有意的。"

黄所说的"设置障碍"是指他的态度的暧昧。黄把企业里的人分为"262"：积极与落后者各占20%，60%居中。"正常的企业里落后者应该没什么声音，等着淘汰就是了。我们这儿落后者的声音却很大，虽然是第二高音，也已经很厉害了。"黄说，当时的情况是，决策已经作出，反对的声音还在持续，说怪话，抱怨，"就是不好好干，这叫什么玩意儿？要是在前线早就枪毙了。"皇明不是军队，那些主要的反对者大多跟随黄鸣多年，有的甚至是一同创业的伙伴。这让他举棋不定。面对范建厚，他表示出坚定的支持立场。而转过头来，面对元老，他又舍不得，于是"安抚，迁就"。

"老板摇摆不定，我们也不知道何去何从。"皇明董事会办公室的一位员工说。他与范建厚同于1999年进入皇明。黄鸣认为，范建厚能够坚持下来没有放弃，不易，而且"很悬"。王久伟认为，对于皇明曾经的职业经理人，公司是港而不是岸。他们的目的很单纯，就是为了挣钱。"范总不一样，他把家安在了德州。"

黄鸣对范建厚有着很深的歉疚，他认为自己的犹豫对范代表的革新力量造成了很大的伤害。"不忍心是人性化的表现，但是不指明方向，不坚定原则，甚至不痛下杀手，是对那些坚持创新坚持改革的员工不负责任。"

而那些年中，黄自己也处于不断的痛苦中。他力图缓和矛盾，但并不见成效。他的工作状态由此变得很糟糕，"忙得一塌糊涂，不能够专注。"后来，黄总结道："我不是做早了而是做晚了，不是做凶了而是做犹豫了。"

这时候，那个叫韦尔奇的美国老头儿出现在黄鸣的电视里。"有三种人不能用，"老头儿说，"有能力有业绩有影响力，但是对企业不认同的人对企业伤害最大。"

"前两种人我没记住，"黄鸣说，"就是这句话让我感觉醍醐灌顶。听人劝吃饱饭，但是你不能都听。从一万句里选出一句，那是本事。"

"实际上，"黄鸣说，"现在想起来，这些人的影响太恶劣了，造成的损失几千万可能都不止。他们把企业里改革创新者的努力抵消了，让那些人没信心了。把零度的水加热还是容易的，但是要把冰化成水再加热，要费多大劲？"

而这些人并不是要以企业为敌。在黄鸣眼里，他们对企业有很深的感情——事实上，没有一个真正的坏蛋敢于这么理直气壮地唱反调——他们只是不自知。同时，他们又是自私的。"你伤害了他的利益，他不说出来，他只说这个企业要垮了。我原来以为这样的事情只会发生在国有企业里。"

如果不相信韦尔奇注入黄鸣体内的力量如此神奇，他下面的故事就会变得不好理解。

"我决定照韦尔奇的去做。"黄鸣开始明确地与范建厚为首的改革派站在一起："我们不再作解释，不换思想就换人。这次我要斩你了。"面对元老们时油然而生的"不忍"不存在了：他们实际上对企业已经"不义"很久了。

先是几位副总相继离开——或是被竞争对手高薪挖走，或是由于"不同政见"愤而离职。一些职位较低的观望者在看到改变老板想法的希望不存在后也离开了。这些干部的数量将近300人。"高层基本都清掉了。"紧接着，绩效考核得到强有力的推行，又有七八百人被淘汰。同时，夫妻同在皇明的有两百多对，闲话和小道消息传播极速，凡属中层干部的两人中必走一人（涉及70多人）。

"震荡太厉害了，一下子走了1000多人。做一个选择之前我首先想到的是得，我得到了什么，而不是失去了什么。"黄说，从几百人到上千人，那次动荡波及范围之广他在决定之前已经想到了，所以并无惊慌。这次意料之中的动荡让他得到了一支"正规军"，让企业找回了执行力。"企业里的杂音马上就少了，3000人比4000人的战斗力强得多，我还在乎走多少人吗？"

黄说，那几年他一直在寻求这样的结果，但是东一下西一下不得要领，关键是下不了决心。"韦尔奇推了我一下。"在一些反对者看来，黄鸣的成就不在于他有多能干，而是他犯了无数的错误，只不过竞争对手犯的错误比他更多。

对此评价黄鸣应该不会介意——在教育孩子的过程中，他认识到必须允许一个人犯错误。"那三年的停滞是必然的。就像孩子一样，总是不摔跤，将来可能要摔更大的跤。我还是幸运的，经过这么长时间，没有倒下，还能站起来。"

（资料来源：刘建强"黄鸣，当一千人同时'出走'"，《中国企业家》2006年第4期 电子版。）

案例讨论：

1. 企业核心员工的标准应该是什么？你是否认同杰克·韦尔奇的观点。

2. 你是否认同"企业是靠权威来管理的，不是靠民主来管理的"这一观点。

3. 为什么说战略制定以后，执行就是最重要的因素。

4. 根据专栏4-2和"本章案例"中仇和和黄鸣的例子，讨论为什么说领导者在关键时候要当机立断，敢于决策，甚至痛下杀手。

第五章　知识管理：人力资源管理的新挑战

正如本书前面所指出的，随着经济的发展和社会的进步，决定企业是否具有竞争力的并不是有形资产或可控制资源的数量，而是建立在此基础上对其合理配置和利用的能力以及组织的整体学习能力和智能水平。企业所依赖的战略性资源已从组织外部的、具体的物质资源逐渐转变为组织内部的、内化于每个员工头脑中的智能资源。企业的成功越来越依靠企业所具有的整体智能水平和系统思考能力，而这正是人力资源开发的主要任务。因此，知识管理和知识创新不再只是传统意义上属于技术研发、营销、工程设计、生产制造等专业职能部门的专利，它是组织战略性人力资源管理的主要工作。当今人力资源管理所面临的这些挑战，充分说明了知识管理与人力资源管理开发之间存在非常密切的关系。正确理解和处理这种关系，对于企业通过知识管理提高企业竞争能力具有极其重要的意义。

在知识管理的过程中，人际沟通与信息化工具都是必要的手段。近年来，随着信息网络技术的发展，使部分的人际沟通可以由信息网络解决。因此，许多企业知识管理更多的会倾向采取显性策略，但信息技术并不能取代人际沟通。目前在知识管理过程中存在三个方面的突出问题：第一，把知识管理等同于信息技术，试图以信息技术手段取代人际沟通。根据对 1993—1998 年间 400 余篇关于知识管理的参考文章的研究，在所有这些文章中，IT 方面的文章是最普遍的，智力资本方面的文章也主要集中在知识"资源"的开发和利用上，而且这种利用大多是通过 IT 工具进行的，很少涉及人力资源管理方面的内容。在 1998 年发表的知识管理的文章中，70% 的研究重点都在 IS 或 IT。[1] 其次，缺乏对隐性知识的发掘、利用和管理，即从人力资源管理与开发的角度研究知识管理问题的不多。在知识创造、知识管理氛围、知识传播障碍、知识传播方式、核心知识技能管理等方面的研究比较欠缺，而这些内容与人力资源管理职能有密切的关系。最后，只强调知识的创造而忽略知识的有效传播。这表明人力资源管理作为知识管理的基础的观念并没有得到应有的重视。本章将从当今人力资源管理与开发面临的挑战的角度，通过人力资源管理相关职能的分析，重点分析知识传播的障碍及解决的路径设计选择。

本章重点讲解以下问题：

（1）什么是知识管理？

（2）为什么说知识管理是当今组织人力资源管理面临的一个严峻挑战？

（3）组织如何将隐性知识上升为能够掌握和利用的显性知识？

（4）如何解决知识管理过程中的传播障碍？

（5）知识传播系统设计应考虑哪些要素？

专栏 5 –1　西门子公司创建全球知识共享系统

利用先进的通信技术在企业里建立起知识共享系统，可以帮助企业充分利用长期以来积累的、从企业内部和外部获取的知识。但是，许多投入应用的知识共享系统都以失败告终。这究竟是为什么？失败的知识共享系统往往局限于提供技术性解决方案，而忽略了组织和文化的因素，而后者恰恰是决定一个知识共享平台成功与否的必要条件。

与大多数企业不同，西门子公司是一个成功的范例。为了探究西门子成功建立全球知识共享系统的秘诀，斯文·费尔佩尔和托马斯·达文波特等对西门子公司内的总经理、高级主管和业务经理先后进行了 35 次访谈。他们发现，西门子在 4 个阶段中更多地注重了组织和文化的因素，从而为其全球化知识共享系统的建立铺平了道路。

第一阶段：架构雏形

西门子公司最大的事业部——信息和通讯网络公司（ICN）要创建一个不仅能够处理显性知识，而且能够帮助员工将他们个人的隐性知识也贡献出来的系统。为此，ICN首先建立了一个互动的架构：共享网，其中包括知识图书馆、为回复"紧急求助"而开设的论坛，以及用于知识共享的平台。

第二阶段：全球推广

要成功地让共享网络获取全球员工所拥有的隐性知识，西门子采取了一种既能够把全球的知识资源聚集到一起，又可以保留跨文化差异的方法——"全球本土化"的解决方案：当总部和各地的分公司共同制定共享网的战略方向时，系统的维护工作主要在慕尼黑总部进行。然后，共同制定出的战略方向以及系统的主要战略性维护会落实到各地分公司。

第三阶段：给系统注入动力

要让员工们向共享网提供和获取解决方案，共享网团队必须持续不断地给系统注入动力。投稿的数量和质量等资料的公开化使投稿者可以获得人所共知的"专家地位"，这一点日渐成为员工积极利用共享网的内在动力。

第四阶段：向整个集团扩张

在营销销售等部门获得成功后，共享网开始向研发部门扩展。

当西门子在中国市场上实现共享网理念的时候，他们面对了相当大的跨文化障碍。比如，中国人与美国人相比更愿意共享知识，甚至当知识使个人利益与集体利益产生冲突时也不例外。"获得同僚的尊重"和"赢得名誉"也是他们经常提及的在共享网上投稿的激励因素。

这些因素显然提高了在中国成功推行知识共享项目的可能性，但除此以外，也有一些起阻碍作用的中国文化特性，"面子"就是一个重要的负面影响因素。中国文化非常强调"要面子"，因此那些对"面子"十分敏感，觉得自己英语写作能力不高的员工不太愿意投稿。他们担心语法和拼写错误会伤及他们在公司里的"面子"。"圈子"观念是另一个对中国员工知识共享行为产生负面影响的文化因素。在中国文化里，"圈子内关系非常密切……而对圈子外的人缺乏信任并经常充满敌意。"因此，知识拥有者更热衷于与"圈内人"进行共享。这其实意味着，很强的公司文化和紧密的跨部门沟通能够克服那种认为其他部门属于圈外的倾向，继而能够加速知识共享行为。针对这种文化障碍，西门子建立了更强有力的企业标识，以加强中国分公司对全球西门子集团的圈内文化的感觉。

（资料来源：斯文·费尔佩尔（Sven Voelpel）、托马斯·达文波特（Thomas Davenport）/文，《经济观察报》2004 年 9 月 27 日。个别文字有调整。）

5.1　知识管理简述

5.1.1　知识管理的历史与现状

知识管理（Knowledge Managemeng，KM）的历史可以追溯到很久以前，但直到第二次世界大战时，对知识的经济研究才进入实质性分析阶段。托马斯·H. 达文波特在其《最优理念》一书中，对知识经济和知识管理的历史进行了较为详尽的评述，并指出经济学、社会学以及信息管理是促使知识管理发展的三个重要的学科。[1]79但将知识管理真正作为一门系统的学问研究，并将其与企业的经济价值的创造等贡献联系起来，时间则并不长。如果以管理大师彼得·德鲁克 1988 年发表于《哈佛商业评论》的《新型组织的出现》作为知识管理研究的发端，对知识管理的系统研究也只不过 10 多年的时间。[2]研究知识管理的专家们指出，虽然知识管理不是新生事物，但直到 20 世纪 90 年代，企业的领导们才开始谈论知识管理的问题。[3]1994 年，召开了第一次比较专业的关于知识管理的研讨会，那时的参会者的反应还是："知识管理是什么？"到了 2000 年，在一年的时间里全世界关于知识管理的研讨会就超过了 50 场。[1]182-183在这期间，知识管理开始受到人们的重视，有关这方面的理论与实践取得了长足的进步。随着竞争的加剧和企业传统盈利能力的减弱，知识管理正在开始成为一种新的生存方式和盈利模式。通过知识管理提高竞争力，也日益得到各类组织的重视。根据美国《财富杂志》的调查，全球 500 强中至少将有一半的企业正通过系统实施知识管理，以提高决策与经营的质量。在未来 1～2 年内，这个数字将提升到80%。这表明通过有效的知识管理提高组织的竞争力已成为企业努力的目标。正如日本学者野中郁次郎指出，在一个"不确定"是唯一可确定之因素的经济环境中，知识无疑是企业获得持续竞争优势的源泉。当原有的市场开始衰落、新技术突飞猛进、竞争对手成倍增加、产品淘汰速度很快的时候，只有那些持续创造新知识，将新知识迅速传遍整个组织，并迅速开发出新技术和新产品的企业才能成功。这种企业就是知识创新型企业，这种企业的核心任务就是持续创新。[4]

虽然知识管理的重要性得到了一定程度的重视，但如何进行知识管理，仍然存在不少认识和方法上的问题，其中最突出的就是重视物的因素而忽略了人的因素，过分关注以 IT 技术为重点的知识管理的工具和知识的利用，而忽略知识的总结和获取等知识管理过程的研究。知识管理主要分为硬件和软件两大部分，硬件指企业的信息化系统，软件指企业的人力资源开发系统。知识管理的核心在于对人及拥有知识的管理。信息化系统构成企业知识管理的显性管理模式，即通过信息知识的编码化，强调通过运用信息工具来增加知识流通与扩散的效率，其重点在于将已编码的隐性知识迅速转化为显性知识，并提升显性知识在企业内部扩散与流通的效率。人力资源系统则构成企业知识管理的隐性管理模式，其重点在于通过对"隐性知识"的发掘，提升组织隐性知识创造过程的效率。隐性知识的管理模式强调通过人际沟通来创造和传播知识。在二者的关系中，隐性管理模式就好比是在写一篇"好文章"，而显性管理模式则是通过信息系统高效率的在组织内部传播这篇"好文章"。因此，隐性管理模式是显性管理模式的基础。

5.1.2 知识管理的概念和内容

知识包括隐性或显性两个部分，任何一家企业都存在对隐性或显性的知识进行管理的必要。知识首先是经过处理的信息和个人的经验；其次，知识是组织提高效率、赖以成功和规避风险的行为方式和行为准则。这种行为方式和行为准则既可以以显性的形式存在，也可以以隐性的形式存在。

知识可分为组织知识和个人知识。组织知识是指组织赖以成功和规避风险的行为方式和行为准则的总结和提炼。个人知识是指个人经验的总结和提炼。组织知识是建立在组织成员的个人知识的基础之上的。这些知识都以显性或隐性的形式存在。显性知识主要包括两个方面：一是指所谓正规的知识，即那些经过收集、整理、提炼，形成文字的正式文件，如行之有效的工作流程、科学的培训手册、规范的决策程序和规则、项目的立项、可研、预决算方案、协议和合同以及规章制度等。二是知识的非正规表现形式，如尚未形成正式文件的会议记录、商业信件等。正规知识和非正规知识之间有一个相互转化的过程。当非正规知识在经过时间检验被证明为有效后，会逐渐转变为正规知识。如经过多次讨论的会议记录和商业信函，最终可能形成一个正式的决策规则或程序。当正规知识不适应外部环境而导致组织竞争力下降时，正规知识又会被新的知识所取代。这种创新的过程是一个从非正规知识向正规知识过渡的过程。总的讲，显性知识的特点是规范和系统，易于在组织内部进行交流和沟通。

所谓隐性知识，是指隐藏在员工头脑中的个性化知识，具有非规范化、非系统化、难以表述和交流的特点。隐性知识大致包括以下方面：一是技术性技能，主要由与技术有关的技能构成，如烹饪师的烹饪技能、设计人员的设计技能等能够体现为某种具体产品或服务的知识。二是管理性技能，主要由与人所从事的专业或具体工作有关的技能和经验构成，如人力资源专业人员根据公司战略要求提出的人力资源职能战略。三是文化性技能，主要是指影响企业行为方式的一些潜规则和潜意识，也包括个体的思维模式、信仰和观点。现有的知识管理文献大多集中在前两个方面，从知识管理的角度研究潜规则和潜意识的则很少。应注意的是，在显性知识与隐性知识之间有时并没有严格的区分，上述非正规知识也可归于隐性知识的范畴。

不仅组织的管理系统能够为公司和股东带来效益，组织的无形资产也会产生有形效益。例如，许多金融分析师在考虑其评估模型时，对无形资产的作用给予了高度的重视。研究表明，一般的分析师的投资决策有35%的比例是由非财务信息所决定的。这35%的非财务信息代表的就是组织的知识，是组织无形资产和竞争能力的重要构成部分，因此是组织知识管理的重要内容。表5-1是金融分析师认为的十大非财务变量的影响次序，在这些变量中，除了市场份额、报酬与股东权益的一致性、研发领先等变量似乎与知识管理没有直接的关联外，其他变量都直接涉及组织的知识管理。这也表明，组织的知识管理所涉及的不单单是传统的"技术"，而且还包括组织经营管理流程各个方面的内容。

表 5 – 1　　　　　　　　　　　十大非财务变量的影响次序

变量	位次
公司战略的执行	1
管理层诚信	2
公司战略的质量	3
创新	4
吸引和留住人才的能力	5
市场份额	6
管理技能	7
报酬与股东权益的一致性	8
研发领先	9
主要业务流程的质量	10

资料来源：布莱恩·贝克，马克·休斯理德，迪夫·乌里奇：《人力资源计分卡》第 9 页，机械工业出版社，2003 年 8 月。

5.2　知识传播障碍的文献研究及评述

知识管理包括知识的创造、传播、利用、评价等内容，其中，对知识传播过程的障碍及相应的解决办法的研究是一个薄弱环节。实践中，虽然知识管理的重要性得到了一定程度的重视，但在知识传播和利用的过程中，还存在不少认识和方法上的问题，特别是由于组织战略以及与战略配套的相关制度保障的缺位，导致了知识传播障碍的出现。所谓组织知识传播障碍，是指源于组织层面和个人层面的那些影响知识开发和利用效率的意识、观点、行为等文化和价值观因素及其表现。这些障碍主要包括：强调新知识的创造而忽略现有知识的集成和利用；重视物的因素而忽略组织及其成员的吸收能力和合作能力；过分关注以 IT 技术为重点的知识管理的工具和知识的利用，忽略组织战略、结构、文化和人际关系在知识传播过程中的影响；过分强调隐性知识的显性化，忽略知识所有者竞争优势的丧失等。这些对组织知识管理的效率产生了不良的影响。

5.2.1　隐性知识的显性化障碍

迈克尔·波莱尼斯（Michael Polanyis，1966）是最早基于哲学的角度进行隐性知识和显性知识区分的人之一，在其《The Tacit Dimension》和《Personal Knowledge》两本名著中，他提出了关于隐性知识的名言：我们知道的比我们能够讲出来的多。这是因为隐性知识存在于人们的手中和头脑中，而且只能够通过具体的行动表现出来。野中郁次郎（Nonaka，1994）认为，隐性知识是指那些主观性强、难以表达和传输、但能够从组织成员的行为中推断出来的信念、价值观等。而显性知识则相反，比较客观，容易以图表、流程、书面文件等形式进行表达和交流。他还提出了一个知识管理模型，包括知识的社会化（隐性知识从一个实体向另一个实体的转化）、知识的内化（从显性知识到隐性知识的转化）、知识的综合化（从显性知识到显性知识的转化）、知识的外化（从隐性知识到隐性知识），正是通过四种"转化"，知识得以被创造，并由个人层面向组织层面转化。[5]隐性知识具有的特点引起了人们对有多大的可能性对隐性知识进行开发和利用的争议。特别是随着竞争程度的激烈、组织规模的膨胀以及科层制组织结构的影响，组织成员之间的交流会产生障碍，这时要确定"谁"拥有某一方面的隐性知识，或"谁"知道和了解"什么"，是一件非常困难的事情。在这种情况下，隐性知识很难显性化的事实在一定程度阻碍了知识的传播和共享。因此有学者提出，通过外化的过程使隐性知识显性化不仅非常困难，而且花费巨大，并对隐性知识显性化的真正目的提出质疑。[6]106－110

在实践中，并非所有的隐性知识都有显性化的必要，只有那些具有重要价值而又能够系统的整理出来的隐性知识才有显性化的必要。何况有的隐性知识是可以通过言传身教和心领神会掌握的。其次，不是所有的隐性知识都能够通过编码进行处理，比如中医的"把脉"和教师教学的心得等。这些隐性知识与其所有者是密不可分的，是一种特殊的人力资本。试图将所有的隐性知识显性化造成的知识传播障碍这样表现在四个方面：第一，并不是所有的隐性知识都有显性化的必要，重要的是判断这种隐性知识对于组织的意义以及对组织价值创造的贡献。第二，不是所有的隐性知识都能够通过编码进行处理，比如直觉知识和一些基于直觉的想法等。[7]第三，过分强调通过技术手段对隐性知识进行编码处理，会导致知识管理系统的失败，更不用说知识的传播。斯旺（Swan）、斯卡尔博格（Scarbroughh）和普雷斯顿（Preston）等通过研究发现，有关知识管理方面的研究大多都集中在信息系统和信息技术领域，从而导致了过分强调如何将显性知识编码化，使之适用于数据库和其他传统的信息系统解决方案。[8]戴维波特（Davenport，2003）等也认为，知识管理作为一种新型商业理念还存在一些问题，特别是信息技术供应商将知识技术的应用与成功的知识管理混为一谈。相反，各种社会、文化、组织的因素比技术更有助于取得成功。以技术为中心的做法从而占有绝对优势。[1]189第四，知识管理既包括知识的创造，但同样不能忽视现有知识的整合和利用。过分强调新知识的创造，会使已有的知识过期和浪费。因此，组织要拥有创造和维持竞争能力，首先必须对其成员所创造的知识进行整合，并在此基础上加以利用。[9]斯旺（2001）也指出，如何恰当地将隐性知识显性化，是组织知识管理系统面临的关键性挑战。[10]此外，斯坦因和泽瓦斯（1995）还从组织中人员的流动和更新方面，探讨了避免出现组织学习障碍和促进组织学习的途径。[14]

5.2.2　组织战略、结构和文化的障碍

隐性知识既是作为实体的知识，又是作为过程的知识。因此，知识传播的效率和质量主要取决于组织战略、结构和文化的影响。鲁格里斯（Ruggles，1998）认为，组织知识管理成功失败与否，并不取决于文档和操作系统本身，而主要取决于组织的战略优势和组织对知识管理的需求。[12]也就是说，如果组织能够认识到知识的创造和传播能够为其带来竞争优势，就会对知识管理起到推动作用。反之则会形成知识传播障碍。如果把文档和操作系统看做是知识管理的主要内容，必然会影响组织知识管理的效率和知识传播的质量。成功的知识管理首先取决于组织战略所包含的知识能力体系，然后才是恰当的传播和利

用方式。达文波特和普鲁萨克（1998）也指出，虽然知识主要产生于个体，但组织在对这些知识进行明确表达和详细说明的过程中却起到了非常重要的作用。[13]换句话说，组织对个人知识的评价和态度以及从战略层面对所需知识的阐述和评价，是影响知识传播的重要因素。组织结构对知识传播的障碍主要表现在传统科层制组织结构中产生的非 X 效率的影响。所谓非 X 效率，是指组织因错过利用现有资源的机会而造成的某种类型的低效率。莱本斯坦（Leibenstein，1975）认为造成这一现象的原因是完全或部分地缺乏力所能及地和有效地利用各种经济机会的能力。莱本斯坦把企业组织内部的人力资源要素称为影响企业经营的 X 要因和 X 效率（X - Efficiency），与其他的物质要素相比，具有很高不确定性。他指出，组织员工的工作努力水平（X 要因）由其勤劳意愿所决定，由于各种因素的制约，员工不一定能够发挥出最大限度的努力，其发挥作用的最大努力与现实的差距就是非 X 效率。[14]对这一观点也有不同的意见，美国社会学家麦尔文·科恩（Cohn，1971）的研究发现，科层制组织中的员工，比未形成科层制度组织的员工头脑灵活，思想开明，自觉性强。因为该类组织对员工教育背景要求较高，同时也提供了更多的工作保障、较高的工资以及复杂的工作。[15]可见，任职资格要求、工作保障条件等与组织成员的心理活动之间是相互影响的。对员工个人来说，在科层制组织中工作，并不一定都是令人窒息的，而往往意味着富有挑战性的工作和晋升的机会。[16]尽管两种观点都有自身的道理，但从其中也证实了知识传播过程中人的作用才是决定性的因素。因此，在现有组织结构和制度安排下，提升组织人力资源管理体系的科学性和合理性是减少非 X 效率和充分发挥科层制组织结构优势的唯一途径。在文化方面，纳哈皮特和戈歇尔（Nahapiet、Ghoshal，1998）指出，由于电子系统在知识传播和交换中的作用并不会自动促成信息的自愿分享和建立一个崭新的智力资本。因此组织的文化变革和基于对知识创造者的激励措施，才是电子信息系统得以广泛利用的重要途径。[17]

5.2.3　隐性知识传播过程中的风险障碍

由于对知识管理可能给组织带来的竞争优势缺乏足够的认识和交流，导致了组织知识管理功能的弱化。特别是组织没有建立对知识贡献的激励系统，使知识共享缺乏政策支持。加上知识所有者竞争优势丧失的风险，使得知识贡献者没有动力贡献自己的专有知识，即会产生"非 X 效率"的影响。具体讲，隐性知识在传播过程中存在知识所有者的竞争优势丧失的风险，并由此导致知识在组织中传播和共享的障碍。伦纳得和森塞尔（Leonard、Sensiper，1998）通过研究发现，隐性知识的显性化在组织成员的个体层面上并非总是有利的。[18]也就是说，当知识的所有者由于知识的贡献而面临着失去自己原有的影响力或地位时，就可能出现知识传递的障碍。由于组织中的每个人都希望建立自己的竞争优势和不可替代性，因此不愿将自己的知识与同事分享。特别是当这种优势具有不可替代性或组织没有相应的补偿机制时，知识所有者就不会将自己的知识与组织中的其他人共享。汉森（Hansen）、诺里亚（Nohria）和泰尼（Tierney）（1999）也指出，组织知识管理的重点应当与其主要业务有机地结合起来，当需要运用隐性知识解决问题的时候，首先应该提倡面对面的交流方式，而不是将隐性知识储藏起来。[6]106-116

5.2.4　组织的吸收能力和合作能力的障碍

首先，知识的传播和利用还会受到组织及其成员吸收能力和合作能力的影响。科恩和莱温萨尔（Cohen、Levinthal，1990）认为，要从吸收能力的角度来理解组织创新。吸收能力是指一套组织程序，或企业获得知识，再吸取转化并加以利用所形成一种灵动的组织能力，或者说是企业发掘、吸收、利用外部知识的能力。[19]这种吸收能力实际上就是一种学习能力。组织的吸收能力是建立在其成员的"个人吸收能力"基础上的，而以认知为基础的"个人吸收能力"则包含有先前相关与多样化背景知识，以及必要的努力投入。吸收能力与知识的积累和路径依赖有关，是基于组织过去对个人吸收能力的投资。其次，由于存在"外在环境与组织"及"组织内部部门之间"的组织结构与沟通渠道问题，因此组织吸收能力并不等于个人吸收能力的总合。最后，组织对知识的挑选也会影响知识的传播和共享，因为知识寻求者的经验水准也会限制其学习新知识的成效。[20]斯泽莱恩斯基（Szulanski，1996）探讨了造成知识转移陷入黏滞

(stickiness）的成因，[21]并实证指出接收者缺乏吸收能力是知识转移的障碍，进一步证明了组织吸收能力的存在基础。特赛（Tsai，2001）也认为，组织没有吸收能力，就无法从另一单位学习知识或转移知识。[22]

尤金·西维达斯和罗伯特·德威尔（Eugene Sivadas、F. Robert Dwyer，2000）在组织理论及战略管理文献的基础上发展出了"合作能力"的概念。[23]"合作能力"包括信任、沟通及协调三个概念，着重强调组织内单位之间或企业与企业之间，在信任基础下，有效的沟通以信息交换，及进行合作中所需活动与角色的协商。杰克·莫尔和罗伯特·斯皮克曼（Jakki Mohr、Robert Sepkman，1994）则建构了一个"成功的伙伴关系"模式，并且实证显示了伙伴关系属性（包含承诺、协调和信任）、沟通行为（包含品质和参与）及冲突解决技巧（指联合问题解决），是伙伴关系成功的主要因素。[24]

5.2.5 忽视组织情绪资本和员工价值的障碍

有效的沟通是知识传播的基础，但企业往往重视与顾客的外部沟通而忽略与员工的内部沟通。凯文·汤姆森在其《情绪资本》一书中提出了"情绪资本"的概念，认为企业是由"外在情绪资本"和"内在情绪资本"组成的特殊群体。其中，外在情绪资本存在于顾客和股东的内心，可以被理解为企业的品牌价值和商誉，内在情绪资本存在于员工的内心。二者都是企业资本的核心。存在于员工内心的"情绪资本"就是外在顾客心目中的品牌价值的企业内部化。[25]5他在回顾企业外部营销历史后指出，企业的外部营销从 20 世纪 50 年代开始到现在，经历了或正在经历以"通知"、"销售"、"购买"、"认同"、"朋友"、"挚友"为特征的六个阶段，同时列出了与以上特征对应的企业内部营销进程表，以及各阶段有代表性的媒介沟通工具和技巧。凯文·汤姆森指出，与企业外部营销的日趋成熟相比，企业的内部营销和内部沟通却依旧止步不前。[25]45内部沟通的欠缺反映了组织在人力资源管理上存在的问题，它影响了组织成员之间的信息交流，也造成了知识传播的障碍。

5.3　知识传播系统设计和制度安排

知识管理的主体是掌握知识的员工，知识管理是否成功，在很大程度上取决于组织的人力资源管理开发的能力和水平。因此，有必要通过系统的设计和制度安排保证知识管理工作的有效开展。

5.3.1　知识传播的系统设计思路

要解决知识传播障碍，有效促进知识在组织的传播和利用，首先必须建立科学合理的系统设计。该系统主要包括学习交流、总结提炼、传播使用、评价奖励和管理规范五个方面。

5.3.1.1　学习交流

知识的有效传播取决于组织学习交流的能力和水平。不论是学习者还是传授者，一开始都未能掌握隐藏在该技能背后的系统化的原理并进行清晰的表述，因为最初的学习大多具有自发的和非正式的特征。这个阶段人们关注的重点是如何掌握某种做事的"诀窍"。只有当这种"诀窍"为更多的人带来效率时，才会得到组织中大多数人的重视。因此，培养学习和交流的氛围非常重要。学习和交流是一种状态，它反映组织的素质和文化的要求。这种状态的建设主要取决于组织的战略和文化要求。一方面，要倡导和营造学习氛围，如建立学习型组织，培养学习型员工等，这是知识创造和传播的前提条件；另一方面，组织中的每个个体都具备一定的经验和能力，倡导学习型组织的目的之一就是要通过有效的学习，不断提高吸收能力，通过不断的学习和交流，使个人及组织的知识得以不断丰富和完善，并将其纳入组织的总体能力体系，在此基础上提升组织的竞争优势。在学习交流中，应该把注意力集中于利用知识和创造知识的动态方面，如知识的鉴定、共享、创造、学习、运用和沟通等方面。人们获取和创造新知识的过程本身就是一个"认识的过程"，即对隐性知识的认识始终是处在个体和群体之间的一种持续不断的流动过程中。学习交流正是保证这种

"流动"的最佳方式。

5.3.1.2 总结提炼

知识传播的有效性还取决于组织及其成员对知识的总结和提炼。从显性知识到显性知识这一过程是"总结提炼"的初级阶段，相当于对初级产品的加工，属于知识创造的范畴。从隐性知识到显性知识的转变，是"总结提炼"的高级阶段。总结提炼的核心是强调作为实体的隐性知识，是人们通过学习、领悟和练习后所获得的东西，它可以表现为一种技能、技巧或者经验，也可以表现为一种思维方式或心智模式，因此可以将隐性知识看成某种实体的存在。作为一种实体存在，一般都被某个人所拥有，所以隐性知识可以被看做是一种个人的财产权利，在此基础上引发了对知识贡献和传播人的激励要求。同时，作为实体存在的隐性知识也需要不断地积累和更新，也就是说，隐性知识的获得和积累也需要人们付出种种劳动。当隐性知识"实体化"后，就可以通过应用信息手段实现知识编码，使隐性知识显性化，并成为"知识产权"的理论基础。以此为基础，就可以实现"知识转移"，说明隐性知识能够像接力棒一样逐步传递。承认了隐性知识的实体性，就自然产生了隐性知识的识别、组织、收集和测度等一系列问题。在这一阶段，原来自发和非正式的学习被引导成为一种得到组织支持的正式的制度，因此，需要有一个专门的部门来负责将隐性知识和显性知识的转换，同时将知识在组织内部推广使用。

5.3.1.3 传播使用

在学习交流和总结提炼的基础上，才进入知识的传播和使用阶段。传播包括人际交流和信息技术两个方面。对于显性知识和那些可以进行编码的隐性知识，可以通过技术等手段，将这些知识变成程序化或规范化的体系，然后在此基础上实现"人机对话"。但大多数知识的传播并不是在"人机对话"形式下进行的，因为隐性知识大多具有非显性化的特征，特别是那些非程序化和专业性很强的知识的传播，更多的还是通过人与人之间非正式的交流来实现的。对于组织来讲，能否将这种非正式的交流转变为正式的制度，是开展知识管理的组织所面临的一个挑战。由于科学技术飞速地发展和市场竞争的加剧，组织管理发生了巨大的变化，并由此导致了组织在更多层次上的关联和相互依赖。组织内部的隐性知识可以停留在个体层面上，也可以为组织成员分享。个体的隐性知识是组织成员个体"拥有"的知识库存，它可以独立地用于解决组织中特定的问题。同时，这种知识形态随着成员个体的流动而得到传播。因此对组织而言，需要解决好两个方面的问题，一是如何积累和保留这些知识，二是如何促进知识的流动。鉴于隐性知识的特点和价值，知识的传播和利用主要依赖于组织的体制、结构和文化环境。因此，知识传播系统应对环境塑造和人际交流予以高度重视。包括组织的沟通文化、知识团队建设、各种有利于知识传播的非正式组织的存在，都是促成知识传播和利用的有效途径。

5.3.1.4　评价奖励

组织的激励和约束机制在知识创造和传授的过程中起着十分重要的作用。知识尤其是隐性知识的载体是人或人力资本。人或人力资本既是隐性知识的载体，又是知识创新的主体，天生具有排他性（excludability）。无论是固有的排他性还是制度赋予的排他性，知识工作者就可能因为具有隐性知识这种准公共产品而获得正常收益甚至超常收益。而组织只有承认这种准公共产品的价值才能解决组织知识的供给问题，其中最主要的就是充分利用这些人力资源财富，这样才能够发掘尽可能多的隐性知识。因为在一个竞争越来越激烈的商业社会，员工的个人能力和技能往往成为实现自身利益的基本保障。如果员工得不到组织的承诺，为什么要将具有价值的知识传授给组织中其他的人呢？因此，要解决知识传播的这一障碍，就必须建立和完善激励和约束机制。此外，为了提倡知识贡献并提高激励的针对性，组织的绩效系统还应有相应的指标设计和安排。

5.3.1.5　管理规范

管理规范主要包括知识鉴别、知识保护等方面。知识鉴别主要起导向作用和发展作用，即根据组织的战略要求和所处的产业或行业特点，对可能成为组织竞争优势的知识进行分类和整理，并通过组织内部的信息传递渠道，使组织成员随时了解与实现组织竞争优势有关的知识，进而发展和获取这些知识。知识保护主要起维护竞争优势的作用。随着企业间竞争的加剧，防止知识外泄，加强知识保护已成为维护组织竞争优势的一项重要的工作。所以，对组织的重要知识和核心员工的识别和管理，是知识保护的重要工作。

5.3.2 知识传播的氛围塑造和制度安排

在知识传播系统设计的基础上，还必须有与之配套的制度安排，以保障和支持系统的运行。组织必须提供知识管理所需要的各类基础设施，包括一整套知识管理支持系统和有助于知识传播和共享的文化、价值观及相应的政策规定。

5.3.2.1 建立学习型组织，塑造知识管理的机制和氛围

学习型组织的核心在于将员工个体的知识传播到整个组织当中并对这种传播的过程进行监督和评价。因此，建立学习型组织，培养学习型员工，是企业进行知识管理首先要解决的问题，也是"学习积累"和"总结提炼"两个阶段要解决的主要问题。学习性组织是一个能够使人们总结其成功经验或失败教训，在此基础上不断进步的一种组织形态。建立学习型组织的关键在于，相信员工是创造组织价值的重要力量，在此基础上通过有效的人力资源开发激发员工的主动性和创造力。学习型组织需要从以下五个方面努力：①系统地解决问题；②采用新的方法进行实验；③从自己过去的实践中学习；④从他人的经验和优秀的实践中学习；⑤在组织中迅速有效的传递知识。[26] 其次，通过建立学习型十字架强化组织的学习机制。十字架表示学习的两种形式，其中纵轴代表组织的自我学习，包括对组织过去成功经验的总结和失败教训的反思，横轴则表示组织向行业的竞争对手等方面的学习，包括对手成功经验的总结和失败教训的反思。然后在此基础上定义组织的优势和不足，制定明确的发展战略和目标。学习型员工也同样包括这两种学习，即对自己经验和教训的总结和从他人的经验和优秀的实践中学习。无论是组织的学习还是员工的个人学习，其核心在于圣杰所倡导的"心灵的转变"，即正视问题、面向未来的精神和决心。

知识管理的核心在于创新，包括观念、思路、工具和手段等方面。其中，观念和思路是核心和基础。企业要获得可持续的发展和竞争优势，必须时刻保持创新的欲望和动力。而要维持这种欲望和动力，一个关键的要素就是在组织内部努力创造一个有助于创新的环境和氛围，这是知识管理观念和思路创新的重要内容。这种氛围不仅包括对传播工具等硬件设施的建立和完善，更重要的是倡导和建立一种基于全体员工的创新的文化和价值观。前惠普公司首席执行官卡莉·费奥瑞纳在总结惠普能够持续成长的原因时说：60 年以来，创新和发明一直是惠普公司的本质，我们的工程师和科学家每天推出 11 项专利，我们每年在研发方面的投入高达 40 亿美元。创新精神不仅代表惠普的过去，也昭示着惠普的未来。[27]3M 公司为了鼓励知识创新，提出了有名的"15% 规则"，即允许技术人员在工作时间内可以用 15% 的时间按照自己的意愿进行自我创造和自我发明，不管这些工作是否直接对公司有所帮助。[28]3M 公司还有一个明确规定的目标，即每个子公司 25% 的利润必须来自近 5 年内开发的产品。[29]诺基亚公司曾经发动了上百人进行关于"公司未来的道路、能够满足什么新的需求、如何以不同的方式来发挥公司的竞争力、怎样改变行业的经济规律"等问题的讨论，由此产生了数百个新创意，然后公司对这些创意进行筛选，总结出了三组不同的创意主题，最后由所有这些想法产生了一个非常简单而清晰的三维战略模式、人性化技术、无缝解决方案和虚拟存在。在过去的几年中，诺基亚一直按照这三个方向进行创新，其速度超过了任何竞争对手。[30]

5.3.2.2　战略引导和文化支持

战略引导和文化支持是知识传播系统运行的基础。在战略层面上，应体现人力资源战略支持组织战略的思路。组织的知识管理和创新工作要能够持久而独特，必须意识到知识管理和创新对建立和巩固组织竞争力的重要意义，同时明确知识的创造、传播和利用与组织竞争优势之间的关系，并对其做出明确说明。组织可以通过具体的事例，以案例描述、讲故事、会议讨论、工作流程、制度规定等方式，使知识管理与企业竞争力有机结合在一起。必须要和组织的战略目标联系在一起，同时建立一套规范的制度予以保证。在这方面，跨国公司已经有了很多成功的经验。以麦当劳为例，该公司将实现业务快速发展和提升工作效率的战略要求落实到员工手册上，手册几乎包括了业务范围的各个方面，如烹饪、营养、卫生、营销、食品安全、财务等方面的信息和知识。[31]通过获取这些业务流程需要的知识并将其进行编码和传递，较好地解决了隐性知识显性化所面临的问题，一方面提高了经营者掌握必备技能知识的效率，同时提高了公司的营运效率和效益，为实现公司的发展奠定了坚实的基础。麦肯锡公司为保证公司的知识分享，建立了"全球一张损益表"的制度，即公司实行全球业绩统一考核。当麦肯锡公司在某个国家或地区的业务需要其他国家、地区的子公司、部门支持时,有关的专家会专门到需要帮助的国家或地区提供技术或业务支持,这就从机制上保证了麦肯锡公司在全球不同地区之间的知识共享和激励。因此,从战略的高度认识和统筹知识管理工作,是解决知识开发和传播的基础条件。

其次,要提供组织文化支持,特别是要关注不同的文化和思维方式对知识传播的影响。因为知识管理80%的内容都是变革管理和人力资源管理,剩下的20%才是信息技术。[32]组织文化支持最重要的工作之一就是提倡和建设一个基于信任、沟通、协调、共同解决问题基础上的组织成员间的"伙伴关系"和"合作能力",并通过相应的制度安排,使文化内涵"落地",并具有可操作性。西门子公司在其知识管理系统中,就非常重视组织战略和文化因素的影响,该系统有一个包括知识图书馆、为回复"紧急求助"而开设的论坛以及用于知识共享的平台——共享网,以处理显性知识和帮助员工贡献隐性知识。为让共享网络获取全球员工所拥有的隐性知识,公司采取了一种既能够把全球的知识资源聚集到一起,又可以保留跨文化差异的方法——"全球本土化"的解决方案。为了鼓励员工的知识贡献,公司通过不断给系统注入动力提供制度支持。如让员工们向共享网提供和获取解决方案,共享网团队必须持续不断地给系统注入动力。员工投稿的数量和质量等资料的公开化使投稿者可以获得人所共知的"专家地位",从而极大地调动了员工积极利用共享网的内在动力。[33]

5.3.2.3　组织结构保障

组织结构是对知识进行总结和提炼的基础。在目前大多数企业都是科层制结构的情况下,应当建立专门的知识管理部门,一方面将知识的学习、创造、收集、整理、评价、传播于一体,另一方面解决原来部门职责不清所引发的传播障碍。如惠普公司为了加强知识管理,专门设立了首席知识官(CKO)职位,通过评比找出每个技术领域的"知识大师",让他们专门深入研究这一领域的相关技术,再把他的知识通过讲授的形式传播给其他员工。在专栏5-1中,西门子公司首先就是从组织结构入手,在此基础上为其全球化知识共享系统的建立铺平道路。公司创建了一个不仅能够处理显性知识,而且能够帮助员工将他们个人的隐性知识也贡献出来的系统，即共享网，其中包括知识图书馆、为回复"紧急求助"而开设的论坛，以及用于知识共享的平台。为了集中管理资源和发挥专业优势，组织知识管理的结构设计应该以一个专门的职位、部门、小组或团队的形式出现。为了解决部门沟通障碍，可以考虑建立部门之间的联席会议制度，通过抓"典型事件"树立组织知识管理的"样板工程"，这有利于避免科层组织架构的弊端，是一种非常重要的沟通和传播方式。同时为了避免大型组织可能在知识传播和共享方面存在的激励不足，可以考虑将组织划分为众多的利益密切相关的小型工作单位，这样也会起到一定的激励作用。[34] 这里要强调的是，即使没有设立相应的知识管理部门，也同样可以进行知识管理。这牵涉到对知识管理的地位和作用的认识问题。企业对知识管理的认识需要一个过程，即经历了一个由自发性、目的不明确、间接性、非系统性到有组织的、目的明确的、连续性和系统性的转变。这个转变的过程体现了塑造知识管理文化、确定知识管理的具体内容以及建立知识管理系统三个按先后时间顺序的流程。

其次，"实践社群"是有效避免"非 X 效率"和促进知识传播和共享的一个好方法。实践社群最早是由施乐公司帕洛阿尔托研究中心（Xerox Palo Alto Research Center，简称 XPARC）前总裁约翰·希利·布朗和加州大学伯克利分校和施乐帕洛阿尔托研究中心的历史学家和社会学家保罗·杜奎德（Brown and Duguid，1991）在对施乐公司（Xerox）的修理协会成员（REPS）的研究中提出的，专指组织成员间的那种非正式的工作联系性群体。[35] 美国加州大学柏克利分校（Berkeley）的管理学家简·拉夫和美国学习研究所（Institute for Research on Learning）前管理顾问艾铁尼·C. 温格（Lave Wenger，1991）从实践与社群这两种角度，阐明了这种同时发生的工作、学习与交流行为。按照他们的观点，学习是一种实践，需要成为该"实践社群"的一名成员，从而得以从内部理解该群体的工作以及它的交流。这种学习活动，不仅在车间现场，而且在教育的所有领域和所有层次，都能见到。管理学者也同科学家、律师、医师和建筑师一样，在经历了数载课堂学习后，都要在与同行前辈们的相处中提高专业水平并发展知识。他们由此形成了一个能够产生、分享和利用只有内行才懂的高深知识的学习群体。[36] 实践社群是一种非正式组成的非正式组织形式，组织的成员之所以能够聚集在一起，主要是基于对某项事业的共同的专业知识、兴趣和热情。其中，正式工作小组和项目团队属于正式组织的概念，而实践社群和非正式网络属于非正式组织的概念。这几种组织形式都能有效的互为补充。在实践社区中，组织的成员之所以能够聚集在一起，主要是基于对某项事业的共同的专业知识、兴趣和热情。表5－2较为详细的描述了实践社区的特点以及与其他组织形式的区别。在这四种组织形式中，正式工作小组和项目团队属于正式组织的概念，而实践社区和非正式网络属于非正式组织的概念。这几种组织形式都能有效的互为补充。作为管理者，要提高组织的竞争能力，除了要关注组织中正式的渠道和网络外，还要善于识别能够提高公司战略能力的潜在的实践社区或非正式组织，为这些组织提供相应的政策和资源支持，采用非常规的方法来评估实践社区的价值。

表5－2　　　　实践社区、正式工作小组、项目团队、非正式网络的特点

	实践社区	正式工作小组	项目团队	非正式网络
目的	提高成员能力，创造并交换知识	提供产品或服务	完成特定任务	收集、传递商业信息
成员	自愿加入	向组织汇报的所有人	由高层经理指定	朋友和业务伙伴
凝聚力	对小组经验的热情、承诺和认同	工作需要和共同的目标	项目进度和最终目标	互相需要
持续时间	只要有兴趣就一直维持	到下一次重组	到项目结束	只要有联系的理由就一直维持

（资料来源：艾铁尼·G. 温格，威廉·M. 辛德：“实践社区：组织的新领域”哈佛商业评论之《组织的学习》第7页，中国人民大学出版社，2003年9月。）

5.3.2.4　基于保护知识传播者竞争优势的激励制度设计

人力资源各职能战略要支持人力资源战略。按照员工对组织知识系统的贡献对其进行评价和奖励是知识管理和知识创新能否有效开展的关键要素。这是"评价奖励"阶段要解决的主要问题。要达到这一目标，知识管理系统的建立必须与组织的战略以及绩效和薪酬管理系统等人力资源管理开发实践有机的联系

在一起。对员工知识创新的行为进行评价和奖励是一项非常重要而又难度很大的工作。因为隐性知识是一种在特殊条件下生发出来的专门知识，具有专门性和时效性，是一种专用性无形资产，它具有价值边际收益递增的特点。正是这种专门性和时效性，使其在特定的领域内和时间里包含了大量的实际使用功能，在变化迅速的知识时代里享有巨大的价值。例如，某种产品的配方、生产诀窍等。它们都是在特殊条件下、在特殊时刻内具有巨大功效的知识。组织若能够有效利用这些专门知识，必然会给自身带来巨大的效益。随着组织专门性知识的增长，近年来出现了无形资本深化（Intangible Capital Deepening，ICD）的概念。所谓的无形资本深化是指一个经济体内人均无形资产量随时间推移而增长，并促使产值增加的进程。基于有关资产专用性与专用性资产的研究，可以将组织中的隐性知识这种无形资本视为专用性无形资产（Specific Intangible Assets，SIAs）。它包括专用性人力资产（Specific Human Assets，SHAs）和专用性非人力无形资产（Specific Nonhuman Assets，SNAs）。专用性人力资产除具有专用性资产的一般属性外，还具有不易定价，在劳动市场中缺乏选择机会，难以达成交易契约而非管理契约等属性，如熟悉业务的事业部总经理、设计和研发总监、总工程师等等。专用性非人力无形资产主要指那些难以定价、无实体形态的专用性资产，如企业声誉、品牌、生产配方、技术工艺、管理诀窍、进发货渠道、长期性客户等等。这两种资产都与特定的组织环境、战略、组织文化等形成一定程度的依存关系，即构成一种特殊的隐性知识生发、利用的锁定关系（Lock in Relationship）。因此，知识管理系统的建立必须与组织的战略、绩效和薪酬管理系统等人力资源管理开发实践有机的联系在一起，充分考虑专用性人力资产的特点，并按照员工对组织知识系统的贡献对其进行评价和奖励。评价的目的是明确专用性无形资产的价值，找出知识管理和创新的结果给组织带来的收益或竞争能力；奖励的目的则在于通过精神和物质的激励维持员工的创新动力，调动其"X要因"，保障其核心地位。很多知识管理的研究都论证了激励系统对建立和维持员工知识创新的重要性。根据一项针对财富1000强企业的调查，1999—2002年的三年间，使用奖励知识管理做法的公司比例呈上升趋势。在奖励开发知识资本方面，以"很少或没有"、"有一些"、"适中"、"多"、"非常多"为标准，1999 年和 2002 年的比例分别为 45%、36%、15%、3%、1% 和 35%、34%、22%、8%、1%。在奖励知识共享方面，按照相同的标准，1999 年和 2002 年的比例分别为 47%、36%、14%、3%、1% 和 38%、33%、17%、11%、1%。[37] 这表明对知识管理的激励以成为一种必然的趋势。对于组织来讲，要做好此项工作，在制度层面上，首先应将知识管理和创新列为组织成员的任职资格；其次是在绩效系统指标设计中反映出这一要求；最后是建立知识共享机制基础上的利益共享和保障机制，即给予知识贡献者物质和精神奖励，以作为可能带来的个人竞争优势丧失的一种补偿，并作为晋升和加薪的重要依据和基本条件。制度层面支持还包括新的职务系列设计，如"知识工程师"、"技术带头人"、"培训师"等知识型员工的系列职名，并根据员工的知识贡献、业绩、团队合作精神分别给予不同级别的职名以及与之配套的激励制度安排，对于那些处于重要岗位的知识型员工，其薪酬待遇甚至可以高出其他部门的主管。这样，一方面有利于调动知识型员工的积极性，另一方面也为其职业发展提供了坚实的保障。

5.3.2.5 建立完善组织知识管理的软件和硬件系统

组织知识管理系统主要分为硬件和软件两大部分，它属于传播利用和管理规范的内容。硬件指企业的信息化系统，软件指企业的人力资源开发系统。知识管理的核心在于对人及拥有知识的管理。信息化系统构成企业知识管理的显性管理模式，即通过信息知识的编码化，强调通过运用信息工具来增加知识流通与扩散的效率，其重点在于将已编码的隐性知识迅速转化为显性知识。人力资源系统则构成企业知识管理的隐性管理模式，其重点在于通过对"隐性知识"的发掘和利用，提升组织隐性知识创造过程的效率，主要强调通过人际沟通来创造和传播知识。

解决知识传播障碍的核心是要建立完善人力资源管理开发系统，核心是从制度层面上解决三个方面的问题：第一，确认组织战略所需要的核心知识及其技能，并通过知识管理系统对这些知识和技能进行发掘和利用。这项工作应由知识管理部门及业务部门负责人共同参与。第二，由于知识传播的质量和效率涉及组织成员的"内化"和"吸收"能力；组织在选择所需知识的过程中，必须考虑组织成员的经验和水平，因为对新知识的了解和掌握，需要具备一定的专业水平、工作经验和领悟能力；知识寻求者的经验水准会限制其学习成效等三个方面的原因，决定了组织对其成员的规划、招聘、选拔、培训、开发、激励等相关的人力资源管理实践和人力资本投资，是提升组织及其成员吸收能力的重要途径。比如，通过严格的招聘和选拔，可以界定并解决以认知能力为基础的"个人吸收能力"与组织目标的适配性；通过培训和开发，可以解决组织成员知识转移黏滞、能力和知识的积累以及路径依赖问题。第三，在工作环境方面，融洽的工作氛围、良好的人际关系、沟通和自由表达自己意愿的传统、基于承诺、协调和信任的伙伴关系、基于积极参与的沟通行为及基于合作基础的解决冲突的技巧等方面，这些都有利于减少知识传播的障碍。第四，由于并不是所有的隐性知识都是有价值的或者都是可以通过编码处理的以及隐性知识显性化过程中的风险障碍，因此，通过树立标兵、表彰先进、提倡面对面的交流方式等，对于促进隐性知识的交流具有积极的影响。组织知识管理的重点应当与其主要业务有机地结合起来，当需要运用隐性知识解决问题的时候，首先应该提倡面对面的交流方式，而不是将隐性知识储藏起来。因为面对面的交流方式具有非正式的氛围，使知识拥有者能够比较轻松地进行指导、帮助等知识传播工作。而隐性知识显性化的过程则相反，这种正式的组织程序可能会引起知识所有者的紧张情绪，从而影响其知识传播的效果。最后，团队形式也有利于隐性知识的传播。虽然部分的人际沟通可以通过信息网络技术来替代，但信息技术本身并不能够创造知识，也不能够准确反映知识创造和传播过程中的社会因素和人际关系的影响。而且就存储功能而言，大部分有用信息都是由那些为企业工作的人所有，其他的信息之能通过团队来传递。

5.3.2.6 知识传播的自愿性、强制性和时效性原则

知识传播的自愿性、强制性和时效性原则同样属于管理规范的内容。鉴于知识管理对企业竞争力的重要影响，在一定程度上已超越了所谓的知识分享的自愿原则，即只有在拥有知识的员工自愿的情况下，才能与他人分享有关的知识。在某些情况下，出于知识保护的目的，知识管理必须具有强制性，即要求那些在享受组织保障政策条件下由员工创造的知识由组织纳入知识管理系统，

进行统一的管理和使用。这样的例子已经在很多组织中得到了应用。比如高等院校在研究生或工商管理硕士的学位论文中专门有"学位论文原创性及知识产权声明"的内容，其目的就是将学生的研究成功纳入高校的知识创新体系，因为学生的研究成果是建立在学校老师的指导以及由学习提供的各种资源（如学校图书馆的资料查阅、学校提供的各类学术期刊的上网浏览等）条件下取得的。为了将组织内员工的重要知识集中起来并得到广泛传播和使用，除了建立相应的激励机制外，还应有员工知识贡献的约束机制，即使对于那些认为自己的知识是在以前其他的组织工作中获得的员工，所谓的自愿原则同样没有意义。因为这些员工之所以为现在所在的单位聘用，就是因为具备了某种能力，组织和员工通过合同或契约，明确了贡献与回报的关系。在这种情况下，员工的知识贡献不再是一种道义上的义务，而成为了一种必须履行的责任。其次，为了减少知识传播的障碍，有必要通过宣传和导向，引导组织成员正确认识知识的所有权和时效性问题。一方面，个体知识只有在组织中得到充分传播和应用，在给组织带来整体效益后，个体目标也才能得到满足；另一方面，随着知识更新的速度大大加快，知识使用的期限也大大缩短。因此，员工自身也有一个不断学习和对知识进行更新的要求。通过学习，对原有的知识进行补充和更新，又会进一步提高自己的竞争优势。

5.3.2.7　注重与员工的沟通

与员工的有效沟通是企业人力资源管理的重要任务。沟通的目的在于建立企业与员工之间的信任和理解，沟通的基础则是员工利益与企业利益的一致性。凯文·汤姆生认为，当今至少有三种动力推动着企业的环境发生变化：第一是新世纪的冲击，第二是企业发展的重心由理智转向情绪，第三是网络时代的来临。他指出，企业要想获得成功，就必须高效管理其智力资源。因此他提出了情绪资本的概念，情绪资本由感觉、信念、认知和价值观等隐性资源所构成。情绪资本又可以分为外在情绪资本和内在情绪资本。前者经常以品牌价值和商誉的形式出现，并以顾客对企业产品的忠诚度和股东对企业的信心为标志，存在于外部顾客和股东的内心。后者则是指企业员工的感受、信念和价值观，成为员工职业忠诚度的标准，存在于内部顾客即员工的内心，这种资本对员工工作产生的影响，会关系到企业提供的产品的质量和服务的优劣。存在于员工内心的这种情绪资本，就是外部顾客心目中的品牌价值的企业内部化。汤姆生认为，企业重视产品和服务的外部营销而忽略对员工的内部营销，是造成企业竞争能力削弱的一个重要原因。要解决这个问题，有效的沟通是一个重要的途径。沟通包括精神和物质两个方面，二者是相辅相成的关系。精神沟通强调理解和信任。盖洛普公司曾做了一个调查，发现工作的明确性、做最擅长的事、表扬、关心、鼓励、自己的意见受到重视、使命和目标、朋友、职业发展等 12 个方面对提高生产效率、利润率、顾客满意度和员工保有率具有非常重要的作用。[38]物质沟通则注重个人利益与企业利益的一致性。在这方面，美国西南航空公司堪称表率。公司认为沟通是保证公司获得成功以及使员工满意的关键。为此公司设计了许多人力资源实践来支持公司的文化，包括员工参与决策，采用积极的、非正式的提案建议制度以及各种各样的激励手段来对员工所提出的新想法加以奖励。这种基于相互理解的精神帮助公司进一步培养起了员工的士气以及他们对组织的承诺感。正是因为有了这种沟通，才使该公司能够在 20 分钟时间内就能使飞机做好起飞准备而感到自豪，而这一时间比同行业的平均所需时间要少一半。

5.4　人力资源开发职能与知识传播

5.4.1　人力资源管理开发方法在知识管理中的应用

知识只有在组织内得到传播，才能取得实际的效果。传播的方式有很多，IT 只是其中一种。现有的研究过于关注以 IT 为手段的传播方式，但对很多企业来讲，由于存在规模、技术、投入等方面的局限，还不可能大规模的采用这种方法。在人力资源管理的诸多职能中，开发是一项重要的职能。为适应市场竞争的需要开展的有助于员工为现在和未来工作做好准备的有关活动是人力资源开发的主要目的。在这方面，有大量的被证明是行之有效的方法和手段。因此，除了建立在 IT 技术基础上的传播方法外，利用已有的方式进行知识的传播，也是人力资源战略支持组织战略的重要内容。

5.4.1.1　战略性轮岗

所谓战略性轮岗，是指基于不同岗位、不同知识、能力和技能交流的原因而采取定期或经常性的经理和员工的轮岗安排。通过轮岗和环境塑造，可以建立组织内部各单位和个人之间的"合作关系"。轮岗是促进知识传播的一个重要途径。通过人员的流动和更新，可以在一定程度上解决组织学习障碍和创新组织学习的途径。日本企业之所以能够成功，一个重要的原因就是在组织结构设计上坚持了一个基本的原则——企业信息、业务活动和管理职责的有意识的重叠。对于知识创新型企业来讲，知识管理的第一步就是建立一个重叠的组织结构。通过这种重叠，可以激发频繁的对话和沟通，有助于在员工中形成一个"共同认知基础"，促进个人隐性知识的传播。同时还可以促进员工将显性知识内化，从而促进新的显性知识在组织内部的传播。[39]32 这种"重叠"有两种形式，一种是不同的职能部门共同从事某一项工作，但采用不同的方法，并就各种方法的优点和缺点进行辩论，最终找到一种大家一致赞同的最佳方案。另一种就是人力资源开发中经常采用的轮岗。本节重点研究轮岗在知识管理中的作用。首先，为了达到不同专业、不同职能部门之间的知识传递，提高组织的工作效率，可以在直线经理或业务经理与职能部门经理之间进行轮岗或换岗。这样做的好处很多：一是可以将这些直线或业务经理的经验提炼成新的程序、方法、标准或政策，然后在组织内部进行推广；二是这些直线或业务经理能够以最有效率的方式思考职能部门如何按照最接近市场方式进行运作，提高职能部门的工作效率；三是能够在一定程度上弥补大多数组织采用直线职能制带来的目标和利益差异问题，有助于对公司目标和工作流程的全面系统的把握；四是有助于增加对公司内部不同职务和职能的认识，从而保证组织战略的一致性；五是从培养接班人的角度看，它有助于重要岗位的人才储备。其次是对于员工，轮岗不仅有助于提高员工适应变化的能力，而且有助于提高员工的综合能力和增强知识获得能力，为员工的职业生涯的稳定发展创造条件。

5.4.1.2　经验交流

集体行动、个人学习、团队成员之间缺乏交流，是企业知识管理难以有效开展的一个障碍。按照彼得·圣杰的观点，只有进行团体学习，才能解决一个管理团队中每个人的智商在 120 以上，集团的智商只有 62 的窘境。圣杰认为，团队学习的修炼基础是对话（Dialogue），即团队所有成员摊出心中的假设，进入真正一起思考的能力。对话的形式很多，如正式的经验交流座谈会，企业内部刊物等形式。经验会的优点在于经验或知识能够进行直接和快速的面对面交流，缺点是这种经验或知识可能还不系统，有待进一步总结和提炼。内部刊物的优点在于知识的系统化，不足则主要是缺乏面对面的交流和探讨。企业可以根据自身的实际，综合采用各种方法，以达到希望达到的目标。

5.4.1.3　以老带新

在很多情况下，师传徒受仍然是知识传播的重要途径。安排丰富经验的老员工作为刚进公司的新员工的老师或顾问、教练、师傅，通过经验的传授，特别是组织一些潜规则、潜意识的传授，让新员工能够以组织所认可的方式开展工作，达到尽快熟悉工作，少走弯路，提高效率的目的。如在麦肯锡公司，当一个项目经理第一次做兼并收购的财务模型时，就有一个专家帮助经理把框架搭起来，并提供相关的资料，共同讨论，最后的结果也会有人检查。[40]这样这位经理就能够在较短时间内掌握相关的技能，提高工作的效率。

5.4.1.4　教育、培训和开发

委托大学、科研学术机构以及管理咨询公司进行培训是知识传递的一个重要方面，但这类培训主要强调观念、体系、框架的传授，具有针对性的知识传授不多，特别是少有对组织得以成长的经验或失败的教训的总结、提炼和传授。因此培训还需要另外一种形式，即从企业中寻找哪些对于这种经验或教训有亲身经历或深刻认识的"专家"，通过整理和提炼，在组织内部进行培训和传授。著名的"惠普之道"就是这样形成的。它最早时是综合了惠普 100 个最优秀的高层经理的管理智慧开发出来的，然后一层一层地往下传播，让员工了解一个优秀的管理者应当怎么做好自己的工作。基准化就是这样的一种方法，所谓基准，就是从现实社会和工作中找到标杆，标杆的内容主要是根据管理人员在一些重要事件中的经验教训整理而成。在对这些经验教训总结提炼的基础上，找出一些重要的要素，以此来衡量成为成功的管理者所必须具备的标准。表 5-3

就是一个基准化的实例。

表 5-3	成功管理者所需要的技能
应变能力	有战略眼光，灵活处理问题，能有效地进行高层管理。
持之以恒能力	遇到难题时能集中精力，坚持不懈。
快速学习能力	能较快地掌握新技术和业务知识
人际交往能力	懂得建立和维持同雇员及外部人员的工作关系。
对下属的领导能力	有效的授权、为下属提供更多机会并能公正对待下属。
同情心和敏感度	关心他人，对下属的需求很敏感。
坦率性和成熟性	稳重、可敬。
创造学习氛围能力	为激励下属进行人员开发而提供的一种挑战性氛围。
处理问题能力	处理下属问题时果断、公正。
团队导向	能通过管理他人而获得成功。
协调工作和工作的关系	通过协调两者的关系使两者达到最优。
决断能力	在很多场合下倾向于采取快速粗放的行动方案，而不愿采取缓慢精确的行动方案。
自我认知	清楚地了解自己的强项和弱项，并不断进行改进。
雇佣具有潜力的雇员	选择有潜力的人作为团队成员。
调节气氛的能力	热情、富有幽默感。
较强的灵活性	通常采取意想不到的方式行事。

（资料来源：雷蒙德·诺伊《雇员培训与开发》第184页，中国人民大学出版社，2001年4月。）

5.4.2　知识管理方法与人力资源管理制度

对知识进行"管理和规范"，也是知识管理的一个重要内容。尽可能减少由于人员流动造成的知识流失，对于维护组织的稳定和提高竞争力具有重要意义。但遗憾的是，很多组织对这一点并没有予以足够的重视，从而引发了许多商业纠纷。特别是在一些技术性企业中，由于知识管理不当引起的一系列商业纠纷，涉及的不仅仅是职业操守、职业道德、个人利益和企业利益的问题，在其背后体现出来的则是企业人力资源管理的能力和水平。

如同前述，人力资源管理是知识管理的核心和基础。要使组织的知识得到有效的管理，需要做好三方面的工作：首先，要注重以知识管理为中心的企业文化的塑造。其次，人力资源管理职能要能够支持组织的战略和经营目标。这两方面的内容前面已作了论述，下面着重探讨具体操作的相关内容。在知识管理的操作层面，核心在于通过制定严格的制度和规范，包括组织结构的重新设计，加强对显性知识和隐性知识的管理。显性知识的管理包括技术资料管理、专利管理、客户资料管理、合同管理等。据报道，在前华为员工的窃密案中，涉及的是光传输技术的失窃。当华为报案后，公安机关查出这些员工带走的技术资料就有数万页之多，在其住处查出很多标有"机密"字样的华为技术文档以及其他包含大量华为公司商业机密的光盘、硬盘、文件等。而华为为这些技术投入了数亿元和上千名技术人员，生产份额为世界第四、亚太第一。[40]显然这种技术的流失对华为竞争力的影响是非常大的。因此，对企业特别是高科技企业来讲，严格规范的各类登记、审计、离职制度的建立和完善是非常重要的手段。这些管理的具体制度和措施，必须落实到具体的负责人，并与企业的战略绩效指标体系有机地结合起来。

在隐性知识管理方面，基本的思路是：人可以流动，但请把思想留下。在这方面，惠普公司的做法值得借鉴。惠普建立有一个"工作簿制度"。公司向每个技术人员提供一个记录本，要求科研人员必须在记录本上详细记录头脑中想到的与科研和技术活动有关的各种想法、细节等内容。记录本的每一页都有编号，如果与技术有关的内容没有被记录下来，被公司审计人员发现后会被立即开除。当员工离职时，这些记录本要交回公司，审计人员会检查是否缺页。这种记录本制度加上职业发明条例的约束，就会形成一种制约，从而保证公司资源的安全性和延续性。这种制度的约束加上激励机制的建立以及职业人员发明条例等规章制度的约束，能够在较大程度上提高企业知识管理的能力。如果发生了知识外泄事件，公司也会花很多钱打官司。[42]

5.4.3　知识管理的责任划分

就如同各级管理人员对人力资源管理开发负有不可推卸的责任一样，知识管理系统的有效性也取决于组织各级管理人员的重视。组织的高层、中层和员工都有义务和责任创造知识、传播知识和管理知识。对于一线员工来讲，他们专注于特定的技术、产品或市场等日常工作，他们最了解公司业务的真实情况，他们虽然掌握有大量信息，但由于市场信号可能含糊不清，或者员工狭窄的视野，他们很难将这些信息转化成为有用的知识。对于高层管理者来讲，一是要不断地向员工发出挑战，让他们重新思考那些理所当然的事情。二是通过隐喻、符号和概念，来勾画企业的发展远景，以便引导员工进行知识创新。而且这个远景要模糊一点，通过向员工提供一个概念框架，引导他们从混沌走向知识创新，使员工和工作小组自由、自主地设定目标。三是通过设定一些新的标准，来判断员工们不断开发出来的新知识的价值，进而确定值得支持、鼓励和发展的项目。在员工和高层管理者之间的是中层管理者，他们位于垂直信息流与水平信息流的交汇点，是连接高层的理念和基层的混乱现实的桥梁。正因如此，中层管理人员将一线员工和高层管理人员的隐性知识综合起来，将其显性化，并融合到新技术和新产品中，因此他们是知识创新型企业中真正的"知识工程师"。[39]39

注释：

［1］托马斯·H达文波特，劳伦斯·普鲁萨克，等. 最优理念［M］. 夏雨峰，等，译. 北京：中信出版社，2004：79.

［2］斯图尔特·巴恩斯. 知识管理系统：理论与实务［M］. 阎达五，徐鹿，译. 北京：机械工业出版社，2004.

［3］默顿·T汉森，尼亭·诺瑞拉，托马斯·铁尔尼. 你的知识管理战略是什么［G］//刘巍. 组织的学习. 北京：中国人民大学出版社，2003：61.

［4］Ikujiro Nonaka. The Knowledge Creating Company［J］. Harvard Business Review, 1991, 69 (11/12)：96 - 104.

［5］Nonaka J. A Dynamic Theory of Organizational Knowledge Creation［J］. Organization Science, 1995, 5 (1)：14 - 37.

［6］Hansen M T, N Nohria, T Tierney. What's Your Saratery for Managing Knowledge［J］. Harvard Business Review, 1999 (2)：106 - 116.

［7］Nonaka. The Coneept of "ba"：Building a Foundation for Knowledge Creation［J］. California Management Review, 1998, 40 (3), 40 - 54.

［8］Swan J, H Scarbrough, J Preston. Knowledgemanagment — the Next Fad to Forget People［M］. Copenhagen：Proceedings of ECIS99, 1999.

［9］Grant R M. Prospering in Dynamically－competitive Environments: Organizational Capability as Knowledge Integration ［J］. Organization Science, 1996, 7 (4): 357－387.

［10］Swan J. Knowledge Managment in Action: Integrating Knowledge Across Communities ［M］. Hawaii: Processings of the Hawaii International Conference on System Science, 1996.

［11］Stein E W, Zwass. Actualizing Organizational Memory with Information System ［J］. Information System Research, 1995, 6 (2) 85－117.

［12］Ruggles R. The State of the Notion: Knowledge Managment in Practice ［J］. California Managment Review, 1998, 40: 80－89.

［13］Davenport T H, L Prusak. Working knowledge: How Organizations Manage What They Know ［M］. Boston: Harvard Business School Press, 1998.

［14］Leibenstein, Harvey. Aspects of the X－Efficiency Theory of the Firm ［J］. Bell Journal of Economics, 1975, 6 (2): 580－606.

［15］Cohn, Melvin. Bureaucratic Man: A Portrait and Interpretation ［J］. American Sociological Review, 1971, 36 (6): 461－474.

［16］Cohn, Melvin, Carmi Schooler. The Reciprocal Effects of Substantive Complexity of Work and Intellectual Flexibility: A Longitudinal Assessment ［J］. American Journal of Sociology, 1978, 84 (1): 24－52.

［17］Nahapiet J, S Ghoshal. Social Capital, Intellectual Capital and the Organizational Advantage ［J］. Academy of Management Review, 1998, 23 (2): 242－266.

［18］Leonard D, S Sensiper. The Role of Tacit Knowledge in Group Innovation ［J］. California Managment Review, 1998, 40 (3): 112－132.

［19］Wesley M Cohen, Daniel A Levinthal. Absorptive Capacity: A New Perspective on Learning and Innovation ［J］. Administrative Science Quarterly, 1990, 35 (1): 128－152.

［20］Bernard L Simonin. Ambiguity and the Process of Knowledge Transfer in Strategic Alliances ［J］. Strategic Management Journal, 1999, 20 (7): 595－623.

［21］Gabriel Szulanski. Exploring Internal Stickiness: Impediments to the Transfer of Best Practice Within the Firm ［J］. Strategic Management Journal, 1996, 17 (5): 27－44.

［22］Wenpin Tsai. Knowledge Transfer in Intraorganizational Networks: Effects of Network Position and Absorptive Capacity on Business Unit Innovation and Performance ［J］. Academy of Management Journal, 2001, 44 (5): 96－1004.

［23］Eugene Sivadas, F Robert Dwyer. An Examination of Organizational Factors Influencing New

Product Success in Internal and Alliance－based Processes［J］. Journal of Marketing, 2000, 64（1）: 31－49.

［24］Jakki Mohr, Robert Sepkman. Characteristics of Partnership Success: Partnerships Attributes, Communication, Behavior and Conflict Resolution［J］. Strategic Management Journal, 1994, 15（2）: 135－152.

［25］凯文·汤姆生. 情绪资本［M］. 崔姜微, 石小亮, 译. 北京: 当代中国出版社, 2004: 5.

［26］戴维·A 加文. 建立学习型组织［G］//杨开峰, 知识管理. 北京: 中国人民大学出版社, 1999: 46－124.

［27］卡莉·费奥瑞纳 2004 年 3 月 12 日在清华大学的演讲,《经济观察报》2004 年 3 月 29 日。

［28］"创新"的价值与推动,《经济观察报》2004 年 4 月 5 日。

［29］史蒂芬·P 罗宾斯. 组织行为学［M］. 7 版. 孙建敏, 等, 译. 北京: 中国人民大学出版社, 1997: 563.

［30］加里·哈美尔. 把创新变为现实［J］. 何蔚, 译. 人力资源开发与管理, 2004（5）.

［31］Peters T. Knowledge Management Structures: Taking Knowledge Management Seriosly［J］. Liberation Management, 1992: 382－439.

［32］彭特·赛德马兰卡. 智慧型组织: 绩效、能力和知识管理的整合［M］. 佟博, 黄如金, 译. 北京: 经济管理出版社, 2004: 146.

［33］斯文·费尔佩尔, 托马斯·达文波特. 西门子公司创建全球知识共享系统文［N］. 经济观察报, 2004－09－27.

［34］Drucker Peter F. The Coming of New Organizations［J］. Harvard Business Review, 1988, 66（1/2）: 45－55.

［35］John Seely Brown, Paul Duguid. Organizational Learning and Community of Practice: Towards a Unified View of Working, Learning, and Innovation［J］. Organization Science, 1991, 2（1）: 40－57.

［36］Jean Lave, Etienne C Wenger. Situated Learning, Legitimate Peripheral Participation［M］. Cambridge: Cambridge University Press, 1991: 138－160.

［37］爱德华·E 罗勒. 美国的薪酬潮流［J］. 文跃然, 周欢, 译. 人力资源开发与管理, 2004（8）.

［38］马库斯·白金汉, 柯特·科夫曼. 首先, 打破一切常规［M］. 鲍世修, 等, 译. 北京: 中国青年出版社, 2002: 12.

[39] 野中郁次郎. 知识创新型企业［G］//知识管理. 北京：中国人民大学出版社，1999：32.

[40] 刘宏君，王缨. 麦肯锡让知识100％立方［J］. 人力资源开发与管理，2004（4）.

[41] "华为前员工窃密案开庭之后"，《经济观察报》2004年6月28日。

[42] 刘宏君，庄文静. 惠普：知识管理的文化本色［J］. 人力资源开发与管理，2004（4）.

本章案例

麦肯锡： 让知识100％立方

无论你找到世界各地的哪一家麦肯锡分公司，你将享受到与其他80多家分公司同样的咨询服务。这你也许会感到不可思议，因为做"企业医生"可远比"做饭"要复杂。但这却是真实的。麦肯锡能做到这一点，要归功于麦肯锡公司的知识管理。

麦肯锡公司从1980年开始就把知识的学习和积累作为获得和保持竞争优势的一项重要工作。在麦肯锡，知识的积累和提高已经成为公司的中心任务；知识的学习过程是持续不断进行的，而不是与特定咨询项目相联系的暂时性工作；不断学习过程必须由完善、严格的制度来保证和规范。公司将持续的全员学习任务作为制度被固定下来以后，逐渐深入人心，逐渐成为麦肯锡公司的一项优良传统。

在世界各地的麦肯锡分公司，你都必须参加公司至少两次的学习和培训。其中包括：每年一次全球培训、各大区的四次培训和每月一次以上的专题培训，对于新员工公司还有基础培训。麦肯锡在伦敦和新加坡设有培训中心，每年在这里都会有四次分专题的培训。除此之外，所有麦肯锡员工每月还有一次共同学习的机会，就是在一个约定好的星期五那天，每位员工都回到自己的总部，全球都通过互联网和幻灯片的形式进行学习。这种学习每月一次，被称之为"Home Friday"。

除了上述正式和定期的学习机会外，对每个麦肯锡员工来说，最重要的还是非正式的培训——在项目过程中的培训。假如你是某项目的经理，而这是你第一次做兼并收购的财务模型，这时一定有一个专家站在你背后帮你把框架搭起来，给你提供相关的资料，帮你讨论，最后的结果也会有人来检查。"这相当于手把手来教你，比正式的培训更重要，比课堂上要来得快。"已在麦肯锡工作多年的吴亦兵对此体会颇深，"我们认为通过培训得来的知识，如果不重复使用，一周后就会忘记一半，一个月后只能记住10%，而这种针对项目的非正式培训与使用是一致的，所以要深刻和实用得多。"

麦肯锡公司不但建立了科学的制度促进学习，而且还通过专门的组织机构加以保证：从公司内选拔若干名在各个领域有突出贡献的专家作为在每个部门推进学习机制的负责人，并由他们再负责从部门里挑选六七个在实践领域和知识管理等方面都有丰富经验和热情的人员组成核心团队。

麦肯锡把知识管理的重点放在了对隐性知识的发掘、传播和利用上。尽管公司内很多咨询专家在工作中发展起来的许多富有创造的见解和思想都已成文，甚至还有一些畅销著作出版，但是，更多的知识和经验是作为隐性知识存在于专家们的头脑中，没有被整理成文，更谈不上交流与共享。

为了解决这个问题，麦肯锡创办了一份内部刊物，专门供那些拥有宝贵经验却又没有时间和精力把这些经验整理写成正式论文或著作的专家们，把他们的思想火花简单地概括出来，并与同仁共享。这种不拘形式的做法降低了知识交流和传播的门槛，使许多重要实用的新思想和新经验能够在短短一两页的摘要里面保存下来，并用于传播。在每一篇这样的短文后面，都附有关于作者的详细信息，便于有兴趣的读者按图索骥，找到可以请教的专家。这种灵活的交流方式不仅使有益的知识和经验在公司内得到有效的传播，激励创新和坦诚的交流，而且也有助于提高知识提供者的个人声誉，为他们在公司里的发展提供良好的环境和机会。这种自由选择的方法还有助于甄选真正富有价值的点子和思想。

为了使信息在公司内更加有效地交流和传播，麦肯锡公司还建立了一个储备经验和知识的专门数据库，用以保存在为客户工作过程中积累起来的各种信息资源，并委派专职的专业信息管理技术人员对数据库进行维护，确保库中数据的更新。当咨询专家需要从数据库中寻找信息时，由他们提供相应的检索帮助，提高使用效率。

　　目前，麦肯锡的咨询业务已经涵盖了 18 个行业和近 40 项职能，积累了丰富的专业知识和信息。而全球各地分公司的每一个咨询人员都可通过麦肯锡知识管理系统访问这些专业知识和信息，使用全球知识库。同时，麦肯锡利用其全球的咨询人员为客户提供服务，任何一位咨询人员可向其全球各地的同事寻求帮助。因此，客户无论身处何地，都可以充分享用这一全球资源。这也真正体现了麦肯锡全球一体化的管理理念。

　　为了保证分享的实现，麦肯锡有一个著名的制度，叫全球一张损益表，就是进行全球考核。这样北京分公司员工的工资并不是由北京分公司业绩来决定的，也不是由中华区的业绩来决定的，而是由全球的业绩来决定的，这就是鼓励知识共享的机制保证。这决定了全球咨询人员自然而然地互相激励。比如：吴亦兵是麦肯锡的合伙人和董事，在对他的考核中就一定会考查他的合作性，如果你的合作性不好不可能当选为董事。"这么多年下来，这些观念已经进入我的血液，我一天有四五百个电子邮件，如果我不回完，我睡觉都会不踏实，所以无论多晚我都会回复。"吴亦兵说。

　　麦肯锡认为：90% 的知识都在大家的脑子里，最重要的是建立知识共享的制度和文化。所以麦肯锡有一个文化叫"百分之百的立方"，就是用百分之百的时间把百分之百的知识传递给百分之百的客户。比如：北京分公司要给中国银行服务，不是中国区的员工把所有麦肯锡的知识读完后再来给中国银行服务，而是会找出麦肯锡全球范围内所有这方面的专家，重要问题通过电视、电话解答。如果是一个非常核心的问题，资深专家会飞过来，如果是一个专门特殊的问题他还会专门来负责这个项目。由于公司关于合作的内部考核和机制，每个人都会感觉帮助别人和帮自己是一样的。

　　吴亦兵介绍说："在麦肯锡，除了制度的保证之外，分享已经成为一种文化，并且已经融入每个人的血液之中。在麦肯锡，每个人都不会说：'这是我的客户'，只有'麦肯锡的客户'，如果一个人说'这是我的客户'，那他一定不是一个符合麦肯锡文化的人，因为麦肯锡的核心竞争力就是集体的智慧和力量。如果客户成为个人资源，那这个客户一定不会得到最好的服务。麦肯锡服务的关键在于把有关这方面问题最重要的专家请来诊断和解决，而个人的力量是不可能做到这一切的，所以不存在'个人资源'。麦肯锡有非常优秀的人才，但整体力量远远大于每个人的力量总和。我们以小组为团队进行合作，我们坚信合作的价值；我们还实行'全球一体化'的合伙制公司运作方式，也就是说公司任何一个地方的经验都可以在全公司范围内使用。"

（资料来源：麦肯锡：让知识100%立方。《中外管理》记者刘宏君、王缨专访麦肯锡北京分公司董事总经理吴亦兵，2004年1期"掘金'隐性知识'"系列访谈。文字有删减和调整。）

案例讨论：

1. 麦肯锡采取了哪些组织结构措施以保障知识管理的顺利进行？

2. 麦肯锡建立的知识管理的激励和约束制度有什么特点？

3. 麦肯锡是如何开展隐性知识的发掘、传播和利用的？

4. 简述企业文化和制度与知识管理之间的关系。

5. 简述知识管理与组织竞争优势之间的关系。

后记
Houji

 2011 年是我进入高校工作的第 8 个年头。进入高校前，先后在两家企业工作 10 多年，分别担任过驻国外分公司负责人、特大型企业集团的办公室副主任和人力资源部经理等职。也正是因为有这些经历，我对人力资源管理产生了浓厚的兴趣。在攻读博士学位期间，我对人力资源管理等专业进行了较为系统和深入的研究，本丛书中的内容很多都出自亲自操作和实践的经验总结和学习心得。

 本系列丛书的写作历时 7 年，共计约 80 万字，写作期间得到了各方面的支持和帮助。首先要感谢我的家人。我的父母都是大学教授，他们一生致力于我国的教育事业，并在各自的研究领域都有引以为自豪的研究成果。我的父亲石柱成教授，一生从事经济管理学和传统文化的研究和教学，他参与了我国国民经济管理学科的创建，并在第三产业、技术市场等方面进行了很多创新的研究，被授予全国优秀教师称号。退休后他创办四川弘道经理学院，为国家和社会培养了大量的经济管理人才。晚年还建立"弘道"网站，弘扬宣传中国优秀的传统文化，把自己毕生的心血都奉献给了教育事业。我的母亲丁贻庄教授，一生的大部分时间都从事杂交玉米的科学研究，为我国现代农业的发展做出了自己的贡献。50 多岁后又转行从事我国道教学的研究，在道教医学、养生和道教人物等方面取得了很多的研究成果。在我成长的道路上，也得到了父母无微不至的关怀。尤其是在我就读硕士、博士期间，与父母在经济学、管理学、道教研究等方面的交流和研讨，使我获益匪浅。父亲虽已去世，但他对子女的爱永远珍藏在我们的心里。此外，我的妻子和女儿也是支持我完成书稿的重要精神支柱。

我还要感谢我的学生和朋友们。自 2003 年从企业回到高校后，主要开设和讲授人力资源管理、企业管理等课程和讲座。授课对象除了学校的本科学生、研究生、工商管理硕士（MBA）学生外，还包括众多的来自企业界、银行、政府部门及其他各类组织的领导者和管理者。授课过程中，大家都对讲授的一些内容产生了极大的兴趣并提出了很多问题，在这种不断的沟通和交流中，教学相长，使本丛书得到了进一步的完善。我也有不少企业界的朋友，经常参加他们的聚会，探讨有关人力资源管理、人际交往与职业发展等问题，这些都对本丛书的写作提供了重要的帮助。同时不少人纷纷索取讲义和课件，并询问书籍的出版时间，这也促使我加快写作的进度，以不负大家的期望。

在本丛书的写作过程中，引用和参考了大量相关的研究文献和资料，对这些资料的引用，在各章后都尽可能地作了详尽的标注。尽管如此，仍有可能遗漏。在此特向已标明和未能标明的参考资料的作者们表示衷心的感谢和诚挚的歉意。在此还要向出版社及其编辑表示感谢。正是因为他们的努力，才最终促成了本书的出版。

由于自己的水平有限，书中的观点和内容难免存在这样或那样的问题，欢迎读者的批评指正。

石 磊

2011 年 6 月于成都雅典社区